KB252768

신백제전

백제의 「영남공략」 실패와 새로운 선택

승 천 석

국학자료원

머 리 말

― 『壬申의 亂』은 후루끼들의 친백제정권에 대한 反正혁명 ―

‘임신의 란’은 가와찌세력에 제압되어 아스까왕조에 통합되어있던 미와三輪공동체(후루끼古來의 핵심세력)세력의 반정거사였다. 이들은 소가정권하에서 오랜 동안 억압되어 오다가 소가정권이 민심에서 이탈된 기미를 기회삼아 신라인들의 도움을 얻어 무장반란으로 친백제왕조 近江朝를 전복하고 정권을 잡은 것이다.

그 후루끼의 지도자는 ‘大海人’(뒤의 天武)이었다.

‘임신의 난’은 단순한 왕권교체가 아니라 2백년 가까이 일본을 지배하던 백제세력의 완전 퇴장과 天皇族을 중심한 미와공동체 세력의 전면적인 등장을 의미한다. 미와공동체란 본론 3장(1)에서 논의되는 미와三輪왕조를 말한다. 이들은 반정 후 고사기와 일본서기에서 천황족家系를 정통으로 하는 日本史를 편찬하게 된다. 천무는 일본사 편찬을 결정한 후 소위 修史勅令을 내려 그 편찬원측을 다음과 같이 세웠던 것으로 보인다. “天皇家는 일본국민의 핵이며 ‘大和王朝’는 중국과 같은 ‘皇帝國’이다. 일본국은 神이고 인간인(現人神) ‘天皇’이 다스리는 神國이다”는 것이다.

天武가 직접 관여한 것은 ‘古事記’였지만, ‘裨田阿禮와 太安萬侶’가 그의 뜻을 받아 고사기가 편찬된 것처럼 고사기를 대본으로 하는 일본서기도 3대 후인 元明代에 완간되지만, 편집책임자는 그의 아들 舍人親王이었고 고사기 편찬 책임자였던 천황가의 宗親 太安萬侶가 여전히 간여했다.

반정혁명에 성공한 大海人은 고사기와 일본서기에 자신의 가문인 천황가의 조상들을 神武이래 萬世一系로 追尊한다. 이것이 고사기와 일본서기상의 천황가의 계보이다. 神武에서 開化까지는 천황족 족보상의 조상들에 지나지 않았고, 崇神에서 仲哀까지는 미와산三輪山 제사공동체의 제사장들이었다. 일본서기는 천무의 편집방침에 따라 가와찌河內왕조의 왕가 계보 위에 이 천황가의 계보를 덧씌운 것이다.

백제인들은 이들보다 한 발 늦게 가와찌河內에 상륙했다. 그러나 이들은 국가경영의 경험이 있는 사람들이었음으로 후루이찌古市에서 곳 신왕국을 건설했다. 이 신왕국이 '七支刀의 倭侯王 旨'의 백제 후국이며 河內왕조의 전신이다. 일본의 전후사학이 '三輪王朝'라고 부르는 미와三輪공동체는 그 후기에 나라분지내의 호족 모노노베씨 物部氏와 가쯔라기씨葛城氏들과 4C말쯤 연합체를 구성하지만 곳 가와찌왕조에 통합되었고, 아스까飛鳥왕조는 백제인 '木滿致의 후손, 소가씨蘇我氏4대에 의해 경영된다. 소가씨정권은 中大兄의 궁중쿠테타 「乙巳의 變」으로 蘇我씨 전권시대는 끝나지만 중대형 정권은 소가씨 방계 '蘇我倉山田麻呂'와 '蘇我赤兄'을 대신으로, 야심가 蘇我果安이 어사대부로 임명되는 여전히 친백제 정권이었다. 大海人이 이 왕조를 타도한 것이 '任申의 亂'이다.

백제인들은 고구려 대군의 남하로 「영남공략」이 실패하는 과정과 한성이 함락되어 왕도를 곰나루(熊津, 公州)로 천도하는 격동기에 많은 중상류층 피난민이 일본열도로 건너갔다. 이 사람들이 일본의 역사시대를 열고 고대국가의 확립과 일본의 고유문화의 원형을 건설하는 주역들이었다.

백제가 당에 망하는 마지막 전쟁인 白江海戰과 주류성 전투는 중대형의 어머니 齊明여왕의 출정 결정과 제명이 죽은 후 중대형에 의해서 강행되었다. 제명여왕이 대군 출동을 결심하였을 때는 이미 백제의 수도 사비성이 함락되고 의자왕과 태자 隆과 대신들 백제지도부가 모두 당군의 포로가 되어 당으로 잡혀간 뒤였다. 그런데 일본은 왜 이미 패전이 확실하고 승산이 거의 없는 이런 상황에서 백제 유신들의 구원요청만으로 대군을 출동하였다가 전멸적 희생을 자초했는가?

일본서기 齊明紀6년5월의 기사는 그들이 출동하지 않을 수 없었던 상황을 다음과 같이 웅변으로 증언하고 있다.

「擧國百姓 無故持兵 往還於途. 國老言 百濟國 失所之相呼.」

풀이하면 "온 나라안 백성이 까닭 없이 병장기를 지니고 도로를 왔다갔다 헤매고 있었다. 이것을 본 나라안 노인들이 백제가 망할 징조로구나"라고 말했다는 것이다.

수도 사비성이 함락되고 백제왕과 태자가 당군의 포로로 잡혀갔다는 소식이 일본의 왕도 아스까에 전해지자, 백성들이 모두(擧國百姓) 무기를 들고 거리바닥으로 쏟아져 나왔으나 어디로 가야할지를 몰라 우왕좌왕 헤매는 모습을 기록한 기사이다. 왕도 아스까의 이러한 분위기가 제명여왕과 중대형으로 하여금 백제 구원군을 출정시켜 싸우지 않을 수 없게 한 것이다.

마지막 왕성 주류성이 함락되어 백제가 최종적으로 패망이 확인된 후인 天智紀(중대형)원년9월조에도 다음과 같은 기사가 있다.

「百濟州柔城 始降於唐. 是時, 國人相謂之曰 州柔降矣
事无奈何. 百濟之名 絕于今日. 丘墓之所 豈能復往」

"주유성(사비성 함락 후의 王城)이 마침내 당에 항복하였다. 그때에 나라 안 사람들이 모여 서로 이야기하기를 '이일을 어찌 하면 좋으냐. 백제라는 나라가 오늘로서 없어지는구나. 조상의 묘소를 이제 어찌 또 갈수 있다는 말이냐?' 하고 주고받았다"라는 내용이다. 백제가 마침내 망한 것을 통곡하는 소리다. 일본서기에 기록된 이 두 구절은 다시 말하면 당시 일본왕도 아스까가 거의 백제인의 세상이었다는 것을 말해주고 있는 것이다.

일본서기에 비록 대해인의 반정혁명으로 백제인 시대는 끝나지만, 가와찌 신왕국이래 아스까왕조까지 2세기 가까이의 일본역사는 확실히 백제인들의 천하였던 것이다. 마땅히 삼국사기에 백제의 '場外史'로서 열전으로 기록할만한 백제인의 가장 큰 영웅적 해외 활동사였다.

구당서舊唐書 백제전과 삼국사기 잡지雜誌에는 백제가 망할 때의 인구를 76만호라고 했다. 약380만명쯤으로 볼 수 있다. 당시로서 결코 적은 인구는 아니지만 대국이 되기에는 부족한 것이었다. 중국인들처럼 압도적인 人海的 인구이동으로 정복한 신천지를 자기네 땅과 역사로 덮어버리는데 까지는 아니더라도 새로 연 신천지에 백제인들을 더 많이 입주시켜 백제의 역사를 계속 기억하게 할 만한 정도의 인구가 되지 못했다. 일본열도에서의 백제인 활동사의 비극적 성격은 이에서 비롯된다고 볼 수 있다. 똑똑하고 영웅적인 소수파로 앞서서 역사를 이끌었지만, 그 앞서감이 도리어 다수파에 차별받는 원인이 되었고, 뒤에 가서는 국민 속에 녹아들지 못한 채 종말에는 배척받는 소수파로 전락하고 만 운명적 소수였다. 이것이 백제인 또는 백제사가 영웅적 일생이면서 역사의 표면에 광영으로 남지 못한 비극적 성격의 본질이다.

한편, 삼국사기 밖의 사료를 통해 백제의 영웅적 모습을 그려보려고 노력했지만 역부족이었던 것 같다. 원체 사료가 부족했다. 또 필자로서는 사건 하나마다 그럴만한 근거에 입각하여 서술했다고 생각하지만 인용이 많았다. 일본학자의 눈으로 본다면 불만일 수도 있지만 그것은 전적으로 반론을 주로 일본학자의 입을 통하여 하려는 저자의 의도에서 온 것이다.

이 책은 백제인의 활동사를 일본서기와 중요한 금석문들, 최근의 고고학의 성과와 자연인류학의 실험적 분석들을 바탕으로 백제통사에 없는 '백제의 場外史'로서 일본의 고대국가형성 무대에서 주역으로 활약한 백제인들과 그 무대 뒤에 남긴 이야기들을 다루려고 하였다. 여기에 낳다난 백제인들의 모습은 모험적이고 영웅적인 것이었다.

그리고 일본의 젊은 전후사학자들 간에 점차 일본 전통사학의 완고한 입장에서 벗어나 정론을 펴려는 추세가 있는 것은 퍽 고무적인 현상이라고 생각된다.

글을 쓰는데 정성을 다해 도운 아내 희숙이와 그 경황 중에도 잊지 않고 출판을 도운 사위 현곤(연세대 교수)이와 아들 현우(서울여대 교수)에게 이 글을 빌려 사랑과 고마움을 표하고 싶다.

청송마을 然後堂 서재에서

2006. 10. 21.

검은돌 승 천 석

차   례

삼국사기에서 광개토왕은 즉위하자마자 남으로 백제 정벌에 나서, 원년 7월에 10성 탈취, 10월에 關彌城을 함락시켜 서해진출 요지를 확보하지만 대왕비문의 대군 남하 기록은 빠져있다. 시기는 일치하지 않지만 일본서기 雄略紀에 그 일단이 나와 있다.

I. 전성기의 백제와 「영남공략」의 실패

고이왕(7대)에서 근초고왕(12대)시대에 이르는 백제사는 웅대하고 찬란한 역사였다.

황해도중남부의 대방고지와 강원도 영서지방, 호서 호남과 경남북 낙동강 동서안 일대의 가야7국들을 모두 평정하여 한반도 중남부를 거의 통일한 대국이었다. 중앙집권체제를 확립하고 百濟書記를 편찬 하였으며 불교를 받아드려 국가이념을 바로 세웠다. 그러나 백제의 남부통일의 꿈은 성공 마지막 단계에서 남하한 고구려 대군의 공격 을 받아 산산이 부서진다. 한편 백제－가야－왜 연합군에 포위되어 위기에 빠진 신라는 고구려에 구원을 요청했고, 하북진출을 도모하던 고구려는 배후에서 치받는 백제를 진압해야했는데, 이 기회를 잡아 광개토대왕이 친히 대군을 이끌고 남하하여 백제연합군을 괴멸시킨 것이다. 이리하야 백제의 한반도 통일의 꿈은 마지막 단계에서 접어 야 했고, 백제인들은 또 다른 모험의 길로 들어서게 되는 것이다.

1장. 전성기의 백제

백제는 건국초기 한강변으로 남하하는 북진한(신라 전신)의 뒤를 바짝 추격하면서 경기 광주로 진입했다. 신라 위주로 쓰여진 김부식의 삼국사기에서는 백제본기는 상당히 축약된 기록이지만, 그러한 백제본기에서도 46년간 재위한 온조왕은 이미 대 백제의 토대를 닦았고 고이왕 근초고왕은 한반도 남부 통일의 꿈을 키우고 있었다는 것을 알 수 있다. 온조왕 14년에 도읍을 위례에서 한성으로 옮기고, 한강 이북으로 칠중하(임진강)를 넘어 동으로 평강과 춘천·원주에까지 이르고, 남으로 내려와서는 24년에 공주에 웅천책을 쌓고 27년에는 예천의 원산성과 상주 대두산산성을 쌓았으며 마한을 멸망시켰다. 또 새로 평정한 대두산성에 한성주민들을 옮겨 상주케 함으로서 영남공략의 기초를 놓았다. 온조기에는 다음과 같은 기록이 있다. 25년 어느 날 대왕의 꿈에 왕궁 어정御井이 사납게 넘쳐흐르고 말이 소를 낳았는데 머리는 하나에 몸이 둘이었다. 대왕이 이상히 생각하여 일관에게 징조를 물으니 일관이 답하여 올리기를 "그것은 장차 대왕께서 인접국을 통합할 징조이고 우물물이 부풀어 넘침은 대왕의 세에 나라가 크게 일어나리라는 전조입니다." 하고 해몽했다. 대왕은 이때부터 진한(신라 전신)을 병합할 뜻을 가졌다. 주1) 그 후 백제는 낙동강상류지역을 끊임없이 공격하고 근초고왕대(346-375)에 이르러서는 마침내 대구 경산 고령 김해가 포함되는 낙동강 일대의 가야7국을 평정함으로서 「영남공략」이 대부분 성공하고 있다. 그에 앞서 고이왕(234-286)은 좌장군 진충을 중용하여 한漢의 낙랑군 일부와 황해도 멸악산 남부일대의 대방고지를 평정하고 남쪽으로는 조령이북에 남은 북진한의 잔류들을 모두 축출하였다. 근초고왕대에 이르러서 백제의 「영남공략」은 본격적 성공단계에 접어든다. 강원도 영서지역이 모두 평정되었으며, 동왕24년에는 친히 3만 대군을 이끌고 고구려의 평양성을 공격하여 고국원왕을 전사시킴으로서 북으로부터의 고구려의 위협을 일단 제압했다. 곳 바로 남으로 내려와서 영남분지의 북부 중심부 요충지 예천과 상주에서 군위 영천을 겨냥하는 진세를 취하고, 다시 주력을 호남쪽으로 우회하여 그곳에 남은 마한 잔재와 소왜小倭들을 모두 평정하고 남동으로 돌아 진주 창원으로 진출하여 거기서 구주왜를 불러들여 이들과 가야제국과 연합하여, 낙동강 동서일대를 평정함으로서 「영남공략」의 꿈은 거의 성공단계에 들어섰다. 이 작전을 이 책에서는 백제의 「서남전략」이라 부르려고 한다. 백제군이 가야-왜와 연합군을 형성하여 신라를 최종적으로 포위 압박하는 마지막 단계의 작전이었다. 주2)

　　한편 이에 앞서 7대 고이왕古爾王(隋書에 九台 또는 九怡)은 위장魏將 관구검과 낙랑태수 왕준 등이 고구려를 공격하는 틈을 타 대방군 기리영崎離營(황주?)을 들이쳐서 태수 궁준을 전사시키고 대방군(황해남도, 멸악산 이남)지역을 거의 확보했는데 이 성공이 근초고왕의 평양공격을 가능케 한 바탕이었다고 본다. 주3)

삼국지 동이전 한韓의 崎離營 공격 기사

　(漢)의 부종사 吳琳이 낙랑이 본래 韓을 평정했다고 하며, 辰國 八國을 분할하여 낙랑에 주려고 했다. 韓의 신지臣智 첨한沾韓이 이에 분노하여 대방군 기리영을 들이쳤다. 이에 대방태수 弓遵과 낙랑태수 劉茂가 군사를 합하여 막았으나 이기지 못하고 궁준이 전사하였다. 魏志는 「… 臣智沾韓忿 攻帶方崎離營 時太守弓遵 樂浪太守劉茂 與兵伐之 遵戰死 二郡遂滅韓」

이라고 기록하고 있는데 끝 부분은 거꾸로 표현된 기사이다.

마지막 '二郡遂滅韓'은 '韓遂滅帶方郡'이어야 문맥에 맞는다. 주문의 내용으로 보았을 때 '韓'의 신지 첨한이 기리영을 공격하고, 궁준과 유무 두 태수가 이를 막다가 태수가 전사하여 패전 했다. 그런데 도리어 '二郡遂滅韓'이라고 한 것은 사실을 거꾸로 기록한 것이다. 패한 자가 어찌 이긴자를 멸했다고 할 수 있는가? 이 구절은 전투기록과 일치하지 않고 '韓遂滅帶方郡'이라야 맞는다. 실제로 다음의 사서기록들에서 보는바와 같이 대방군은 이 때 백제의 땅이 되었던 것이 분명하다. 수서에서 구대仇台왕(古爾왕)이 '帶方故地'에서 백제를 건국(226)했다는 기록이 있고, 고이왕이 요동태수 공손탁 公孫度과 제휴하고 있다고 했는데 공손탁은 대방군을 처음 설치한 사람이다. 삼국지에 나온 이때의 '韓'은 백제이다. 이 '韓'을 북진한으로 보려는 시각이 있지만 대방군의 설치시기는 후한말이고, 이 시기에는 마한이나 진한(辰韓)은 이미 한강유역에서 떠나 없을 때이다. 그럼으로 이 시기에 기리영을 공격할 수 있는 한강변 세력은 백제이외에는 생각할 수 없다. 첨한이 기리영을 공격한 시기는 대방군이 설치된(後漢 獻帝 建安년간, 204-220)사이이기 때문이다. 백제의 고이왕 연대와 얼추 일치한다. 이 때의 백제는 대방군을 공격할 수 있는 지리적 위치에 있었고, 그때 이미 그럴 의지와 능력이 있었다. 廣州辰韓說이 있는데 북진한이 광주에 머문 일이 있었다고 하더라도 이 시기에는 이미 문경 새재를 넘은 후이다.

京畿辰韓說

　사기 조선전에서 평양의 우거왕이 진번(대방지역)의 곁에 있는 나라들이 '漢朝'와 거래하려는 것을 막았다는 기사, 삼국지와 후한서 등에 "마

한왕이 진한에 동쪽 땅(東界之地)을 주어 살게 했다"는 기사 등을 근거
로 초기 북진한이 경기 광주에 있었다는 유력한 '京畿辰韓說'(이병도
천관우 김성호)이 있다. 晋書 四夷傳 馬韓의 地理志에도 진한이 대방
남쪽에 있다는 기록이 있다. 삼국지 韓전의 廉斯鑡이야기도 京畿辰韓
說의 근거의 하나이다.(낙랑이 벌목군 1,500명을 진한이 붙잡아 노비로
삼았는데 그 곳은 경기도 어디였을 것이다. 경북 경주까지 벌목군을 보
낼 수 없다.) 이런 기사들은 그 전의 일이다.

이 시기의 경기 광주(서울 강동구 풍납토성과 하남 미성산성 일대
추정)에는 백제가 이미 들어와 상당히 강성해진 '漢城' 시대이다. 그
리고 남제서南齊書와 수서隋書에는 백제왕(동성왕, 479-501)이 장군
고달을 '대방태수'에 임명해 줄 것을 요청하는 기사가 있다. 주4) 시
대가 비록 뒤이고 그 땅이 이미 고구려가 공략하였다고 되어있으나
멸악산 남부(황해남도)까지 평정되었는지는 불분명하고, 백제가 전에
평정하였던 땅이었다는 것은 분명하다. 위에 언급된 시기(371)에 백
제가 3만명의 대군으로 평양을 공격하여 고구려 고국원왕을 전사시
키는 승리가 있었는데 이 때 대방군이 백제에 평정되어있지 않았다
면 근초고왕 대군이 평양을 공격하려 갈 수 없었을 것이다. 삼국사
기에 고구려가 미천왕 때인 314년에 대방군을 공략하였다는 기사가
있으나 구체적인 수복기록이 없고 멸악산 남부가 수복되었는지는 불
분명하다. 그와 반대로 일본서기 '欽命紀'14년 10월조에는 백제왕자
'余昌(뒤의 위덕왕)'이 나라안의 모든 군사를 일으켜 고구려 '百合
野(黃州 추정)'로 가서 요새를 쌓고(悉發國中兵 向高麗國 築百合
野塞…) 병사들과 침식을 같이 하며 지켰는데 고구려 대군이 공격
해 왔으나 이를 격퇴하여 東聖山으로 퇴각시켰다는 기사도 있다.
이 때 백제군이 황해도 남부에 있었다는 이야기이다. 백제가 중국

남조들과 상대한 외교는 남조가 그럴 실력이 있다고 믿은 것은 아니었지만 대방군에 대한 대외적 영유권 명분을 얻기 위한 것이었다고 생각된다. 백제가 장군 고달이 실제로 대방태수로 부임할 수 있을 것으로 생각한 것은 아니었겠지만 백제가 대방군을 평정 영유한 사실을 확인해 두려는 외교적 노력이었다고 볼 수 있다. 수서에서 고이古爾왕이 帶方故地에서 백제를 건국(226)했다는 기록도 대방이 이 시기에 백제에 평정되어있었던 것을 고증하는 기록의 하나로 본다.주5) 또 백제가 晉末에 요하 건너에 요서와 진평 2군을 공략 소유했다고 했는데(宋書 梁書 梁職貢圖 南史 등), 이 百濟郡을 북위가 대군으로 2차나 침입했으나 참패하여 퇴각하였다는 기사가 '南齊書와 魏書' 우리 삼국사기 백제본기 등에 나온다. 이 시기의 백제의 강성함과 해외능력을 보여주는 기사들이다. 이때의 백제는 황해를 지배하며 사냥을 좋아하는 고이왕이 초도(大島, 백령도)에서 40마리의 사슴을 잡았다는 기사가 삼국사기 백제본기 고이왕기에 나오는데 이는 백제가 황해도를 평정하고 왕이 마음 놓고 여기서 큰 사냥을 즐길 수 있었다는 것을 의미한다. 이때의 백제를 중국사서들이 해동성국海東盛國이라고 불렀다.

백제는 고이왕대에 이미 율령제를 실시했으며 좌평제와 16품 관등제 등을 시행하고, 고급관리의 직급별 관복제도를 가진 중앙집권체제를 확립한 안정된 국가였다. 근초고왕은 '百濟書記'를 편찬했으며, 이어서 침류왕은 불교를 받아드렸다.

한편, 일본서기와 광개토대왕비문에는 백제 근초고왕의「서남전략」과 백제와 왜 가야제국들의 활동과 이들이 백제와 얽혀 있던 관계들을 짐작할 구 있는 기사들이 있다. 거기에는 삼국사기에 빠져있는 백제사의 불분명한 부분인 전남지방 평정과정과 경남의 가야제국평정

과정, 가야지역에서의 왜의 활동과 그 정체에 관한 내용, 광개토왕
대군의 남하와 그 후의 신라 백제의 운명적 전환 및 백제멸망후의
백제유민들의 향방과 활동들이 상당부분 나와 있다.

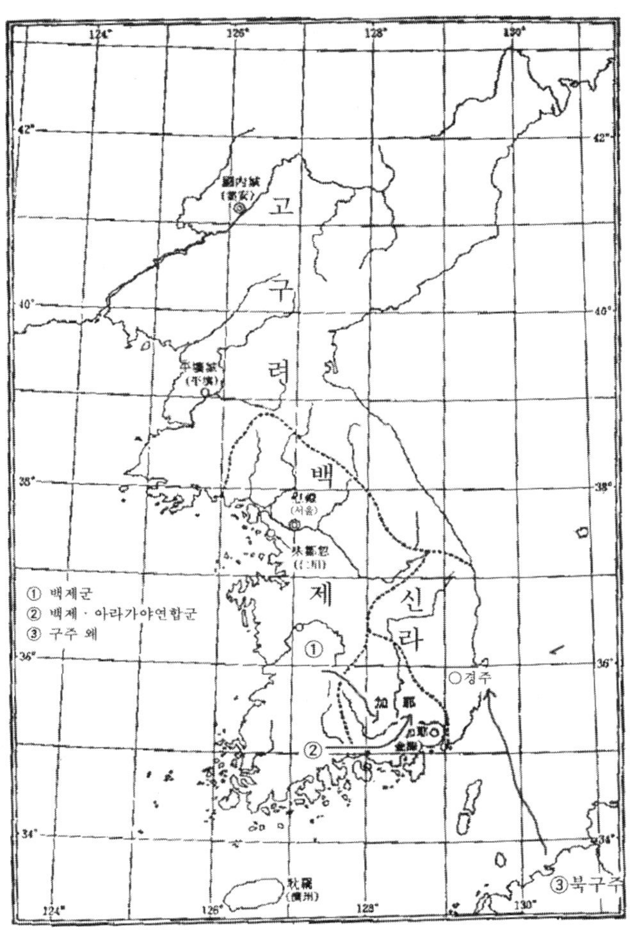

백제의 「서남전략도」

근초고왕능(추정) - 서울 강동구 방이동

또 백제의 북구주에서의 위상을 알려주는 것으로 일본서기 敏達紀의 '日羅'기사와 구마모도 후나야마船山고분에서 나온 銀象嵌大刀 명문이 있다. 백제왕이 이 무덤 피장자에게 준 것으로 보이는 銀象嵌大刀 명문에는 이 무덤 피장자가 명백히 백제의 후왕이었음을 읽을 수 있다. 「서남전략」에 동원되었던 구주왜가 이 구마소국 이었다는 증거이다. 주6)

위에서 언급된 온조기와 함께, 4C 후반의 백제는 앞의 지도에서 보는바와 같이 중남부 한반도를 거의 평정하고, 구주왜를 동원하여 남쪽과 동해 바다에서 경주를 포위하여 「영남공략」 성공의 마지막 단계에 있었다. 그와는 반대로 이 시기의 신라는 백제-가야-왜에 포위되어 마치 풍전등화와도 같은 위기였다. 고구려 광개토왕대군의 남하는 이런 위기에서 신라의 구원요청에 의한 것이다. 중국사서들이 이 때의 백제의 강성함을 크게 부각시킨 반면, 신라는 경주일원의 산골에 몰려있는 소국의 형세로 양서 신라전에는 신라가 양나라(梁武帝, 貞觀2년)에 사신을 보내면서 자신의 힘으로 올 수 없어 백제사행使行에 수행되어 오는 소국이었다고 기록되어 있다. 주7) 이 양서가 신라가 중국사서에 등장하는 처음 기록이다.

2장. 고구려군의 남하와 백제의 「영남공략」 실패

　그러나 이렇게 무섭게 팽창하던 백제의 기세도 391년의 고구려 대군 남하를 시작으로 5차에 걸친 대대적 공격을 받고 꺾이고 만다. 고구려대군 남하 이후의 백제사의 흐름을 광개토왕의 비문과 일본서기의 기록 등을 토대로 다음의 3국면으로 간결하게 정리하여 보면 삼국사기에서 볼 수 없는 백제사와 백제인들의 그 후의 활동과 새로운 모험적 선택을 볼 수 있다.

　1) 첫째 국면은 영락대왕 비문과 일본서기에서 확인되는 근초고왕의 「서남전략」 성공의 고비에서 광개토대왕군의 남하로 백제가 평정하였던 낙동강일대의 가야제국이 신라로 넘어가고 백제 절대우세의 판세가 역전되는 판국이다. 낙동강 중류 유역에서의 백제의 전면적인 후퇴는 신라가 영남분지에서 국세를 확장할 수 있는 전환점이 되는 것이다. 또 남과 동해에서 신라를 공격하던 구주왜도 괴멸되어 북구주로 물러간다. 그 왜는 북구주의 구마소국熊襲國 군대였는데, 백제의 영향아래 있었다. 신라에는 5백년 동안 많은 왜의 침입을 받았는데 소규모 육상 또는 근해의 섬에서 침입하는 왜였다. 그러나 다섯 차례의 금성포위 등의 대규모 동해상으로부터 침입한 왜는 백제의 영향아래 있던 구마소의 군사였다. 이는 백제와 신라관계의 반영이었다. 백제는 「영남공략」 과정에서 구주 왜를 여러 번 동원했다. 광개토왕비문에는 신라가 백제 － 왜 － 가야군에 포위되어 절망적 위기상황에서 고구려에 구원을 요청(己亥年, 비문4단)했는데, 비문 5단(400년, 庚子)의 고구려대군 남하는 이런 긴급상황에서 신라의 구원요청에 의한 광개토왕군의 남하였다. 고구려대군의 개입은 신라로서도 고구려에 점령당할지도 모르는 모험이 뒤따르는 것이었으나 상

황이 워낙 위급하여 다른 길이 없었다. 실성實聖을 인질로 보내고, 신라왕 스스로 광개토왕을 太王으로 높이고 자신을 그의 노객奴客으로 부르며 구원을 요청했다. 주8) 고구려는 이 작전으로 낙동강 유역의 백제－왜군－아라가야 연합군을 퇴축시키고, 충주에 군대를 주둔시켜 백제의 북상을 차단했으며 충주에 평정비를 세웠다. 주9) 고구려비와 일본서기(雄略紀, 欽明紀)에는 고구려왕이 신라왕에게 의탕(衣帑, 왕의 제복과 관)을 내리고, 경주와 대구에 고구려군이 주둔하여 신라를 보호했다는 기사가 있다. 이는 고구려가 사실상 5C말에 신라를 보호국화 했다는 것을 의미한다. 주10)

광개토대왕비문에서 고구려군이 4차에 걸친 공격 목표는 백제였다. 고구려는 요서와 북경쪽으로 진출할 야망을 품고 있었는데 모본왕 때에는 요서와 하북의 '右北平 漁陽 上谷 太原'을 공격 점령했던 일이 있고, 다음 대인 태조대왕은 다시 요하를 건너 요서(지금의 錦州일대)를 점령하고 그 부근에 10성을 쌓아 서진의 토대를 만들었다. 또 광개토대왕은 서북만주 눈강嫩江일대의 흉노대국 유연柔然과 비밀협정을 맺고 서요하의 지두우국地豆于國(걸안, 싸르모론河 일대)의 분할을 도모하고 있었다. 주11) 그러나 배후에서 황해도까지 올라와 평양을 공격하는 강력한 백제를 뒤에 두고는 안심하고 서진할 수가 없었다. 그런 시기에 신라의 구원요청은 고구려로 하여금 백제를 칠 좋은 기회가 된 것이다.

한편, 이 전쟁에서 고구려수군이 서해로 진출하는데 이것을 막지 못한 것은 백제의 큰 실책이었으며, 그 후의 운명에 결정적 타격을 가져오게 된다. 광개토대왕비문 2절의 대왕 업적 중 1, 2단을 보면 대왕이 직접 수군을 이끌고 서해로 육군주력을 이동시키고 있는 것을 알 수 있는데 이 주력군이 백제와 신라의 운명적 대결에 결정타를 가하게 되는 것이다. 또 비문 6단(甲辰年, 404년)에서 대방경계에 도적 같이 침입했던 왜의 기습부대(不軌侵入 倭)를 소멸시킨 것도 수군이고, 동해에서 남거성男居城을 기습하였을 때에도 고구려 수군기동부대의 활약이 있었을 것으로 본다. 고구려수군의 존재는 대단한 것이었으나 백제 쪽에는 이에 대한 대책이 실패한 것으로 보인다. 백제는 서해를 지배하지 못하면 대단히 취약한 국토 지리적 조건이다. 광개토왕 비문에서 고구려 주력군이 서해를 통해 단시일에 남하했는데, 이 대군의 집중적 남하가 결국 신라를 포위했던 백제－아라가야－왜 연합군을 괴멸시키게 되었고, 백제와 신라의 운명을 역 방향으로 뒤바꾸어 놓게 한 것이다.

그러나 3차에 걸친 대군의 공격을 받고 백제의 신라포위작전인 「서남전략」은 무너졌으나 한성의 주력군이 아직 건재하였음으로 고구려는 다시 대대적 백제공격을 계속한다. 비문 업적 7단(丁未年)이 그것이다. 보이지 않는 글자가 많아 장소는 명확하지 않지만 신라구원과는 상관이 없는 순전히 백제를 공격하는 대회전이었다. 광개토대왕은 보병과 기병5만을 동원 백제와 대대적인 회전을 하였는데, 이 전투에서 백제군은 거의 섬멸되고 갑옷 1만벌과 헤아릴 수 없는 많은 군수물자를 노획했다고 기록하고 있다. 그 후 부왕의 유지를 이은 장수왕은 평양으로 도읍을 옮기고(427) 475년에 다시 3만대군을 직접 지휘하여 백제의 도성 한성을 공격한다. 고구려는 이 작전으로 개로왕을 전사시키고 한성을 함락시킨다. 백제는 마침내 왕도를 곰나루(熊津)로 옮길 수밖에 없이 되고 드디어 약화되는 것이다. 그 후 고구려는 중국 중원을 향한 서진작전에 돌입하게 되는데, 장수왕 24년에는 요서의 '北燕'의 왕성 '和龍城'에 수만군을 진입시켜 북위의 위협으로부터 북연왕을 구해내고 당시 하북의 강대국 북위와 맞섰다는 기록이 있다.(자치통감 123권) 그리고 일시 북경일원까지 진출하여 중원으로 나가려는 의지를 보여준 몇 가지 고증자료도 있다. 덕흥리 고분벽화와 중국의 송서 양서 등의 기록이 그것이다. 이 두 중국사서는 장수왕을 영평2주(營州와 平州)의 제군사 도독으로 봉하였다고 했는데 영주는 조양이고 평주는 북경일원이다. 또 장수왕 시대의 '고구려 영역'이 '遼河'에서 서쪽으로 2천리였다는 주서 周書의 기록도 있는데 이는 장수왕의 서진이 한 때 북경일원까지 이르렀다는 것을 말하는 것이다. 주12)

> 덕흥리 고분벽화의 幽州刺史 鎭
>
> 고분의 벽화는 주인공 鎭이 幽州(平州, 북경일원)刺史로서 관하의 13군 태수를 접견하는 장면이다. 周書의 고구려영역이 遼河 서쪽 2천리라는 기록과 맞고, 송황제(安帝, 405-419)가 장수왕을 영주(요서 朝陽)제군사도독으로 봉한 후 3년 뒤에 다시 督平州(북경일원)諸軍事로 봉한 기록이 있다. 梁書에도 동일한 내용의 기록이 있다.

2) 두 번째 국면은 이런 격동기마다 상류층 백제인들이 대량으로 일본으로 집단 도해한 사실과 일본으로 건너간 이 백제인들이 일본에서 전개하는 새로운 모험적 선택에 대한 것이다. 그것은 삼국사기가 기록하지 못한 백제인들의 또 다른 역사이며 백제의 가장 중요한 해외 진출사로 기록되어야 할 역사이다. 백제인들의 이 선택은 물론 백제 지도부가 의도한 것은 아니었으나 많은 백제인 중 상류층이 격동국면마다 일본으로 빠져나간 것은 사실이다. 고분기 일본의 주역들이 백제인들 이었다는 것은 이것이 사실임을 말하고 있다. 이로 인해 백제본국 팀의 약화를 가져왔을 것도 틀림없겠지만, 백제인들의 이 선택은 일본열도에서 백제인들이 전개하는 또 하나의 역사,

가와찌 신왕국 건설과 아스까왕조의 경영이라는 삼국사기에는 없는 백제인들의 영웅사이다. 그것은 일본사에 있어서도 매우 중요한 시기이기도 하다. 이 국면이 일본사에 있어 얼마나 중요한가 하는 것은 일본의 '尊皇史觀'의 '經典'이라고 볼 수 있는 일본서기에서조차도 이 시기의 백제인 활동이 거의 그대로 들어나고, 일본사가 「고분시대」를 역사의 한 획기로 다루고 있다는 사실로 알 수 있다. 이 고분시대가 前史시대를 살던 야요이인들의 금석병용金石倂用시대를 역사시대와 문화시대로 변화시킨 시대인 것이다.

한편 백제는 본래 해상강국으로 서해를 장악하고 있었으나 고구려 수군의 남하를 막지 못해 백제의 수군이 밀리면서 서해에서 활동하던 해상선단도 남쪽으로 밀릴 수밖에 없었다. 「서남전략」이 실패했을 때도 그랬지만, 한성이 함락될 때에도 왕도의 많은 피난민들이 남하가 시작되었는데, 그중 일족을 거느린 중상위층 피난집단들의 이동은 거의 이 선단을 주로 이용했다고 본다. 남하하던 피난선은 내쳐서 남해안을 돌아 일본열도로 많이 빠졌다고 보인다. 짧은 기간에 많은 고위층 피난민이 일본열도로 건너갈 수 있었던 것은 이 선단의 존재가 없었다면 불가능했을 것이다. 이 선단은 본래 서해와 동중국해에서 활동하던 무역선들이 주이지만 한성 함락시에도 서해 수군과 함께 남하 피난민을 이동시키는 역할을 하게 된 다. 한성이 함락될 때에는 마지막 선단이 남해로 이동될 수밖에 없었던 참이었다. 만일 이 해상선단의 존재가 없었다면 그렇게 짧은 기간에 많은 고위층 피난민이 일본으로 건너갈 수는 없었을 것이다. 그리고 일본사의 고분시대라는 것도 그렇게 폭발적인 획기가 될 수 없었을 것이고 더 긴 세월을 완만하고 점진적으로 발전하였을 것이다. 이에 따라 일본의 역사시대의 개막도 2, 3세대, 혹은 1세기쯤 더 늦어졌을 지도 모른다. 백제는 앞서부터 황해중심부의 큰섬(大島, 白翎島)과 중국 동해안에 기항근거지를 가지고 있었고, 변산반도의 죽막동에는 해상통제소를 두고 여기서 황해를 오가는 배들의 항로통제를 했다. 죽막동 산신당에서는 이 항해안내소에 제사 드렸던 많은 제물들이 발굴되어 백제선단의 활동범위를 알게 한다.

백제가 해상강국이었다는 것은 그의 해외담로국의 존재와 요서2군 등에 대한 중국의 여러 기록으로 알 수 있다. 중국사 '南史'와 구당서 양직공도 등에 기록된 백제의 해상강국으로서의 활동범위와 면모를 보면 요서2군과 22해외 담로국 9개의 해외후국이 있었다고 했다. 이의 통치를 위해, 또 교역을 위해 북으로 발해만에서 남으로 동 남중국의 해상해 항주만(越州)과 캄보디아(扶南國)까지 백제선단이 활동하고, 동남으로는 왜열도倭列島에 이른다고 했다. 이러한 백제인들의 해외활동은 위에서 본 죽막동 산신당출토 유물과 나라奈良의 니이자와센즈까'新澤千塚'에서 출토된 동남아 유물들로도 짐작할 수 있다. 주13)

3)의 국면은 백제의 수도 사비성(부여)이 함락되고 의자왕이 당군의 포로가 된 후, 일본 야마도왕조가 승산과 이해를 초월한 백제 구원군 출정과 패전 후 몰려드는 백제고관과 유민들에게 베푼 우대상황의 의미이다. '齊明'와 '天智'(천황, 655-671)의 참전은 사비성의 함락과 의자왕과 태자 등 지도부가 모두 당군의 포로가 되어 백제의 멸망이 사실상 결말이 난 뒤이다. 제명이 도중에 죽었기 때문에 구원군 출정을 중단할 명분도 생겼으나 天智는 구원군 출동을 중단하지 않았다. 天智는 소가씨정권을 타도한 '乙巳의 変'을 주도한 中大兄이다. 전황도 좌평 귀실복신(周留城)과 여자신(熊津), 지수신遲受信(任存城) 3장군의 저항군의 활발한 성공적 항전이 있을 뿐이었다. 일본의 백제 구원군(병선150척, 군사2만7천) 출정은 이 세 장수

竹幕洞 수성당
부안 辺山반도, 4C-6C사이의 중
국 가야 왜의 유물들이 다량 출
토되었다.
출토유물이 현해탄 '沖の島'의
유물과 유사하다.
滑石製 短甲 有孔圓板 劍形品 曲
玉 동거울

의 항전에 가느다란 희망을 걸었던 셈이다.

그러나 일본의 출전은 백촌강 해전의 참패로 결말이 나고, 야마도 왕조는 큰 희생을 입는다.

'齊明'와 '天智'는 왜 승산 없는 이 전쟁에 뛰어들어 이런 큰 회생을 자청했을까?

지금의 일본사의 시각으로서는 풀 수 없는 커다란 의문이 되어있다. 그러나 당시의 아스까와 야마도왕조의 인적구성을 정면으로 드려다 볼 때에는 그것은 당연한 출정이었다. 그것은 당시의 아스까왕조가 사실상 백제인들의 왕조였고, 당시의 왕도인 아스까 '히노구마 檜隈'가 있는 다께지군高市郡의 주민의 절대다수가 백제인과 백제계 가야인들 이었다는 사실이 그것을 말해준다. 이때의 아스까왕조는 그 인적구성원으로 볼 때 사실상 백제인 왕조였다. 그럼으로 백제의 비참한 최후를 바라보는 아스까왕조의 시선은 망해 가는 조국의 운명을 앉아서만 볼 수 없다는 그 후손들의 절망적 심정과 눈길 바로 그것이었던 것이다. 일본서기에는 당시 아스까주민의 심정을 그대로 보여주는 기사가 몇 군데 실려있다. 주14) 다음은 이미 위에 나왔지만 그 하나이다.

「擧國百姓 無故持兵 往還於道. 國老言, 百濟國失所之相呼.」

　　풀이하여 보면 "나라 안 백성들이 까닭 없이 병장기를 지니고 거리를 왔다 갔다 헤매고 있었다. 이를 보고 나라 안 노인들이 말하기를 '백제가 나라를 잃을 징조로구나' 하고 탄식하였다"라는 것이다. 백제의 왕도 사비성이 당나라 군사에 함락되었다는 소식이 왕도 아스까에 전해졌을 때의 아스까 주민들이 보여준 반응을 그대로 옮긴 일본서기의 기사이다. '거국백성擧國百姓'이란 온 나라안 백성들이란 의미이다. 아스까의 백성들이 백제의 서울이 당군에 함락되고 왕과 태자가 잡혀갔다는 소식을 전해듣고 모두들 무기를 들고 나섰으나 갈 바를 몰라 오락가락하고 있는 모습이 눈앞에 알알이 떠오르는 기사이다. 일본 왕도 아스까의 이런 분위기가 '齊明왕'으로 하여금 백제구원병 출정을 결심케 한 배경인 것이다. 일본서기를 읽는 서양 사학자들이 이 대목에 와서 이것은 「백제사」가 아닌가 라고 자문하는 대목인 것이다.

　　　　찬란했던 백제의 하늘이여
　　　　웅장했던 고이왕 근초고왕의
　　　　무대도 접었구나.

　　　　곰나루의 꿈도
　　　　유유히 흐르는 사자수 물길에
　　　　삼천 낙화와 함께 떠내려갔구나.

　　　　이제 백제의 새로운 꿈은 무엇인가
　　　　검푸르고 거센 현해탄 넘어
　　　　왜 큰섬에 새 천하를 여는 것이로구나.

[참고서지]

주1) 삼국사기 백제본기 온조기 25년2월

주2) 日本書紀 神功紀 49년

주3) 三國志 東夷傳 韓

주4) 南齊書 東南夷傳 百濟

주5) 隋書 東夷傳 百濟

주6) 日本書紀 敏達紀 12년, 백제의 肥國(筑紫, 서북구주)요구와 달솔 日羅

주7) 梁書 諸夷傳 新羅

주8) 廣開土王 碑文 2절 업적 4, 5단

주9) 충주 中原高句麗碑

주10) 日本書紀 雄略紀 8년2월, 欽明紀 2년4월

주11) 河北점령사, 후한서 동이전 句麗, 삼국사기 고구려본기, 地豆于분할
　　　 北史 契丹傳, 魏書 백제전

주12) 덕흥리 고구려 고분벽화, 宋書 夷蠻傳 고구려, 梁書 諸夷傳 고구
　　　 려, 周書 異域傳 고려

주13) 南史 夷貊傳 百濟·梁職貢圖

주14) 日本書紀 齊明紀 5년5월

3장. 일본으로 건너가는 백제인들, 일본열도 진출

일본사의 고분古墳시대란 위에서 언급된바 한반도의 격동기에 일본으로 건너가 활동한 백제인 등 한삼국인들의 활동이 남긴 고분과 고분출토 유물들로 상징된 시대구분이다. 이 한삼국인들은 거의 무투武鬪집단으로 무장을 한 채 일본열도의 각 지역으로 건너가 여러 곳에 그들의 소천하를 세웠다. 이들이 몇 대를 내리 축조한 대륙식 높은 봉분 무덤과 그에 부장된 유물들로 특징 지워지는 이 시대는 일본역사의 서막이었다. 이들이 상륙한 각 지역에는 독립왕국이 하나 식 선다.

동북지방과 시고꾸四國를 제외한 북구주 본주 중서부에 6세기까지 뚜렷한 활동국만 쳐서 대략 10여개의 지역왕국들의 흥망이 있었다.

1) 각 지역의 韓삼국계 독립왕국들

구주 서북부(佐賀＋長崎＋熊本－뒤의 肥國)에 구마소熊襲國, 후꾸오까福岡현 서부에 쯔꾸시筑紫왕국, 북동부(福岡현동부＋大分현)에 하다국秦國 또는 풍국豊國이 있었다. 구마소국은 가야인과 백제인들의 나라로 유적과 지명에 백제문화의 흔적이 많이 남아있다. 쯔꾸시왕국에는 역시 가야사람들이 주로 살면서 신라와 가까웠으며 말기에 가와찌의 '繼体'왕과 전쟁을 벌이다 패망한 이와이가 마지막 왕이었다. 동북부의 하다국 또는 풍국은 지금 신일본제철新日本製鐵所가 있는 우사시宇佐市를 중심으로 가야인들인 하다씨秦氏왕국이 있었지만 그 왕력王歷 등, 그에 대한 기록은 지워져서 아무데도 없고, 다음 표의 '正倉院'문서에서 여기에 '하다씨'들 인구가 절대다수였다는 것을 보여주고 있을 뿐이다.

<표1> 豊前國 戸籍. 大宝 2年, 正倉院文書

	素部	勝姓				その他の姓	總人數
仲津郡 丁里	217	丁勝, 度勝用 勝 某勝				27	404
		51	43	34	32		
		160					
上三毛郡 塔里	63	塔勝 某勝				4	131
		55	9				
		64					
加自久也里	26	河 勝 土尾勝				12	66
		15	13				
		28					
某里	10						10
果計	316	252				43	611

※ 勝(つくり) '姓'은 秦氏의 1分派, 하다씨와 쯔꾸리 성勝姓이 후젠豊前(동부 福岡현) 총인
   구수에 대한 분포비율은 丁里 94%, 塔里 96%, 加自久也里 82%, 某里 100%로 평균 93%
   이다. 주15)

혼슈本州에는 시마네島根현 동부에 이즈모出雲왕국, 오까야마岡
山현에 기비吉備3왕국 나라奈良와 가와찌河內에 미와三輪왕국과
가와찌河內왕국, 쿄도京都동남부에 야마시로山城왕국 등이 있었
고, 후꾸미福井현에 고시국越國과 동북부 군바群馬에 上野國이
있었다. 도찌끼栃木 지바千葉 사이다마埼玉현 등의 고분에서도
<표3>에서 보는 바와 같이 왕관과 금동신발 환두대도 등이 출토
되어 이곳에도 소영웅들이 있었음을 보여주고 있으나 이들에 대한
기록은 거의 없고, 고분기에 근기지방에 별 영향을 미치지 못해 왕
국의 활동명이 기록에 없다. 동북에는 '죠몽인'의 후예 '毛人國'이
큰 세력을 형성하고 8C말까지 존재했다. 헤이안조平安朝 초기(794)
에 정이대장군征夷大將軍이란 직위가 설치되어 뒤에 막부정치의 지

배자가 되는데 이 직책의 당초 설치 목적은 이 '毛人國'을 정벌하는 것이었다. 모인은 'エミシ蝦夷' 로 불리는 '아이누인(죠몽인繩文人)'을 말한다.

중국사서 삼국지와 후한서등의 왜인전에는 1백여개의 나라가 왜열도에 있었다고 했으나 확인된 것이 없으며 3세기중엽의 구주에 28개국이 거명되고 있다. 거기서 말하는 '나라(國)'라고 하는 것은 야요이인들의 농경공동체 또는 부족국가들이다. 그 중 부족국가들간에 느슨한 연맹체 '邪馬臺國'연맹이 있었다는데 이 나라들은 삼국지 동이전 왜인조의 '末羅國 伊都國 奴國 邪馬臺國' 등이다. 그와는 별개로 지금의 구마모도지방에 '狗奴國(구마소국전신)'이 있었는데, 가장 강국으로 '사마대국'을 공격하여 동쪽으로 쫓아냈다고 한다. 좁은 지역에 그런 많은 28개의 나라들이 있었다는 것은 이들이 한 적은 지역 공동체 부족들에 지나지 않았음을 말한다. 이들이 5-6세기의 비肥국 쯔꾸시筑紫국 풍국豊國들과 어떤 계승관계를 이루게 되는지는 기록이 없어 알 길이 없으나 이 사람들이 선가야인이라는 것은 이 지역의 야요이 유적과 유물들, 인골의 형질인류학적 분석 등으로 확인되는 바다. 한삼국인들의 주요 정착 지역은 다음 표와 같다.

<표2> 한반도인들의 주요 정착지역

渡來人	彌生時代	古墳時代	근거
先伽倻인 (야요이인)	佐賀 熊本 福岡 大分 山口 靜岡		府縣文化史, 彌生遺跡 日本書紀 風土記
先新羅人	出雲 吉備	奈良 紀伊 半島	府縣文化史 彌生遺跡 古神社 日本書紀 風土記
百濟人		熊本 攝津 河內 和泉	府縣文化史 古墳遺跡 古神社 日本書紀 新撰姓氏錄 續日本紀

		奈良 飛鳥	
後伽倻人 (고분기이동 가야인)		北九州 紀伊半島 京都 河內 奈良 四國 靜岡(安倍)	府縣文化史 古墳遺跡 古神社 日本書紀
高句麗人		京都 群馬 長野 關東	都府縣文化史 古墳遺跡 古神社 續日本紀

선가야인들이 남긴 무덤문화가 서북구주 일대의 지석묘 토광묘 옹관묘 석관묘 등이다. 거기서 나온 유물들은 고조선문화의 향기가 짙은 요녕청동기 후속문화유물들이다. 이 무덤들이 사가 후꾸오까 구마모도 등에서 많이 발견되는데 약6백기의 지석묘도 거의 이 지역에 있다. 지석묘는 야요이문화의 바로 선행문화인데 고조선의 묘제이다. 아리아께해有明海 연안에서 간돌석기 빗살무늬토기 무문토기 청동기 쇠도끼(齊藤山 貝塚, 船山고분이 있는 玉名郡) 등 이른 시기의 한반도 석기 청동기철기문화 유물들이 발견되는 것은 한반도인 유입이 매우 일직부터 시작되었음을 말한다. 사가와 후꾸오까에 많이 남은 야요이시대의 유물이 나온 유적은 주로 옹관묘 목관묘 무덤이다. 가장 규모가 큰 야요이 유적인 요시노가사도吉野ヶ里유적(BC2-AD2)에서 옹관묘 2천여 기와 거기서 200여구의 인골이 수습되었다. 가네노구마金隈 미즈나가다三津永田 야마구찌山口현의 도이가하마土井ヶ浜유적 등에서도 동일형질의 야요이인 인골 약4백 여구가 나왔다. 모두 한반도인의 유골이다. 대규모 취락유적과 옹관묘는 한반도에 그 선행유적이 있고, 경남 울주의 검단리와 진주남강 사천 이금동에 같은형 대취락이 발굴되고, 김해와 나주에는 대규모 옹관묘군이 발굴되었다. 미가미쯔끼오三

上次男의 조사에서는 옹관묘는 중국의 하남·하북·요녕지방에 소수 발견되었으나 주로 한반도의 경남 전남 충남 평남지방에 집중적으로 분포되었다. 주17)

여기 제시된 분묘형식은 '大塚初重'의 '고분사전'에 예시된 것으로 고분기(4C-6C)에 형성된 묘형의 전형이다. 대부분은 원분과 방분이고 그중 전방후원분의 독특한 모양이 전 중기(4-5C)의 고분에 상당수 섞여있다. 일본 전통사학자들은 이 전방후원분이 야마도大和왕조의 정책에 의해 기획 축조된 것이라 주장하고, 각 지역의 전방후원분은 야마도왕조의 허가하에 만들어진 것이란 주장을 하여 왔다. 이 무덤형이 일본에서만 발견된 것을 근거로 야마도왕조의 존재를 고증 해보려는 의도였으나 보수적인 「일본역사대계」에서도 전방후원분의 원형(最古분)이 나라분지가 아닌 서부일본에서부터 발생했음을 시인하고 있다. 주18) 전방후원분 발생의 유래에 대해서는 다음과 같은 설들이 있다.

① 고분사전은 이묘의 前方部는 墓室이 있는 後圓部 封墳의 祭壇이라는 것이다. 봉분을 크게 키우고 그 앞에 제례를 올릴 제단으로서 전방부를 조성했다고 본다. 大塚初重·小林三郎 共編 「古墳辭典」 357쪽

② 井上光貞는 그의 「日本國家の起源」에서 4, 5C의 대형 전방후원묘의 발생 동기는 무정부상태하의 각 지방의 소영웅들이 경쟁적으로 마음 것

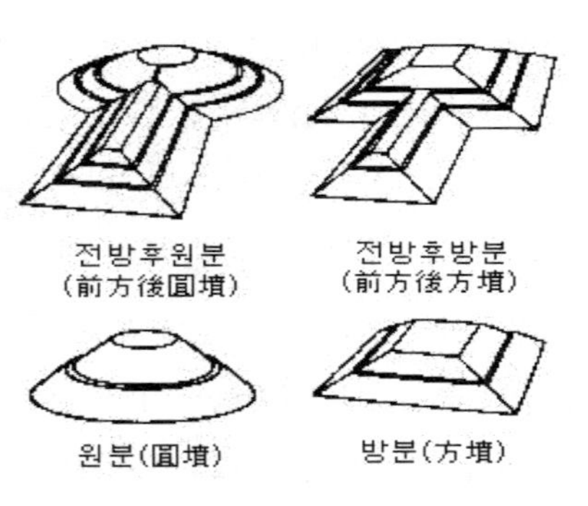

전방후원분
(前方後圓墳)

전방후방분
(前方後方墳)

원분(圓墳)

방분(方墳)

고분시대의 무덤

세를 과시한 결과의 所産이라고 보았다. 주19)

③ 韓國에 그 원형이 있다는 주장, 경남 고성군 舞妓山 고분(구송학동), 전남 나주, 서울 강동구 등에 그 原形이 있다는 것이다. 주20) 岡内三眞은 이설에 부정적이다. 그렇게 인정하기 위해서는 좀더 확실하고 더 이른 시기의 유적이 발견되야 한다는 것이다. 오까우찌岡内는 이 글에서 그 보다 이 묘형식의 원형으로 생각되었던 야요이기의 周溝墓의 원형이 한국 전남 함평과 영암 등 3곳에 군집되어있음을 확인하고 이 다원형 주구묘가 백제의 고분에 연결되는 요소가 있으며 전방후원묘는 이 연장선에서 연구되어야 할 것이라는 언급을 하고 있다. 주21)

④ 小田富士雄는 「伽倻と古代東アジア」71~91쪽에서 "전방후원분의 기원문제는 일본국 안에서의 생성발전설이 상당히 유리한 자료축적을 했다고 하더라도 한반도와 중국 등에 연관성을 고려치 않은 결론을 내리기에는 아직 문제점이 많이 남아있다"고 하였다. 그러나 그의 언급은 일본 국내기원설에 무게를 둔 것이다.

전방후원형 무덤축조 기원의 진실은 ①과 ②설에 있다고 생각한다. 다음 표는 일본의 주요지역 고분에서 출토된 '古墳辭典'에서 가려낸 중요 유물들이다.

1만기가 넘는 오사까·나라의 고분 수와 도표의 조사 고분수만을 비교해 보아도 알 수 있듯이 실상의 고분수에 비해 여기 제시된 발굴조사 묘수는 아주 적은 일부에 지나지 않는다. 그럼에도 이 유물들은 고총고분과 함께 그 지역에 한삼국계 독립왕국이 존재했다는 것을 증거 하기에 충분한 유물들이라고 생각된다.

<표3> 出處 根據, 大塚初重·小林三郎 共編 [古墳辭典]

	調査 古墳數	금동관	금동신발,잠	環頭大刀	銅鏡	馬具	壁畵
佐賀, 肥前國	11	3	0	0	12	3	2
福岡, 筑紫國	49	2	1	10	53	19	10
熊本, 熊襲國	26	2	1	5	15	9	9

岡山, 吉備國	31	0	0	3	30	12	0
京都, 山城國	28	1	1	4	72	3	0
大阪, 河內國	69	2	1	7	54	16	1
奈良	77	2	2	11	128	9	1
島根, 出雲國	27	3	1	9	14	8	0
長野, 信濃國	23	1	0	4	27	11	0
群馬, 上野國	41	0	0	4	22	11	0
千葉, 上總	9	2	1	2	3	6	0
福井, 越國	17	2	0	2	8	3	0
栃 木	22	1		5		8	
埼 玉	22			5, 명문철대도1		6, 마면주1	
千 葉	39	3		15		13	

　일본사에 있어 고대왕권국가가 확립되는 시대는 6C의 아즈까왕조 飛鳥王朝시대이다. 그전에는 각 지역에 독립된 소영웅들의 왕국들이 병립하고 있었다.

　고대사의 국가형성과정 중 고대국가라고 하는 것은 왕권이 확립되어 세습적 전제군주제가 성립되고 주위의 아직 통합되지 않은 저항세력들을 무력으로 정복해 갈 수 있는 강력한 군대를 가진 왕권확립이 전제된다. 일본서기상 야마도大和王朝로 불리는 왕국이 이런 형태의 고대국가가 되는 시기는 대개 서기6세기 전반이후로 본다. 5세기말~6세기 초까지 일본은 각 지역에 소영웅들이 경쟁하는 소독립 지역왕국들이 병립하던 시기였다. 위의 표에서 보는 유물들과 그 지역의 전방후원식 무덤은 이 소영웅들의 경쟁상황을 잘 보여주고 있다. 이 유물들은 고분인들이 일본열도로 건너가기 전에는 일본열도에 없었던 '보물들'로 원주민들로서는 놀랍고 신기한 것일 수밖에 없었다. 원주민들이 어떤 형식의 공동체를 형성하고 있었다고 하더라도 그것은 농경민으로서의 공동체수준이었을 것으로 이런 보물들을 지니고 철갑주를 입고 철투구를 쓰고 번쩍이는 환두대도를 허리에 차고 금동 안장의 말위에 높이 앉은 장군에 지휘된 무투집단에 대해 어떤 저항자세를 취할 수 있었다고 생각되지 않는다. 비록 수에 있어서 우월하였겠지만 무기에 있어서나 무투 경험으로 볼 때 그들의 상대는 아니었을 것이기 때문이다.

위의 금동관·환두대도(고구려劍)·기마 무구 등은 원주민인 당시의 야요이인 죠몽인들로서는 꿈에서도 보지 못한 '神器'들이었을 것이다. 이 보물은 그들을 천신天神과 같이 느끼게 하기에 충분한 것이었고, 이들 침입자들이 왕국건설에 성공하였다는 증거는 고총고분의 축조상황으로 알 수 있는 것이다. 번쩍이는 「보물」이 묻혀 있는 높다란 '전방후원형' 무덤이 수대에 걸쳐 축조되었다. 이는 그들이 거기에 왕국을 건설하고 여러 대를 내리 왕노릇 했다는 증거이다.

그 고분인들의 지도자는 韓삼국에서 건너간 왕족이었던가 장군들로 무투武鬪집단이었음으로 모두 출중한 무인들이었다. 본국에서도 뛰어난 인물들이었음으로 보통 사람들보다 눈에 띄는 어떤 카리스마를 지닌 분위기가 있는 인물들이었다. 그럼으로 햇볕에 찌들린 농경민들에게는 천신들로 보여 그들의 왕으로 떠받드는데 주저함이 없었을 것이다. 그럼으로 이들이 원주민을 정복하고 왕국을 세우는데 큰 어려움은 없었을 것이다. 인구는 적고 문화가 떨어지는 원주민들을 이들은 본국에서의 경험으로 나라를 세우고 그들을 잘 다스리는 유능한 지도자가 되었을 것이다.

그리고 야마도에 통합되기 전의 각 지역의 왕국들은 어떤 형식으로든 韓3국 본국과의 관계가 유지되었을 것으로 보는데, 그 관계는 「이즈모·기비의 비전국備前國·구주의 쯔꾸시국이 신라와, 북구주의 비肥국·가와찌왕국이 백제와, 고시국·야마시로국이 고구려와」 각각 지원─피지원국 관계에 있었을 것으로 본다. 그러나 6C전반까지 각

지역의 왕국들은 거의 야마도왕조에 궁극적으로 통합된다. 맨 나중에 통합되는 것이 쯔꾸시왕국과 동북의 에조蝦夷이다.

① 이즈모出雲왕국과 미와三輪왕국

이즈모왕국은 일본열도내 지역왕국 중 가장 일직 존재했던 先신라인들의 나라였다.

고사기·일본서기에 3대왕까지의 왕명(大國主命 事代主神…出雲辰根)도 나오고 왕국영역이 시마네현 동부에서 돗도리현과 나라분지까지 미쳤다. 초기의 미와三輪왕국은 일본서기에서의 기록과는 달리 이 나라에서 살 땅을 빌려서 살던 부용국이었으나 나라분지로 들어간 후 선주집단 모노노베씨와 가쯔라기씨 등과 연합 세력을 이루어 미와왕국이 되었다.

고사기와 일본서기에서는 이즈모국왕 오꾸니누시노미꼬도가 천황족이 나라奈良에 들어갈 때에 이즈모국을 몽땅 천황가에 바쳤다고 나온다. 이것이 기·기의 양국讓國 이야기지만 사실은 거꾸로 이야기이다.나라분지는 천황족이 들어가기 전에 이미 이즈모왕국의 영토였다.

일본서기의 다음의 기사들이 이를 말한다.신대기(上)에는 오아나무찌(大國主命)의 혼 '幸魂奇魂' 이 나라 미와산三輪山에 산다고 되어있는데 뒤에 이 신이 미와왕실에 의해

미호노세키美保關-大國主命의 나라 만들기, 島根현문화사, 島根교육위원회
※이 섬과 산들은 大國主命가 신라에서 끌어왔다고 한다.

제사지내진다. 또 서기 신대 상(一書 6)에 보면 오아나무찌신이 "나라奈良는 본래 거칠었는데 내가 와서 정복하여 잘 순종하게 되었다."고 했다. 이 나라가 그때 이미 '大國主命'에 정복되어 그의 땅이 되어있었다는 말이다. 또 이를 뒷받침하는 기사로 스진기崇神紀(三輪왕조의 첫 왕)에는 나라안에 역병이 돌아 스진이 크게 근심 중에 있었는데 꿈에 '오모노누시노가미大物主神'(大國主命의 별명)이 낳다나 말하기를 "네가 나(幸魂奇魂)를 제사지내면 나라가 자연 평안해지리라"라고 했다. 스진은 이에 따라 미와산에 오미와大三輪신사를 짓고 오모노누시노가미를 제사지냈다고 했으나, 이 기사는 위에 말한 신대상(一書6)의 이야기, 미와산에 '大物主神'의 혼인 '幸魂奇魂'이 이미 모셔진 유래를 바꾼 것이고, 이 신들은 모두 한사람 '大三輪神'을 말한 것이다. 일본서기의 이야기는 '스진'이 '大國主命'으로부터 나라奈良에서 살 수 있도록 허락을 받는 과정을 흐려버리고 바꾸어서 '讓國이야기'를 만들어 낸 것이다. 그리고 신정神政시대였던 미와왕왕조가 이즈모의 국왕신을 간나비산(神奈備山, 主山)에 주신으로 모신 것은 미와왕이 이즈모왕에 매어있었음을 말한다. 스진기 6년조에 보면 또 스진이 궁내에 모시던 황조신 '天照大神'을 불편하다하여 시골 가사누이촌으로 내어보냈지만 '大國主命神'은 그대로 미와산三輪山에 모신 것과 통하는 맥락이다.

신대기(下) '천손강림'조에 있는 다까미무스비신'高皇産靈神'(천손 니니기노미꼬도의 외조부)이 니니기가 들어가 살 땅(奈良)을 얻기 위해 천신을 세 번 이즈모로 보내 담판했다는 이야기도, 천황족이 나라분지에 들어가 살 땅이 이즈모국의 땅이어서 거기 들어가 살게 해 달라고 허락을 받는 과정을 바꾸어 말한 것에 지나지 않는다. 미와왕국의 첫 왕인 스진이 나라를 처음 세우면서 주산主山인 미와산

에는 당연히 황조신 아마데라스신 '天照大神'을 모셔야 하는데 도
리어 황조신은 시골(笠縫邑)로 내 보내고 이즈모의 '大物主神'을 모
시게 된 것은 이즈모와 미와의 관계가 일본서기의 말과는 달리 미와
가 이즈모국에 매어있었음을 말하고 있는 것이다.

大三輪神社
大物主神(大國主命의 별명)이 제신祭神이다.

　일본의 신화는 한반도에서 맨 처음 건너오는 선인先人들의 이야
기로 세 줄기가 있는데, 이즈모 신화계통은 신라인들이 건너오는 이
야기이고, 다까마가하라 신화계통은 천황족이 다까마가하라(高天原,
高靈)를 떠나 일본열도로 건너오는 이야기이고, 쯔꾸시(北九州) 신
화계통은 천손「니니기노미꼬도」에서 진무神武까지 4대의 북큐슈에
서의 이야기이다.

　시마네현 동부의 이즈모왕국이 있었던 지역에 가보면 발길 닿는 곳
곳에 고색 창연한 특이한 모습의 고신사와 이색적 외형의 고분들에
눈이 끌리게 된다. 그리고 그 고신사에 '신라' 또는 '가라(韓, カラ)'

라는 신사명들이 붙은 것을 보면서 이곳이 옛 날 신라 사람들의 나라
였다는 것을 실감하게 된다. 신대에 이 나라를 다스렸다는 신들, '佐
陀川·斐伊川·神門川'이 홍수를 잘 다스려 그 평야에 기름진 농토를
만들었다는 세 대신(사다대신·노기대신·구마노대신)들은 신라의 선인
들이다. 이즈모 국왕명 오꾸니누시노미꼬도大國主命라는 '王名'은 신
라국왕이라는 뜻이다. 「고사기·일본서기」는 신라왕을 「고니끼시國主」
라고 한다. 「고니끼시」란 바로 신라의 임금님을 말하는 것이다. '大
國主命'의 '大'는 미칭이고, 미꼬도命는 일본 고대사에서 신이나 왕
에 부치는 존칭어이다. 그럼으로 '大國主命'은 큰 임금님(國主)이란
뜻이고 이즈모지방에 건너온 신라인들이 세운 나라의 왕을 의미한다.
신라인들은 고분기에도 계속 건너갔고, 이들은 높은 봉분형 무덤들을
만들었다. 대개 4세기 중반부터(安來, 造山古墳) 만들어지기 시작했
다. 그 특징은 '방분'이 많다는 것이다. 韓삼국에서는 방분이 먼저이
고 원분이 늦은 형이다. 고사기와 일본서기의 신화에는 이즈모왕국에
관련되는 많은 일화들이 있는데 모두 신라와 관련된 이야기들이다.
이야기 속의 신들이 모두 신라의 신일 뿐 아니라 그 땅과 초목들까지
도 신라에서 끌어왔다고 했다. 그것은 이 지방이 신라와 바다를 사이
에 두고 서로 마주보고 있는 '一衣帶水'격의 지리적 위치여서 일직
부터 신라 사람들이 건너 온데서 연유하는 것이다. 동해는 깊고 멀지
만 해류는 흘러서 신라해안→현해탄을 돌아→시마네島根 해안에 가
닿는다. 신라 사람들은 이 해류를 타고 자연스럽게 적은 배로도 쉽게
이즈모 해안으로 건너갈 수 있었던 것이다. 경주나 포항해안에 버린
라면봉지나 페트병들이 해류를 타고 시마네해안의 유명한 '이나사노
하마稻佐の浜'에 와 떠돈다는 것은 알려진 이야기다. 6·25전쟁 때
있었던 전쟁도피 밀항객들도 소선박으로 이 해류를 타고 '이나사노하

마'에 쉽게 도피행각을 했다가 잡혀서 가네자와金澤의 수용소로 갔다. 이 해류의 흐름은 지금도 변함이 없는 것이다. 그 옛 날 신라인들은 신천지를 찾아서 일엽편주로 멀고 먼 동해 바다를 이 해류를 타고 쉽게 가로질러 이즈모 해안으로 건너갔던 것이다. 처음에는 물론 우연과 표류의 결과였을지도 모른다. 이런 자연조건으로 인해 '이즈모국'은 사실상 신라인의 나라가 되었던 것이다.

이 왕국이 건국에서 야마도왕조에 합병될 때까지 신라본국과는 어떤 관계를 유지하였는지 등은 명확하지 않다. 그럼에도 삼국유사와 기·기(고사기·일본서기)를 보면 이 왕국이 본국 신라와 밀접한 관계를 가지고 있었음을 보여주는 많은 이야기들이 있다. 기·기에 실려 있는 이즈모국의 조신祖神 오도시신大年神과 그 세 아들 신(가라가미韓神·소부리노가미曾富理神·시라히노가미白日神)들은 모두 신라와 관련 된 이름임이 분명하다. 주22) 이 세 신들은 그 이름자만으로도 그들이 신라 사람들이라는 것을 알 수 있는데 가라가미는 신라신의 뜻이고, 소후리신은 서라벌 또는 소부리신, 서울신(京神)의 뜻이다. 시라히白日는 신라의 별칭이다. 기·기의 아메노히보꼬 이야기(天日矛の話)에는 히보꼬가 신라왕자라고 나온다. 그를 모신 신사는 이즈모를 비롯 나라분지의 한 복판 '糸井神社'와 전국 곳곳에 있다. 고사기는 그를 응신왕의 모후 진구神功의 5대조라고 썼다. 또 일본 황실의 최고신인 아마데라스대신(天照大神)은 신라신이 분명한 스사노오노미꼬도須佐之男命의 누이이다. 기·기의 세오리쯔히메瀬織姫는 아마데라스대신의 별명인데, 그의 이야기(セオリつ姫の話)는 삼국유사에 나오는 연오랑의 처 세오녀의 이야기이다. 연오랑과 세오녀는 작은 바위배石舟를 타고 신라를 떠나 일본으로 건너가서 이즈모의 왕과 왕비가 되었는데 신라에서는 이들이 떠난 후 해가 갑자기

없어져 캄캄한 세상이 되었다. 세오녀가 짠 일광단 日光緞을 신라로 보내오자 해가 다시 솟아올랐다고 한다. 세오녀 이야기는 태양신 아마데라스대신의 이야기임이 분명하다. 일본서기(神代上, 一書3)에는 아마데라스신이 아메노이와도 '天岩戸'라는 바위굴로 숨어들자 해가 없어지고 세상이 깜깜해졌는데 그 앞에서 천신과 무당들이 야다노가가미 '八咫鏡' 등 신물을 걸고 춤을 추어 나오게 해, 해가 다시 돋았다는 이야기가 있는데, 세오녀의 일광단 이야기와 같은 맥락이다. 그리고 아마데라스신의 동생 스사노오노미꼬도와 그 아들 신 이소다께루(五十猛の話)이야기, '大國主命'이 신라 땅 끌어오는 이야기(國引きの話)등 모두 신라와 얼 킨 이야기들로 끝이 없다. 일본서기 신대기(一書4)에는 스사노오노미꼬도가 그 아들 신인 이소다께루와 함께 신라의 소시모리曾尸茂梨(春川)에 살았는데(일본서기는 이즈모에서 살다 건너갔다고 함), 그곳에서 스사노오노미꼬도는 "이 땅이 척박해서 살 수 없다"고 말하고 즉시 진흙으로 배를 무어, 좋은 종자와 묘목들을 가득 싣고 아들 '이소다께루'와 함께 동해 바다를 건너 이즈모국의 간도강神門川 상류「鳥上峰(熊野山, 지금은 天狗山)」에 와서 머물었다고 했다. 이 스사노오노미꼬도는 간도강의 매해 되풀이되는 홍수를 잘 다스려 신(熊野大神, 出雲風土記에 佐陀大神)이

神話의 舞臺. 韓島.

※이 섬에서 가야신 高皇産靈神의 명을 받은 經津主神등 3神將이 事代主神와 담판. 사진 島根縣文化史 24쪽

되었다고 '이즈모풍토기出雲風土記'에 있다. 지금은 구마노산熊野山 밑의 '熊野大社' 제신이 되어있다. 그리고 일본서기 신대 하권의 「天孫降臨の段」에서는 가야신 다까미무스비신이 천손 「니니기노미꼬도」가 다까마가하라로부터 내려와서 통치할 땅, 나라奈良를 평정할 '神將'을 내려보내 이즈모국왕과 담판하게 했다고 앞에서 말했는데, 그 담판장소가 나라가 아니라 이즈모국의 이소사다五十狹田의 이나사노하마 '稻佐浜' 해변이고, 그 앞 바다의 섬 '가라시마韓島'라고 한다. 나라에서 살기 위해 이즈모에 와서 담판을 했다는 것은 나라의 땅이 이즈모국왕의 것이었다는 것을 말한다. '가라시마'는 신라섬이란 뜻인데, 그 해변이 '이나사노하마'(稻佐の浜)이다. '가라시마'는 지금도 그 앞 바다에 예전과 변함없이 떠 있다.

그 신장은 거기서 이즈모국왕 오꾸니누시노미꼬도의 아들, 고도시로누시노가미事代主神와 담판했다고 고사기는 말한다.

「일본고대왕조론서설」에서 '삼왕조설'을 주장한 미즈노다스꾸水野裕(早稻田大)교수는 「崇神天皇をめぐる物語」라는 글을 썼는데 그 글 중 '崇神天皇と三輪山'이란 대목에서 스진의 업적 9개조항을 열거하고 "기·기의 전승을 모두 사실로 단정할 수는 없지만, '原大和國家'가 일본서기의 전승과정을 거쳐서 스진왕에 이르러 야마도지방(奈良盆地)을 얻어 그 여력으로 기비吉備지방을 병합, 다시 이즈모出雲지방을 통합하여 일단 '原大和國家'가 확립되었다고 생각한다"고 쓰고있다. 주23) 이는 미와왕국이 나라에서 성장하여 이즈모로부터 독립하고, 역으로 기비와 이즈모국을 통합, 일단 서부 본주를 통일한 '야마도국'을 완성했다는 이야기 이다. 미즈노 교수는 스진崇神의 업적 1)에서 천황궁내에 모시던 아마데라스대신을 가사누이촌笠縫邑으로 옮기고 그대신 오구니누시노미꼬도大國主命를 제사지내게 된 이유를 스진왕이 하시하까箸墓의 무녀 '야마도도도히메' 의 신탁에 따랐다는 일본서기의 기사를 그대로 인용했다. 그러나 이는 구차한 꾸밈 이야기이다. 미즈노 교수는 앞의 글 스진의 업적 9) 에서 스진이 이즈모국의 내분을 틈 타 '이즈모다쯔네出雲辰根(이즈모국 마지막왕)'를 죽여 이즈모국을 통일하였다고 했는데 이는 미와왕조가 이때에야 이즈모국의 소속에서 벗어나 무력으로 통일 했다는 이야기이다. 미즈노는 이즈모보다 기비왕국이 먼저 야마도에 통합되었다고 했는데 이는 기·기와는 반대이다. 스진은 나라에 왕조를 세운 후 그 조상들(神武에서 開化까지 9代)을 추존했는데 이들이 기·기상의 명목상의 천황들이다. 미즈노설에 따르면 미와왕조는 기비와 이즈모를 차례로 통합하여 '원대화국原大和國'을 이루어 고왕조가 되었다. 그러나 미즈노 교수 스스로 이야기하듯이 스진에서 쥬아이 仲哀(혹 應神)까지의 '고왕조'라는 것은 신화와 전승의 기록으로 왕조라고 할 수준이 아니다. 고분연구에서 이미 밝혀졌듯이 고왕조의 왕들은 왕이 아니라 주술적 제사장들이었다.

천황족의 미와왕조(三輪王朝, 고왕조)를 좀더 들여다보기로 하자.

미와왕조는 위에서 본대로 나라분지에 있었던 지역 공동체였다.

일본서기가 이 집단을 통일 야마도왕조의 주체로 조작하고 있기 때문에 이와 구별하기 위하여 일본 전후사학과 고고학자들이 다른 지역에 병립하는 독립왕국들과 같은 지역왕국의 하나라는 의미로 미와왕조라는 호칭을 붙이고 있다. 고고학자 모리고이찌森 浩一는 하쯔세初瀨왕조라고 하는데 '三輪山'에서 발원한 하쯔세강가에 있었던 한 작은 왕국이란 뜻이다.

일본고대사 논쟁의 초점은 '통일大和王朝'의 주체를 가와찌河內 왕조로 보느냐 미와왕조로 보느냐 하는 것이다. 앞에서 본대로 미즈노水野교수의 '삼왕조론'은 미와왕국이 기비와 이즈모를 통합, 일단 중부 본주를 통일한 야마도왕조의 원상이 확립되었다고 본다. 그 뒤에 구주세력인 응신應神이 미와왕조를 정복하여 통일고대국가를 형성했다고 하는 것이다. 이것은 일본 기내와 서부 본주가 미와왕조에 의해 통일 되었다는 말이다. 일본역사의 대표설의 집약으로 볼 수 있는 '日本歷史大系'에도 유사한 입장인데, 일본사는 대체로 이 학설로 정리되어가는 것 같다. 주24) 그러나 미와왕조는 그런 수준의 왕조로 볼 수 없다. 미와왕조가 거대한 고총고분을 만들어 주민 동원능력을 보여주었다지만 그것이 곧 정복능력을 말하는 것은 아니다. 미와는 특별한 생산력이 없는 산 꼴의 농경공동체였다. 따라서 이 왕조는 본주 통일의 에너지를 가진 정치지배체제는 아니었다. 제사장적 족장체제였다. 보다 큰 경제적 생산력과 기마전력을 가진 인근 세력들을 통일할 수 있는 힘이 없었다. 그보다 좀 늦게 일어난 가와찌왕조와 일정 시기를 병립하다가 그에 통합되었다고 본다. 서부본주와 구주의 통일은 그후에 이루어진 역사이다. 천황족은 미와산 부근의 고분들 연대로 보았을 때 대개 4C전반쯤에 이곳으로 들어온 것으로 보인다. 천황족들은 4C초반쯤부터 '나라분지'로 들어와 제사공동체를 형성했다. 스진'崇神'이 그 시조이다. 일본의 전통적 사학자들은 고총고분들의 외형에 대해 지나친 가치와 관심을 표시하며 이 무덤들을 조성한 미왕왕조의 존재를 크게 평가하려고 하지만 고분시대의 성격을 결정짓는 것은 무덤 외형이 아니라 그 무덤에서 나온 부장품이다. 무덤의 봉분 축조는 일조일석에 만들 수 있다고 할 수는 없다고 해도 아이디어 하나로 노동력만 동원하면 단기간에 얼마든지 축조할 수 있는 것이며 특별한 기술축적이 필요한 것은 아니다. 그러나 내부구조나 부장품은 그렇게 볼 수는 없다. 오랜 시대에 걸쳐 내려온 풍습과 축적된 문화와 높은 공예기술이 집약되어있어야 한다. 고분의 높은 수준의 공예 부장품은 그런 문화의식수준과 기술능력이 있는 민족만이 만들 수 있고 알아 볼 수 있고 수요할 수 있다. 그 문화는 문화주체의 이동과 함께 한반도에서 들어온 것이고 야요이문화에서 자생한 것이거나 야요이인들이 수요가 있어 수입한 문화가 아니다. 일본학자들이 '舶載品'운운하는 용어를 자주 쓰는데, 미와왕조는 아직 그런 공예품의 수요가 있는 사회가 아니었다. 전사적인 농경생활상태의 사회였다. 미와왕조의 왕능에서 지배자적 제왕의 부장품으로 볼 수 있는 것이 출토 된 일이 없는 것으로 알 수 있다.

무덤문화는 좀 체로 변하지 않는 보수적인 것이라는데 고분문화가 그렇게 급격히 또 거의 전국적으로 비슷한 시기에 일어난 것은 동일문화를 가진 한삼국인들이 각 지방에 들어와서 일으킨 문화이기 때문이란 것이 역사의 진실이다. '井上光貞'는 고분시대 중기에 이르러 일본의 고분문화는 그 내용에 급격한 변화가 이러난 사실에 주목하면서, 그는 의식적으로 '江上波夫'의 기마민족정복설에 반대하는 고고학자 '小林行雄'의 소론을 인용하였는데 고바야시는 "전기고분문화(미와왕조)의 피장자들은 '司祭的 豪族'이라고 할 수 있는 사람들이고, 이 시기의 고분에서는 동거울 구슬 벽옥제 팔찌 등 장신구 또는 제기가 부장품의 주였다고 지적하고 있다. 이것은 미와왕조 가 제사공동체 수준이었다는 것을 말하는 것이다. 그러나 후기고분문화는 시초부터 종교적 권위를 벗어버린 정치적 지배자적 성격을 지니고 있으며, 그 시기는 가와찌왕조부터 이다. 후기고분에서는 금은제의 왕관 금제 귀고리 팔지 대금구 요패腰佩 금동신발 등이 나왔는데 대륙풍의 지배자적 왕족의 위상이며 승마의 풍습도 이 시기부터 시작된다"고 했다. 주25) 이노우에는 후기고분문화가 이와 같이 대륙적 지배자적 성격인데 비해 전기고분문화는 이와는 현저히 이질적인 「주술적·상징적·평민적·동남아적」인 것이며 농경민족적 특징을 가진다고 지적하고 있는 것이다. 이는 미와왕조와 가와찌왕조의 위상의 대조적 차이를 선명히 한 것으로 Ⅱ에서 상론할 본저 소론과 일치하는 것이다.

나라의 '柳本'고분과 '佐紀'고분군 중 미와왕조의 '천황릉'이라고 주장되는 고분은 모두 4C고분으로 전기에 속한다. 그러나 가와찌왕조의 왕릉들로 주장되는 고분(古市·百舌鳥)들은 5C후반에서 6C에 조성된 고분으로 여기서 환두대도와 철제대도 도금단갑과 투구 등이, 그 배총들에서 다량의 마구 무기 무구 등이 나와 실전적 지배자적 권위와 위상을 충분히 보여주고 있다. 그러나 미와왕능으로 주장되는 다음 <표4>의 고분에서는 동거울이나 구슬류 등의 유물밖에 나온바 없다. 앞의 유물표<표3>의 나라지역 출토유물 중에서 마구·환두대도·금제 장식품들이 있어 오해하기 쉬우나 이 유물이 나온 고분들의 소재지역은 나라이지만 모두 미와왕조 지역이 아니고 시대도 후기고분들이다. 아래 표에서 보는 미와왕조의 왕능 고분 등은 모두 전기고분이다. 그중 가장 오래된 고분이 하시하까箸墓이다. 고총고분의 발생이 나라분지에서 비롯되었다고 주장하지만 일본 최古의 고분은(京都 椿井大塚山·兵庫 吉島·岡山 湯迫車·山口 竹島·福岡 石塚山·大分 赤塚)등 주로 구주와 서부일본에 있으며 '箸墓'는 이 중에 들어있지 않다. 주26)

미와연합을 구성했다는 호족들의 근거지는 좁다란 나라奈良분지의 산곡간 골짜기를 하나씩 차지하던 몇 개의 「제사장적 족장」을 중심한 농경공동체들이었다. 그 집단들은 미와의 스진崇神을 맹주로 후

류강布留川유역의 모노노베씨物部氏, 가쯔라기강葛城川 상류 산지의 가쯔라기씨들 이었는데 천황족인 미와씨족은 하쯔세강가의 소평원이 그 근거지였다. 모노노베씨와 가쯔라기씨들은 천황족보다 먼저 나라분지에 들어왔고 스스로도 천손족으로 여기며, 천황족과 같은 천손강림의 유래를 가지고 있었다. 모노노베씨는 이꼬마산生駒山에 덴노노모리天王森라는 천손강림유적을 가지고 있고, 그들의 선조라

<표4> 三輪왕조 천황릉

천황	연대	능지	분형과 내부구조	주 요 출 토 유 물	일본서기재위연代
崇神	미상	奈良天理市	전방후원 수혈식	동판1, 내행육화문동경선각이 있다.	BC97-BC30
垂仁	미상	奈良尼ケ崎	전방후원 불명	부상	BC29-70
景行	4C 후반	奈良天理	전방후원 불명	부상	71-130
成務	미상	奈良佐紀	전방후원 불명	句玉50 管玉100	131-190
仲哀	미상	河內 長江	전방후원 불명	古市 みさんざいん古墳지정	192-200
神功	미상	奈良 佐紀	전방후원 불명	圓筒 埴輪	? -270
箸墓	4C 중반	櫻井市	전방후원 불명	奈良 最古고분, 피장자 倭迹迹姫命. 崇神시대 巫女	

근거: 大塚初重·小林三郎 共編 「古墳辭典」(인출), 東京堂出版 ※명치 초기에 관학부官學府로서 동경대학안에 '修史局'이라는 국사편찬기관이 설치되었는데, 이 대학의 '久米邦武'교수가 「神道は祭天の古俗(皇室의 祭禮행사)」라는 황실비판 논문으로 교수직에서 파면된 일이 있다. 이 사건은 일본이 명치정부이래 국가정책으로 천황사관의 '터부'가 엄격히 수호되었다는 것을 보여주는 사례이다. 이때부터 천황릉으로 지정되면 조사할 수 없었다.

는 니기하야히饒速日노미꼬도가 '다까마가하라(가야)'에서 '천반선'을 타고 진무神武보다 먼저 나라분지에 들어 왔다는 유래가 일본서기 '진무기'에 나온다. 가쯔라기씨는 가쯔라기산의 산정 고원에 천손족 하강의 신화를 간직한 다까마高天평원과 다까마히꼬高天彦신사 등 유적이 있고, 일본서기의 '開化'까지의 천황들을 자기들 조상이

라고 주장한다. 스진이 나라분지로 들어와 미와왕조를 세우면서 가쯔라기왕조를 폐하고 '카이까'까지의 자신들의 조상을 스진의 조상으로 만들었다는 것이다. 그들은 또 천황족의 황조신인 다까미무스비신高皇産靈神을 자신들의 조상신으로 모신다. 그러나 일본 전후 사학자들은 일본서기에서 카이까까지를 역사가 없었던 결사缺史시대로 본다. 일본고대사의 이러한 혼란상은 일본서기 편찬과정에서 이런저런 전승들을 천황가의 유래로 끌어다 조작한데서 오는 모순들의 노출현상이라고 볼 수 있다. 이 씨족들은 4C말에 들어 지역연합을 형성했다가 가와찌에 통합된다.

② 기비 3왕국吉備王國

기비왕국(岡山縣)은 가와찌에서 서쪽으로 떨어져있는 혼슈本州서부의 중심부 세도瀨戶내해의 요충지에 있다. 지정학적으로 북쪽으로는 중국산맥을 넘어 이즈모국과 연결되고, 이즈모국과 가와찌·나라가 오가는 길목에 있어서 두 나라의 관계에 중대한 영향을 미친다. 바다로는 한반도와 연결되는 도중의 기항지로서 일직부터 한반도로부터 많은 사람들이 들락거렸다. 삼국지의 '投馬국' 유적지로 보기

吉備三王國의 옛 지도(備後, 備中, 備前, 兒島)
'加夜와 가야국賀夜國'이 보인다. 高柳光壽·竹內理三, 日本史 辭典1026쪽

도 하는 '대취락'유적이 있고, '備陽記'에는 가야국加夜國으로 나오는데 일직이 백제계 가야인들이 들어왔던 것 같다. 모두 기비삼국의 전신들이다. 이러한 역사의 유래를 증언하는 유적으로 이곳에는 가와찌(大阪)·나라奈良에 비견되는 거대한 전방후원분(作山 造山과 두 宮山 고분) 등이 있다. 기비왕국은 일본서기의 유략기雄略紀(456-479)에 야마도왕조의 속령으로 반란을 일으켰다는 기사로 나오지만 일본 전후 사학자들은 그것은 반란이 아니라 지역독립국간의 갈등으로 본다. 미와왕조가 그 시기에는 지역왕국의 하나였다고 보기 때문이다. 기비노고지마 吉備の兒島는 당시의 일본열도가 세계와 통하는 유일한 길인 한반도로 가는 길목이었다. 가와찌보다 한발 앞서 선진 한반도문물과 접하던 발전된 지역이다. 오꾸군의 대취락유적은 일부 사학자들이 중국 사서·삼국지 왜인전이 전하는 큰 집락 '投馬國'으로 추정하는 규모가 큰 유적이다. 그리고 소쟈시總社市는 역시 고총분묘가 많은 유적군이 있어 이곳에 한삼국인들이 일찍부터 들어와 정착했음을 알 수 있다. 여기가 '備陽記'에 나오는 이야기, 천축에서 온 귀신이 횡포를 부려 이곳 왕 '기비쯔히꼬'가 성을 쌓아 이를 막았는데 그 성이 가야성이라고 했으나, 「三備史略」이란 '吉備' 역사책에는 천축에서 온 귀신이란 백제의 왕자 '溫羅'라고 하였다. 백제인들이 이곳에 들어와 불교를 전하는 과정에서 있은 갈등이야기라고 본다. 이로 미루어 이곳에 상당한 수의 백제인 세력이 있었음을 알 수 있다. 가야국賀夜國 지명은 가야인들이 항상 백제인들과 동반하여 일본열도에 진출하는데 그들의 인구가 많았던 것과 관계 있을 것으로 본다.

고지마兒島는 기·기 신대의 「大八洲탄생」에 등장하는 '기비노고지마'이고 비젠국備前國에 속한다. 일본 고대사로서도 중요한 지점

으로 점찍고 있으며 일직부터 한반도에서 오는 배들이 꼭 들려가야
하던 해상교통의 요지로 도시국가였다. 그 배후의 비젠국備前은 그
만큼 일직부터 개방되고 선진세계를 알던 곳이었다. 북쪽 이즈모왕
국 쪽에서도 중국산맥을 넘어 내려오는 신라인들이 많았고, 오꾸의
비젠국備前國이 이들이 세운 왕국이었다. 그런 역사와 지리적 위치
를 배경으로 일직이 강력한 세 개의 왕국(備後, 備中, 備前)이 기비
연합왕국을 형성하고 있었다. 이들 왕국의 시기와 존재를 고증하고
있는 오래된 고분들이 4세기부터 축조되었는데 그중 가장 이른 시기
에 축조된 유바구르마즈까'湯迫車塚'는 (주26)에 예거된 일본의 가
장 오래된 고분 중의 하나이다. 또 거대한 수혈식 고분들로 두개의
미야야마고분(宮山古墳)과 두 개의 거대한 쯔꾸리야마(造山전장
350m·作山285m)고분은 오래된 정도(竪穴式, 古形)와 그 규모등에
서 나라(奈良, 櫻井市)의 천황능고분에 앞서거나 버금간다는 것이
고고학계의 통설이다. 기비 3왕국은 어떤 외부의 정치적 간섭도 받
음이 없이 <표3>들이 보여주는 보물들을 가졌던 왕자의 위상을 가
지고 독자적인 소천하를 이루고 있었다. 일본서기의 기비국 반란기
사에 대해서는 조작된 천황사관이란 비판이 즈다소기찌津田左右吉
와 이께우찌히로시池內宏들의 연구(日本古典の研究·日本上代史の
一研究)에서 지적되고 반란이 아니라는 것이 이미 통설이다. 고사기
와 일본서기의 반란기사는 윤색과 조작 개찬이란 것으로 지적되고
있다. 즈다는 "반란을 일으킬 만큼 계획적이었고 강력한 왕국이 일
개 호족의 가병家兵30명에게 멸망했다고 한 것은 이치에 맞지 않는
다"고 하고 있다. 또 일본서기의 "큰 여자와 어린 소녀를 싸움을 시
켜놓고 당연히 이길 큰 여자를 기비왕 마에쯔야前津屋로, 소녀를
유랴꾸(雄略天皇)로 하였는데 어린 소녀가 이겼을 때 마에쯔야가 노

하여 칼을 빼어 소녀를 죽였다던가, 또 작은 수탉을 천황으로 힘세고 큰 수탉을 마에쯔야 자신으로 한 후 싸움을 붙여놓고 작은 수탉이 이기면 역시 칼로 죽였다”는 등의 이야기는, 서기의 찬자가 마에쯔야의 반심을 강조하기 위한 의도로 삽입했겠지만, 이 삽화는 도리어 기비왕국과 야마도왕국이 상하관계가 아니라 대등한 적수 관계임을 보여주고 있다. 또 다른 조작 기사인 “기비왕 다사田狹의 왕비는 소문난 미녀였는데 유랴꾸가 이를 빼앗기 위해 다사를 ‘任那國司’로 임명하여 한반도로 보냈다”고 했는데, 이는 미와왕조의 국세를 과시하기 위한 조작기사로 보이지만 있을 수 없는 이야기이다. 당시 구주는 물론이고 본주조차 완전히 통일하지 못한 때(雄略7년, 463)인데, 미와왕조가 임나任那라는 해외의 영토를 가졌을 수 없는 것이다.

한편 다음의 자료는 비전備前국이 신라계 독립왕국이었다는 것을 반영하는 자료이다. 쥬아이仲哀는 가공인물이지만 이 기록은 당시의 미와왕조와 기비왕국 사이의 역사인식을 드려다 볼 수 있는 자료이다. 여기서 미와왕조는 비전왕국을 신라 사람들의 나라로 보고 있으며. 그의 침략을 두려워하고 있는 상황을 보여준다. 주27)

古書「伊呂波·字類抄」9卷<仲哀天皇>御宇2年條には“新羅國が本朝を奪取しようとした. この時に天皇は海中の龍王に祈って, 龍王が力を合せてくれて「となりの國」に勝てば, その感謝の意に, もし男の子が生れたら龍王の參に, 女の子が生れたら龍王の妃にくれよう"といったという句節がある. ※三輪王朝は吉備國を新羅國と呼んでいるのである.

※ 여기서 신라를 「となりの國」 (바로 이웃 나라)라고 하였는데 나라의 산 꼴에 있는 소국(미와왕국)이 바다건너 한반도에 있는 신라를 바로 옆에 있는 이웃 나라라는 뜻인 ‘となりの國(隣國)’라고 부를 수는 없고, 또 당시의 신라도 큰 바다 건너 ‘야마도 산꼴의 미와왕국’에 위협을 줄 수 있는 위치에 있지 안았기 때문에 여기서 말하는 ‘이웃

나라 신라'(隣國) 는 한반도의 신라가 아니라 신라 사람들의 나라 備前國을 가르치고 있는 것이다.

위의 기록을 간략히 우리말로 바꾸면, 고서 「이로와伊呂波 자류초字類抄」라는 책 제9권, 쥬아이仲哀천황 2년조에 "신라국이 우리나라(미와왕조)를 탈취하려고 하고 있다. 이때에 천황(仲哀)은 바다의 용왕에게 기도하기를, 용왕이 힘을 빌려주어 우리가 '이웃 나라'에 이기게 되면 그 감사의 뜻으로 아들을 낳으면 용왕의 사위로 주고 딸을 낳으면 용왕의 왕비로 주겠다"고 하였다는 것이다.

당시 기비(備前, 岡山)에서 나라奈良로 들어가려면 육로에는, 서부 셋쯔攝津와 가와찌河內 사이에 간자끼강神崎川과 신요도강新淀川등 두 강이 있고, 그 사이에 수렁지대가 있어 그 때문에 통하는 길이 없었다. 그래서 통상 바다길인 비전국 해안 아까이시赤石해안에서 배를 타고 가와찌(大阪灣)로 건너 다녔다. 쥬아이는 이 바닷길로 비젠국이 나라로 쳐들어오는 것을 용왕의 힘으로 막아주기를 기원하고 있는 것이다. 미와왕국과 비전국이 상하관계가 아니라 동등한 대립관계에 있는 위협적인 적대국이었음을 보여 주고 있다.

③ 구마소왕국熊襲王國은 백제의 후국侯國

북구주는 게이따이繼体와 이와이磐井전쟁전까지, 서북에 비국肥國(佐賀＋長崎＋熊本현)·후꾸오까福岡현 서부에 이와이왕국·동부(동부福岡＋大分현)에는 풍국豊國 등 세 나라가 있었다. 그중 비국은 뒤의 구마소熊襲國이고 옛 이름이 '고마나라'라고 한다. 구마소는 곰나루에서 살던 백제인들과 마한인들이 많이 건너가 살아서 그런 이름이 붙은 것이라고 한다. 서울대의 국문학자 이기문 교수는 "용비어천가에서 웅진熊津을 「고·마ᄂᆞᄅ」라고 했는데 이는 백제어라고 생각한다”고 했다. 주28) 지금의 공주라는 지명은 곰나루熊津→熊州에서 온 것이며 북구주의 구마소도 여기서 온 것으로 본다.

북한학자 김석형도 “ ‘コマのクニ(고마나라)’로 불린 비국肥國은 지금의 공주公州에서 살던 구 마한사람들이 일직부터 서해항로를 따라 이곳으로 많이 건너와 정착했고 그 뒤를 이어 백제사람들이 들어와 나라를 세우게 된 때문에 ‘고마나라’コマノクニ(肥國＝熊襲國)란 이름이 붙었다는 고증을 일본 고문헌들을 들어 밝히고 있다. ‘肥國’은 뒤에 肥前과 肥後 이국으로 분할되는데 비후국이 구마소국이 된 지금의 구마모도熊本현이다 이곳에 산재하는 ‘고마, 구마’라는 많은 지명들은 곰나루 사람들이 많이 와서 살아 붙여진 지명들임을 말해준다. 肥國이 백제인들의 나라였다는 고증은 그런 지명과 함께 일본 고문헌 萬葉集와 倭名抄, 아라이학세끼新井白石의 古史通或問 등에서도 확인할 수 있는데, ‘아라이하꾸세끼’는 “이곳에 ‘コマビト肥人’들이 산다는 것은 동해에 エミシ들이 산다는 것과 마찬가지다”라고 했다. 이는 동해에 많이 살던 ‘アイヌ인’과 빗대어 말한 것이다. 망요수萬葉集에서는 백제인들을 ‘コマビト’고마비도 肥人(백제인)라고 노래하고 있다. 아라이는 중국고전에 능통한 사람이다. 양서와 주서에서는 백제도성을 固麻라고 하고, 송서 등 중국 사서들이 백제인을 고구려인과 동일시하고 있다.

후나야마船山고분에서 나온 대도에 새겨 넣은 은상감명문에서도 구마소국이 백제의 후국侯國이었음을 확인해주고 있다. 후나야마고분의 주인공은 백제의 진보珍寶와 무기들과 함께 누워있는데, 그 유물들 가운데 75자의 명문이 새겨있는 은상감대도銀象嵌大刀의 명문에서 구마소국이 백제의 후국이었다는 것을 분명히 알 수 있다.

「治天下□□□□鹵大王世. 奉爲典曹人名无利工, 八月中, 用大鑄釜
並四尺廷刀. 八十練六十振三才上好□刀, 服此刀者, 長壽子孫洋洋得
三恩也. 不失其所統, 作刀者名伊太[於], 書者長安也.」

　명문에는 결자와 벽자僻字가 있어 완전해석이 어렵다고 하지만
대의는 분명하다. 일본학자들이 대왕을 일본천황이라는 억지해석은
말도 안 되는 소리지만, 정직하게 그대로 해석해 보면「천하를 다스
리는 대왕(蓋鹵王추정)치하에 명을 받들어 관청인 무리无利가 칼을
만들었다. 팔월중에 용광로 큰솥을 써서 4척의 □刀를 80회나 단련
하여 60자루 3재의 좋은 칼을 만들었다. 이 칼을 차는 자(服者)는
장수할 것이며 자손들 앞길이 양양하고 나라를 잘 보전하는 세 가지
은혜를 누릴 것이다. 이 칼을 만든 사람은 이태요 글을 쓴 사람은
장안이다」. 비교적 중립적인 해석을 한 북한학자 김석형도 대체로
이와 같다. 주29)

　이것을 백제왕이 내리는 글로 보는 것은 칼 명문에 백제식 이투문
이 섞여 있다는 점과 대왕이 후왕에게 칼을 내리는 하향문이라는 점,
무덤 부장품이 모두 백제 것이고 칼 명문이 백제식이고 백제식 이두
문이 섞여 있다는 점, 칼을 만든 사람과 명문을 쓴 사람이 백제인이
며, 당시의 역사상황에 비추어 볼 때에도 대왕은 백제왕이외에 다른
나라 왕을 상정할 수 없다는 것이다. 백제대왕이 후국 ‘船山고분 피
장자’ 구마소왕熊襲王에게 내린 칼이 분명한 것이다. 구마소국은 백
제인들의 나라이고 그 칼을 하사할 만한 나라는 당시로서 백제외에
생각할 수 없기 때문이다. 뒤에서 자세히 나오겠지만 5세기후반의 가
와찌·나라에는 가와찌왕국·미와왕국·야마시로왕국 등이 병립시기였고
가와찌왕국은 백제인들의 나라였다. 구주가 야마도왕조 영역이 되는

것은 6C전반이며 기내에는 아직 대왕으로 불릴 존재는 없었다.

일본 고대 문헌들에서도 구주를 야만의 땅, 영역외의 땅 백제인들
이 많이 사는 나라로 인식하고 있었다. 일본의 「顯承述略」이란 책
에서 구주에 대한 그런 인식을 읽을 수 있다.

> 「大昔,　筑紫は僻地・無人の空地で外虜すなはち外國勢力に占據さ
> れていたが、當時の人はこれを熊襲と呼んだ。…古へ高麗を呼ん
> で古麼となす。久と古は通音にして、猛悍をオソ於曾と曰う(中
> 略)遂に久麼曾の稱有り」 주30)

요지는 "九州는 아주 옛날부터 벽지僻地로 사람이 살지 않아 외
국外國 오랑캐들에 점거된 땅이었는데 여기 사는 사람들은 고마高
麗(백제인)사람들이었다. 당시 사람들이 구마소'熊襲'라고 불렀다. 久
는 古와 通音이고 熊襲는 용감하다는 뜻이다. 옛날부터 고려高麗를
고마古麼라고 했다." 라는 뜻이다. 우리나라 지리지 '東國與地勝覽'
에서도 그때 일본의 서쪽 경계는 '赤間關'(지금의 下關해협)였다고
이 책(36-37쪽)에 인용되어있다. 구마소왕국이 일본고대사에 처음 등
장하는 것은 712년에 쓰인 고사기이다. 그보다 8년 후에 쓰인 일본
서기 신대의 4단 '大八洲' 탄생에서도 처음 거론된다. 이 두 책에서
는 '구마소(熊國)'를 야마도왕조에 끊임없이 저항하는 사나운 야만국,
구마소熊襲로 쓰고 있다. 구주가 진무神武이래 야마도왕조의 땅이었
다는 기·기의 기록 때문에 열도 전체를 유사 이래 모두 야마도왕실
에 당연히 신속된 것처럼 기술하고, 이즈모 기비 쯔꾸시(九州)의 구
마소 전쟁 등을 모두 반란으로 기술하고 있지만 그것은 신화요 전승
일 뿐이다. 이것을 역사로 만들기 위해 게이꼬景行 야마도다께루倭
武尊 쥬아이仲哀 진구神功 등 가공인물에 의한 '구마소정벌'이란 것

을 일본서기에 쓰고 있지만 이 네 사람들도 8C에 만들어진 가공의 인물들이다.

　지금의 사가와 나가사끼반도를 서남쪽으로 도는 바닷길은 나가사 끼반도를 돌아 아리아께해有明海의 구마모도 다마나玉名(船山고분이 있는 곳)로 들어가는 뱃길이다. 이 항로는 고대의 마한이나 가야 백제인들이 한반도 서남해안을 돌아 대마도남단을 거쳐 서북큐슈해 안으로 접근하던 일직부터 열린 뱃길이었다. 해류가 대개 그런 방향 으로 흐르기 때문에 여수나 거제도에서 배를 타면 노를 얼마 젓지 않아도 된다고 한다. 이 뱃길은 백제인 가야인들이 구마모도 다마나 로 건너가는 항로이며 일본 고대사에서도 일직부터 '서북항로'로 알 려져 있었다. 해상활동이 활발하였던 백제는 중국에도 널리 알려져 있어 백제의 수도는 송서와 양서 주서 등에서 고마(固麻, 중국발음 구마)로 기록되어있는데, 백제인들을 중국에서는 고구려인과 동종이 라고 보는 인식이 있고, 이것이 고구려와 백제를 혼동하는 고마'固 麻'가 되었던 원인이다. 고사기 일본서기에서도 고구려를 고마貊(또 는 狛)라고 하고 있다.

일본서기의 '肥國→火國' 지명조작기도

　'구마소국'은 '肥國'의 원명이다. 비肥(고마)는 熊(구마)에서 왔다. 훈독 이 아닐 때의 일본어 발음은 히肥가 된다.

　뒤에 히젠肥前 히고肥後 2국으로 분리되지만 두 곳을 통칭할 때도 히 노구마肥前로 불렀다. 이 히(肥)를 화(火)로 조작한 것이 아래 이야기 이다. 히젠肥前풍토기에는 '肥國'의 유래를 이렇게 말하고 있다. "崇神 왕'대에 이곳의 쯔지구모土蜘蛛(백제인들)들이 반란을 일으켜 이를 토벌 하기 위해 肥君을 보냈는데, 이 肥君의 진언에 의하여 '火の國'로 명 명되었다."고 했다. 그러나 3대 100년후인 景行紀18년5월조에는 또 다 른 이야기가 나온다. 구마소 정벌에 나선 景行왕이 배로 葦北을 떠나

火國에 도착했다. 해가 지고 밤이되어 어두워서 어데다 배를 대야 할지 몰랐다. 멀리서 불빛이 보였다. 천황이 무슨 불인가 하고 물었으나 아무도 불의 주인을 몰랐다. 그 불이 사람의 불이 아니라는 것을 뒤에 알게 되었고, 그래서 이 나라 국명이 히국火國이 되었다.”라는 것이다. 이 불(フジカ不知火) 이야기는 국명이 고마노구니‘肥の國’로 불리는 것을 지우기 위한 유래조작이다. 하지만 엉성하다. 崇神 때에 이미 火國으로 명명되어 있었다면서 3대 후에 또 ‘不知火’로 다른 이유를 제시하고있다. 崇神이나 景行등은 전승 속 인물들이고, 일본서기 상 BC1세기-AD1세기 사람들인데 이들이 6세기 이후의 지명을 짓고 있는 것도 있을 수 없는 이야기이다.

구마모도현熊本縣에는 ‘クマ’(高麗)라는 명칭이 붙고 ‘구마’와 관련된 유래를 가진 유적과 지명이 많다. 그렇지만 그것을 고구려인의 흔적으로 볼 수는 없다. 그 유적과 지명은 모두 백제인들의 것이다. 고구려인들이 이곳에 온 일은 없으며 백제인을 고구려인들과 같은 종족으로 보는데서 온 혼동이다. 그 지방 이름 자체가 구마모도熊本인데 이는 구마소熊襲의 구마熊에서 온 것이고 그 ‘くま’는 ‘こま(百濟)’에서 온 것이다. 이 현의 남쪽을 휘돌아 흐르는 구마모도에서 가장 큰 강 구마가와球磨川의 구마라는 것도 ‘高麗’에서 온 것이 분명하고, 그 상류에는 구마촌球磨村과 고마산高麗山이 있다. 이런 것들은 이 지방이 일직부터 ‘コマビト’(百濟人)들이 많이 들어와 살았음을 말해주는 것들이다. 이 현의 아시기다군葦北郡(船山의 고분유적이 있는 곳)에는 ‘くたらき百濟城’라는 고장이 있는데, 뒤에 나오는 일본서기 비다쯔기敏達紀의 백제 달솔 일라日羅의 고향이다. 주31) 그 고장에 일라가 세웠다는 절 ‘地藏堂’이 아직도 있다고 한다. 일라가 백제의 달솔직 관리였다는 것은 敏達紀에 나오지만, 그것은 백제와 이 지방 사이의 관계를 말해주는 것이다. 구마소국熊

襲國은 백제의 후국이었고, 이곳의 기층민 가야인들은 대국 백제를 부모국처럼 여기고 가서 공부도 하고 벼슬도 하며 자유롭게 드나들었다. 중요하게 기억하여야 할 것은 이때의 구주가 야마도(미와)왕조의 땅이 아니라는 사실이다. 사실상 백제인들의 신천지였다.

다음은 어느 좌담회에서 작가 司馬遼太郎와 방송인 岡本太郎간의 대담에 나온 한 장면으로 이 일대에 백제인들이 많이 살았다는 것을 증언하고 있다.

> "岡本: NHK방송에서 'ふるさとの歌まつり(옛 고향의 노래축제)'라는 방송이 있었는데 九州 사쯔마薩摩(가고시마)의 男鹿半島의 노래가 나오고 있었다. 들으면서 이것은 순전히(まつたく)조선(백제)의 노래이구나! 하고 놀랬다.
> 司馬: 백제(조선)라기보다 조선도 포함되는 '퉁구스(만주족)' 노래의 느낌이 아니었나?
> 岡本: 퉁구스에 대해서 나는 잘 모르지만 그것은 분명 조선(한국) 노래였다. 그후 그 지방의 히요시人吉라는 곳에 갔는데 그 고장에는 '五木の子守歌(이쯔기의 자장가)'의 이쯔기'五木'라는 고장이 있었다. 이 노래는 온전히 조선 노래인데 '五木子守歌'의 고향이 그곳이었다는 것을 처음 알게 되었다. 거기에는 '구마강球磨川'이 있고 이'구마'도 조선말일 것이 분명하다. - '五木の子守歌'는 일본에 전승되어 내려오는 옛 자장가로 전국적으로 불린다.
> 司馬: 그것은 고마강高麗川이었을 겁니다." 주32)

이 대담이 풍기는 '구마소국'에 대한 인상은 구마모도熊本와 가고시마에 백제인들이 많이 살면서 백제풍속을 많이 남겼고 그것이 그때까지도 마치 백제인들의 고향 같은 분위기를 지니고 있다는 것이다. 일본의 현대인들은 옛 날 그곳에 살던 사람들이 백제인 들이었으며 그들의 후손이 그곳에 남아 아직도 '자장가'도 지명도 예대로

지니고 살고 있다는 것을 잘 모르고 있는 듯하지만 그곳의 사투리 중에는 지금도 한국말이 많이 남아있다는 것은 그들이 자장가나 풍속만 남긴 것이 아니라 피도 남겼다는 뜻이라고 그 대담들은 말하고 있는 것이다. 거기서는 'ハイ'를 'ナイ(네)', 벌(野原)을 'バル', 여자를 'エムナイ'라고 하는데 이는 명백히 한국말들이다. 그런 것을 애써 지우고 왜곡하려는 일본정부의 기도가 있었음에도 아직도 유적과 풍습 언어 속에 그대로 남아있다는 것은 기적이라고 좌담회는 말하고있다. 또 구마모도는 고총고분이 많은 고장으로, 일본고고학자들이 5大고총고분국(奈良 大阪 岡山 島根 熊本)의 하나로 꼽는데, 위의 <그림3>에서 보는 것처럼 벽화고분 대부분이 肥國지역(구마모도와 후꾸오까)에 있다. 일본 고고학은 이를 장식고분이라고 하는데 이는 분명히 고구려벽화고분 양식이다. 그 벽화가 그려진 벽면인 내부구조 역시 백제식 또는 고구려식인 횡혈식석실이다. 이 고분에서 나온 유물들이 거의 모두 백제제라는 것은 말할 것도 없다. 후나야마船山 고분에서 출토된 유물수는 전일본의 고분들 중 출토유물이 가장 많다는데, 250여점에 이른다. 모두 아름답고 우수한 백제유물들이다. 또 구마군 우다정免田町 사이엔고분才園古墳은 백제식 횡혈식석실분인데 여기서 완품 백제제 마구가 3셋트나 나왔다. 이들 유물들이 이곳 상류층 주민이 백제인들이었다는 것을 확인해 주고있는 것이다. 그리고 근년(1990년)에 이 지방에서 발굴된 도금된 '半圓形四神四獸靑銅鏡'은 대단히 수려한 수준 높은 공예품으로 일본에 세 개뿐인 국보급이라고 한다. 그리고 이 구마군球磨郡 우다免田를 중심으로 우다식토기라고 명명된 아름다운 고대 토기들이 많이 발굴되는데 이 유물들은 야요이시대彌生時代말기의 토기이다. 주33)
　야요이시대 말기란 고분기의 바로 직전시대로 역시 가야에서 건너온 사람들이지만 고분인들보다 훨씬 전에 건너온 先가야인들이다. 우다免田 유물들은 이 시대 일본의 토기유물 중 가장 우아하고 세련된 상등 유물로 고고학계에서 정평이 나 있다. 이 유물들로부터는 고조선과 백제의 높은 문화향기를 맡을 수가 있다고 하는데, 일본서기가 이 고장 사람들을 쓰지구모土蜘蛛(오랑캐)라고 부르고 야만시한 어이없는 기록과는 전혀 닮지 않은 높은 문화를 가진 사람들이었다. 그것을 지금은 일본 고고학자들도 인정하며 찬탄해 마지않는다. 이 나라는 6세기 전반에 게이따이繼体와 이와이의 전쟁으로 야마도왕조에 통일되었다지만 근래에 와서는 긴메이欽明대에야 전쟁이 완결되었다는 설이 있는데 만일 이것이 정설이 된다면 야마도왕조의 구주통일은 한 세대쯤 더 처질 가능성이 있다. 주34)

위에서 살펴본대로 구마소국은 백제인들이 많이 건너가 살던 백제인 들이 세운 나라였다. 이때의 북구주는 뒤의 '肥前과 肥後' 두 나라로 분리되지만, 선가야인들(狗邪韓國人, 뒤의 狗奴國)이 대마도와 '一岐島'를 포함하는 서북구주에 널리 펴져 살았고, 구마소에는 마한인과 백제인들이 중심이었다. 고구려 광개토왕 비문에 새겨진 왜군은 이 구마소인들을 백제왕이 동원한 것이다. 구마소는 근초고왕이래의 동맹국이었다. 삼국사기 박제상전에는 백제가 구주 왜를 선동해 신라를 공격토록 했다는 기록이 있는데 거기는 대마도였고 이때 대마도는 구마소의 영향아래 있었다. 대마도에는 박제상의 순국비가 있다. 주35) 이때는 어디서 어디까지가 어느 나라 땅이라는 영토개념은 아직 없었고 필요하면 군사를 보내 지배하다가 상황이 변하면 군사를 철수시키고 버려 두는 그런 시대였다. 인구가 적어 토지에 대한 점유의지가 희박하고 통치능력은 미치지 못하기 때문이었다.

④ 백제의 고마국肥國 재건요구와 일라日羅

위에서 본 것처럼 구마소는 백제의 후국이었으며 구주왜였다. 이 나라가 6C전반에 야마도왕조에 통합된 후 백제는 여러 모로 이 나라의 복원을 도모하고 있었다는 것이 일본서기 비다쯔기敏達紀의 일라 기사에서 확인된다. 이 기사에는 백제와 이 나라와의 관계에 대하여 아주 중요한 언급들을 하고 있는데 비다쯔기12년(584)조에 보면 다음과 같은 기사가 있다.

> 日羅進言「百濟人謀言, 有船三百. 欲請筑紫. 若其實請, 宜陽賜豫. 然
> 則百濟, 欲新造國, 先必以女人小子載船而至. 國家, 望於此時, 壹伎·對
> 馬, 多置伏兵, 候至而殺. 莫翻被詐. 每於要害之所, 堅築壘塞矣.」

풀이하면 "일라가 비다쯔왕에게 진언하기를 백제인들이 병선3백을 대기시키고, 쯔꾸시를 내 놓으라고 한다는데(欲請筑紫) 준다고 하십시오. 백제가 거기 새 나라를 세우려 한다면 반듯이 먼저 배에다 여자와 아이들을 싣고 올 것입니다. 우리나라(國家, 야마도왕조)로서는 이끼섬'一岐島'과 '대마도'에 복병을 많이 매복시켰다가 백제의 배들이 닿으면 모두 죽여 버리십시오 속지 마십시오. 모든 요소에 견고한 요새를 쌓아 굳게 지키십시오" 주36)

이 기사는 비다쯔왕(30대천황, 572-585)이 백제에서 내신 달솔로 근무하고 있는 일라를 몰래 소환하여 임나부흥계획(신라에 병합된 김해가야회복)의 책임자로 임명하였는데 백제가 임나회복을 돕는다는 조건으로 백제의 옛 후국, 구마소(肥國)의 회복을 요구하는데 대한 대응책으로 건의한 글이다. 비다쯔기에 일라는 구마소국 아시기다군葦北郡 국조國造, 아리사등阿利斯登의 아들이라고 하였는데, 그는 가야인이다. 그가 죽을 때에 나이 80이라고 하였으니 그렇다면 아버지 아리사등이 살아있을 때는 47년 전쯤의 일이다. 그때는 '구마소熊襲(肥國)가 아직 백제의 후국으로, 일라의 아버지 아리사등은 야마도왕조의 국조가 아니라 백제 후국왕 이었을 것이다. 일라도 젊을 때에 '肥國'에서 백제에 건너가 백제의 관리가 된 것이다. 이 나라(肥國, 구마소)는 그후 야마도왕조에 통합되었지만, 그후에도 상당기간 명목상 야마도왕조에 신속되어 있으면서 백제와의 관계를 계속하고 있는 상태에서 백제가 반환을 요구한 것이다. 아직 야마도왕조의 힘이 크게 미치지 못하던 시기인 때문이었을 것이다.

　　일본서기에는 '阿利斯等'이라는 이름이 다음과 같이 여섯 번 나온다.
　　垂仁紀2년10월 加羅왕자 阿羅斯等, 繼体23년3월 加羅王 阿利斯等, 繼体동년4월 任那王 阿利斯等(己能末多), 繼体24년9월 阿利斯等 (동일인)3회 出, 敏達紀12년7월 肥國 葦北 國造 阿利斯登 등이다. 여기서 阿羅의 阿利, 登과 等은 같은 同音異字이다. 이 기사들로 阿利斯等은 狗邪韓國(김해가야)의 王姓임을 알 수 있다.

한편, 이 시기의 백제를 보면 백제의 중흥을 도모한 성왕시대(523-554)에서 위덕왕시대(554-598)이다. 성왕은 백제의 중흥을 도모하여 국명을 '남부여'로 고치고 왕도를 협소한 곰나루에서 광활한 부여로 옮기고, 표면상 신라와 수교하고 다른 한편으로는 야마도왕조와 빈번히 교류하며 국세회복에 힘썼다. 본주서부를 통일한 야마도왜大和倭와 정식외교를 트고 불상과 경론을 보내 불교를 전하는 등 긴밀히 제휴하며 신라에 통합된 가야제국의 회복을 노리고 있었다. 일본서기 긴메이기에 보면 성왕은 전에 백제에 속했던 가야7국(안라 이탄해 가라 졸마 산반해 다라 사이기 자타)의 한기旱岐(가야小國王)들을 불러 모아 그 땅들을 회복할 것을 다짐하면서, 옛날 근초고왕의 은혜를 이 나라 왕들이 얼마나 입었던가를 상기시키고 발

분을 당부하고 있다. 이 가야제국들은 근초고왕에 의해 백제에 평정
되었었으나 고구려군의 남하하여 신라에 넘겨준 나라들이다. 주37)
성왕은 또 이미 야마도왕조의 영토가 되어있지만 백제 후국이었던
'肥國再建計劃'을 적극 도모하고 있었던 것을 '日羅'의 기사로 알
수 있다. 불행히도 왕은 도중에 죽고 그 아들 여창이 왕위를 이었는
데 그도 용감하고 의욕적인 왕으로 부왕의 유지를 이었다. 왕태자
시절 신라의 구다모라와 고구려의 백합야에 쳐들어갔었다.

이에 앞서 일라는 비다쯔왕에게 이런 건의도 하고있다. "먼저 양
민養民을 하여 국력을 충실히 기르십시오. 그런 연후에 강병을 편성
하여 외국(백제)이 두려워하게 한 후, 백제왕을 입조케 하고, 아니면
왕자나 태좌평을 오라고 요구하십시오. 이것이 실현되지 않더라도.
그러면 백제는 삼가게 되고 자연 복종하게 될 것입니다." 일본서기
비다쯔기敏達紀의 이 기사로 볼 때 백제와 야마도왕조의 관계를
짐작할 수 있다. '任那'복구 운운하는 것은 '欽明紀'가 백제본기의
백제가 가야제국의 회복을 도모하는 것을 반대로 조작한 것이고,
진상은 오히려 백제가 구주에 새 나라를 세우려하고 있었던 것이
다. 긴메이기欽明紀의 대본인 '百濟本紀'에는 백제의 가야7국 회
복책이 있었을 것이다. 일라의 긴메이에 올린 이 계책이 백제사신
들에게 알려지자 백제사신들은 이를 조국을 배반한 것으로 판단하
고 일라를 배신자로서 처형했고, 백제 사신들도 야마도왕조에 의해
서 죽는다. 백제의 구주 공략은 宋書에서 송황제에 올린 왜왕武의
표문에도 나온다.

宋書 倭5王 武의 표문에 오른 백제의 구주征服언급
왜왕 5대(讚 珍 濟 興 武)는 南宋(420~479)황제에 연이어 표문을 올

렸는데, 그 중 마지막 왜왕 武의 表文에는 다음 구절이 있다. "…선조의 베푸신 뜻을 이어받아서 무리를 몰아 나라를 통일하여 하늘 끝까지 닿게 하였으나, 멀리 있는 백제는 배를 만들어 침략해 올 준비를 하고, 고구려는 또 무도하여 우리나라를 삼키려 하여 변방을 침략하고 약탈하여 근심이 적지 않습니다. …" 일본사학자들은 송서의 왜5왕을 백방으로 연구하여 야마도왕조의 왕들에 가져다 맞추려고 하고, 그 중 왜왕 '武'를 雄略으로 보려하지만 남송시대는 420-470간임으로 이 시대에 일본서기가 말하는 야마도왕조란 있을 수 없다. 그 왕조는 미와 三輪왕조일터인데 미와왕조는 그 시기에 나라奈良분지를 벗어날 수 있는 세력이 못된다. 그 시기에 백제의 침략을 두려워할 세력은 북구주에 있어야 하고 구주의 어느 반백제세력일 것이다. 왜왕 '武'의 표문 내용은 5C말의 이야기이고 그렇다면 백제가 서북구주로 진출하던 시기의 정세가 반영된 이야기이다. 앞의 日羅 기사는 북구주가 야마도 왕조에 평정된 뒤인 6C후반의 이야기이다. 왜5왕의 무대는 북구주로 보아야한다.

한편 구주가 야마도왕조에 평정된 뒤에도 백제의 영향아래 있었다는 것을 간접적으로 보여주는 기사가 일라 사건이 있기 28년 전, 백제 성왕이 죽은 다음해의 백제본기를 인용한 일본서기 '欽明·雄略·武烈紀'에서도 볼 수 있다.

「百濟王子惠請罷. …… 遣阿倍臣佐伯連等… 率筑紫國舟師, …〔百濟本紀云〕別遣筑紫火(肥)君 率勇士一千, …… 因令守津路要害之地焉.」 주38)

'欽明朝'때 청병하러 왔던 왕자 혜惠(余昌의 동생)가 성왕의 죽음으로 귀국할 때의 상황을 기록한 기사이다. 풀이하면 "혜왕자가 귀국을 청하였다. 야마도왕조가 아베신과 사혜기노무라지 등으로 쯔꾸시의 수군을 이끌고 그를 호송했다." 백제본기에는 "이와는 별도로 쯔꾸시의 히군肥君(肥國 국조)이 1천명의 용사를 거느리고 백제왕자 귀국항로의 요로를 수비했다"고 했다. 여기 '肥國'은 뒤의 히고肥後(옛 구마소국현)로 일직부터 히군일족肥君一族(熊襲國왕족)이 다스리던 땅이다. 비국肥國은 본래 백제의 지배아래 있던 나라였음으로 그가 혜왕자의 귀국항로를 자진하여 수비한 것이다. 그가 아직도 백제의 영향아래 있었거나 옛 주인을 잊지 못하고 있었음을 뜻한다. 또 북구주가 백제인들이 많이 사는 곳이었음을 말하는 다음 이야기도 있다. 일본서기 '雄略紀와 武烈紀'에 나오는 백제 무령왕 탄생과 얽힌 이야기이다. 웅략기에는 개로왕의 동생 곤지 왕제가 왕의 명을 받고 왜로 가는 길에 북구주의 한 섬에서 동행하던 만삭의 여인(본래 개로왕의 후궁)이 아이를 낳았다. 이 아이가 뒤에 무령왕이 되는데, 북구주 해안의 이 섬은 '各羅嶋'라는 섬이었으나 그후 이곳 주민들이 이 섬을 임금님의 섬 '主嶋'라고 부르게 되었다는 것이다. 그곳이 백제의 지배하는 땅이었거나 아니면 그곳에 사는 주민들 대다수가 백제인들이 아니라면 있을 수 없는 일이다. 그렇지 안았다면 그 섬을 누가 무령왕이 탄생지라고 해서 임금님의 섬이라고 부르겠는가?

⑤ 구주 왜의 정체와 이와이磐井왕국

구주섬에는 앞에서 이미 본대로, BC3세기부터 先가야인들이 주로 많이 건너가 살았다. 사가佐賀와 후꾸오까福岡현에는 야요이彌生문화(요녕청동기문화)유적의 은자銀座라고 말해지는 '요녕청동기문화의 발전형 세형동검이 발굴된 많은 유적들이 있다. 이 유물들은 세형동검 세형동과 세형동모 다뉴기하문경 무문토기 등으로 요녕 대릉하大凌河 유역(朝陽중심)에서 활동하던 고조선문화의 후계문화이다. 이 요녕청동기문화(琵琶形靑銅短劍文化)는 다음 그림에서 보는바와 같이 요녕에서 평양을 거처→호남－영남으로 퍼지고, 그 발전형인 세형단검은 BC 4C부터 사용되는데 만주 송화강유역과 길림→한반도→북구주에 널리 퍼져있슴을 보여주고 있다. 세형동검의 제작지는 평양이었다. 뒤에 전남에서도 일부 제작되었던 것으로 밝혀진다. 비파형동검문화(夏家店上層文化)가 고조선문화인가에 대해서는 중국과 일본학자들의 이설이 있다. 그러나 이 문화는 위의 그림과 다음 그림들에서 보는바와 같이 분명히 고조선문화의 연장선에 있다.

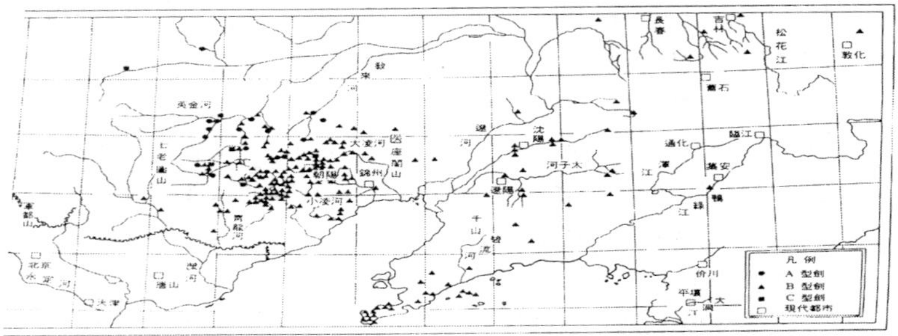

요녕지방, 비파형 동검 출토지

※고조선은 BC4세기까지 요서에 있었다. BC4C말에 燕나라의 공격을 받고 요하 서쪽 千里를 잃고 요동의 儉瀆으로 동천했다. 고조선이 여기 있은 것은 적어도 BC10C이상까지 거슬러 올라갈 수 있다고 본다.

夏家店 상층문화(비파형 청동단검 문화유적)

중국학자들은 비파형 청동검 문화가 동몽골 烏桓족의 것이라고 주장한다. 이 지역이 오환족 활동지역이고 이 문화에 개를 순장한 풍습이 있는데 오환족 청동기 문양 중에 개문양이 있는 것이 증거라고 한다. 그러나 동검이 제작된 시기(BC 9C)에 대릉하유역에는 고조선이 있었다. 중국학자가 주장하는 오환족이 이 지역에 들어왔다는 근거는 사기 흉노전인데 거기에는 고조선과 맥족도 있었으며 동족인 부여족이 개를 기르고, 순장풍습도 있었고 고조선도 같은 종족이었으므로 개를 기른 것이 확실함으로 이들도 개순장이 있었을 수 있다. 다만 아직 그 유적이 발견되지 않았을 뿐이다. 그리고 개 순장은 중국의 중원에도 있음으로 개순장이 반드시 오환족만의 전유물은 아니며 개문양이 있는 청동기는 중국 것일 수도 있는 것이다. 또 비파형동검문화의 동반유물인 다뉴기하문동경 무문토기 등이 출토되는 지석묘 석관묘 등은 남만주와 한반도에서 고조선지역에만 있고 확실히 후속되었지만 오환족 지역에서는 이런 문화유속이 보이지 않는다. 하가점상층문화 유물에서 볼 때 고조선과 오환족이 이 문화를 공유했을 수는 있어도 오환족만의 문화라고 할 수는 없다. 다만 싸르모론하(西喇木倫河)유역에 있는 많은 '銅鑛유적과 製鍊露址'의 소속이 문제이지만 이는 더 연구되어야 할 것이다. 이들 유적은 오환족의 것일 가능성이 크지만 그것이 반드시 칼을 직접 만들었다는 증거는 아니며, 고조선이 이동을 매입하였을 수도 있다. 주39) 다음 그림들은 이 문화가 고조선인의 이동경로를 따라 한반도와 북구주에 전파되어 있어 고조선문화임을 확실히 보여준다.

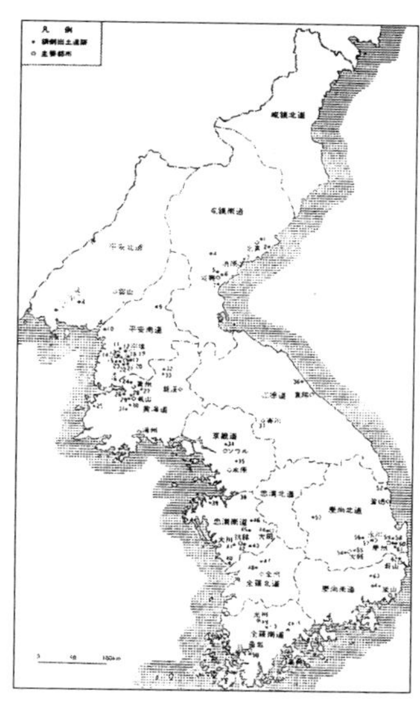

한반도내의 비파형동검 출토지

※김정학교수는 비파형동검이 하대로 내려오며
Ⅰ식ABC, Ⅱ식AB로 변화하는 모양을 그림으로
제시하고, 동검이 점차 슬림형으로 변하여 4C
이후부터 세형동검만 만들고 비파형동검은 더
이상 보이지 않음을 논증하고 있다. 동호족지역
에서는 세형동검의 출토예가 없다. 주39)

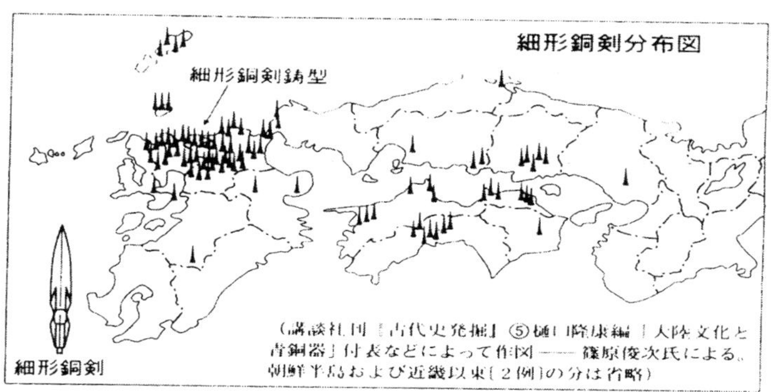

일본열도내의 세형동검 출토지
(세형동검은 비파형 동검의 발전형이다.)
古田武彦, 盜まれた神話271쪽

<表5> 북구주의 彌生시대 청동기 유물 유적

| 遺構 | | 副葬品, 裝飾品 包含 | | | | 時期 |
種類	No.	石器	靑銅器	鏡	裝身具, 其他	
甕棺墓	100		細形銅劍1			前期末, BC2C
	109				碧玉製管玉10	前期末,BC 2C
	110				硬玉製曲玉1, 銅釧2, 碧玉製管玉74	前期末,BC 2C
	111				碧玉製管玉92	前期末,BC 2C
	115		細形銅劍1			中期初, BC1C
	116		細形銅劍1			中期初, BC1C
	117		細形銅劍1		硬玉製曲玉1, 小玉1, 碧玉製管玉42	前期末, BC2C
	125	磨製石劍1				前期末, BC2C
木棺墓	1		細形銅劍1		碧玉製管玉20	中期初, BC1C
	2		細形銅劍1		硬玉製曲玉1, 碧玉製管玉135	中期初, BC1C
木棺墓	3		細形銅劍2 細形銅矛1 細形銅戈1	多紐細 文鏡1	硬玉製曲玉1, 碧玉製管玉95	中期初, BC1C
	4		細形銅劍1			中期初, BC1C

※ 福岡해안 吉武高木遺跡, 彌生문화유물(遼寧靑銅器系統). 島越憲三郎, 彌生の王國, 表5.

왜와 고조선족의 남하

후한서와 삼국지 등에는 지금의 부산과 거제도와 북구주에 왜가 있었다고 했다. 그러나 중국사서가 말하는 왜인이라는 것은 그 대상이 곳에 따라 다름으로 일본사학이 보는 것처럼 왜는 모두 고대의 일본인과 관련이 있는 것은 아니다. '論衡'이 말하는 향초를 주왕에 바쳤다는 왜는 양자강유역에 살았으며 이는 중국본토 중심이다. 후한서 선비전에 있는 '倭人國'의 왜는 몽골지방에 있는데 이들을 왜로 논할 수 있겠는가? 고대일본인에 연관되는 왜는 한반도 남부와 구주의 왜 만이다. 왜자가 나오면 모조리 고대의 일본인에 연관시키려는 일본사학의 시각은 잘못된 것이다. 야요이시대의 부산지방에 살던 변한 사람들과 남방계의 왜가 섞인 사람들이라고 본다. 위의 유물 그림과 표에서도 알 수 있듯이 이들은 한반도에서 건너간 사람들이 큰 부분을 이룬다. 90년대에 큰 발굴이 있은 김해 양동리·대성동 고분군에서 나온 유물들에서 북구주에서 나온 야요이彌生 유물과 같은 유물들이 쏟아져 나왔다. 그것은 이 곳 사람들이 김해→대마도→一伎島→북구주로 건너간 것을 말하고 있다. 이들은 한반도 북부에서 남하하여 변한지방에서 살던 사람들이다. 그리고 일본서기에도 왜가 나오지만 일본서기의 왜(倭)는 나라분지 내의 지명과 천황족과 관련되는 지명이거나 인명으로 북구주와 한반도에 연관되는 왜와는 존재지역도 그 불리는 뉴앙스도 분명히 다르다. 왜에 대해서는 이노우에 '井上秀雄'교수가 그의 저서(實證 古代朝鮮·倭 倭人 倭國·倭族と古代日本의 3장- 中國 朝鮮 日本の倭人)에서 깊이 있는 분석으로 잘 정리하였듯이 구주왜와 나라지방의 왜는 구분되어야 한다.

북구주의 왜(야요이인)에는 오래전에 북방에서 한반도남부로 내려와 살던 고조선족이 많이 섞였다. 고조선족은 하북과 요동에서 서북 한반도로 전란의 고비마다 대거 남하했는데, 그 일부가 변한지방으로 남하하고, 다시 그 일부가 북구주로 건너간 것이다. 위에서 보는 청동기 유물의 흐름은 이 사람들의 이동루트를 보여주고 있다. 이런 고조선족의 남하기록은 대규모 이동만 열거해도, 위만에게 몰려난 고조선 마지막 왕 '準'이 수천군사를 이끌고 마한으로 남하했고, 이에 앞서 삼국지 한전에 나오는 고조선의 대신 역계경'歷谿卿'이 평양의 우거왕을 버리고 2천여호를 이끌고 진한으로 남하한 것과, 가장 큰 남하기록은 앞서 후한서 동이전 예편에서 맥족이 많이 살던 산동과

산서, 하북지방에서 소수족들(삼국지 濊傳에는 이들이 燕·齊·趙에
속한 무리라고 했으나, 그 곳에 살던 맥족들은 한족과 화합하지 못해
기회있을 때마다 동진한 맥족 등 소수족이다.) 4, 5만명이 조선왕 준
에게로 넘어갔다는 대형이동 기록이 있다. 이들의 상당부분이 가야까
지 남하한 것으로 본다. 가야지방과 북구주는 이들이 신 정착지였으
며, 가야지방의 문화유적과 유물들은 이 지방이 이들이 정착한 곳임
을 말하고 있다. 야요이시대의 가야와 북구주는 동일문화권이 형성되
어 있었고, 위의 유적 유물은 이 같은 사람들이 왕래하며 살았다는
것을 보여주고 있다. 이들이 건너가기 전에 반도남부와 북구주에는
남양계 원주민들이 많이 살고 있었는데 이들이 왜인의 원류이다. 중
국사서들이 말하는 왜인은 이들을 말한다.

狗奴國과 天皇族

변한에서 건너간 사람들은 북구주에서 狗奴國을 건설했다. 천황족은
대가야에서 북구주로 건너가 4대를 살다가 奈良에 정착하여 三輪왕조
를 건설한 사람들로 변한족(狗邪韓國인)들과 다르다. 이들은 고분인이며
나라의 '箸墓(4C전반-중반 축조)'를 기준할 때 대개 4C에 나라로 들어간
것으로 보이지만, 변한족은 야요이인으로 BC 3C~BC 2C사이에 건너간
사람들이다.

6세기의 이와이왕국은 이들의 후예로 보인다. 야요이문화의 중심지
였던 지금의 후꾸오까현 서남부지역에서 활동하던 나라이고 525년에
야마도게이따이왕조에 정복되어 야마도왕조에 속하게 된다. 신라와
밀접한 연대관계를 가지고 있었다고 한다. 일본서기에서는 이 나라가
서쪽의 히국肥國과 동쪽의 풍국豊國등에 강력한 영향력을 미치던
나라였다고 하는데, 6세기 전반에 야마도왕조와 대립하며 전쟁을 할
때까지 전혀 그 존재가 알려지지 않았다. 이 왕국의 영역은 북해안

하까다만博多灣에서 남쪽의 아리아께해有明海 사이의 구루메시久留
米市와 야메시八女市에 연하는 일원이었다. 그 일대에는 이와이왕국
이 남긴 60여기의 고총고분들과 많은 유적들이 남아있다. 마지막 왕
이었던 이와이磐井의 무덤이라는 이와도산岩戸山고분은 지역왕국의
무덤으로는 가장 화려한 외형이 온전히 보존된 전장 135m의 대형 전
방후원묘이다. 아래 사진에서 볼 수 있는 이 무덤외형의 화려함은 반
역자로서 목이 잘려 죽은 신분의 분위기는 아니다. 토기 하니와 등이
꽂혀있는 일본식의 다른 무덤과 달리 사람 말 알 수 없는 대형 동물
들의 석상이 늘어선 한국형 분묘의 모습이다. 일본의 무덤들 분위기와
는 전혀 다른 것이다.

이렇게 훌륭하고 완벽한 왕능을 남기고, 60여기의 고총식 고분군
을 남긴 것으로 보아 이 지역을 오래 지배한 왕국이었던 것이 분명
한데도 일본서기가 상당한 양의 기사로 게이따이, 이와이 전쟁을 기
록하면서도 그 왕력이나 역사에 대해서 아무런 언급도 없다. 그것은
아마도 야마도왕조의 천황중심사관 때문일 것이다. 일본서기에서 게
이따이가 이와이를 치러 가는 장수 모노노베에게 전쟁에 이기면 쯔
꾸시(九州)를 주겠다고 했는데 그것은 이 땅이 그전에는 야마도왕조
의 땅이 아니었다는 것을 보여준다. 일본서기 게이따이21년 6월조는
오미노게누신近江毛野臣을 총대장으로 대군을 동원하여 신라에 의
해 망한 남가라南加羅와 기탐己呑을 되찾아 임나任那에 통합하는
임무를 주었다고 했으나, 이때는 아직 본가야가 망하지 않았을 때임
으로 사실이 아니고, 실제는 처음부터 이와이정벌이 전쟁의 목적이
었다고 본다. 게이따이기의 '이와이 반란기磐井反亂記'에는 임나에
관한 이야기는 서두에 한번 언급되었을 뿐이고, 그 뒤에는 기사 거
의가 이와이와의 전쟁 이야기이다. 당시의 국제정세를 살펴보면 백

磐井의 무덤(石物 등 외형이 船山고분과 유사하다고 함), 大王陵と古代豪族の謎 57쪽

제와 야마도王朝가 밀착된 한편이고. 그 반대편에 신라의 지원을 얻는 이와이가 있었다. 일본서기는 신라가 이와이에게 뇌물을 주고 게누신의 공격을 막았다고 했으나 이는 이와이와 신라간의 밀접한 관계를 일본서기가 험담조로 바꿔 표현한 것에 지나지 않는다. 아무리 우매한 군주라도 국가의 운명이 걸린 일을 뇌물을 받고 결정할 수는 없다. 또 일본서기는 비국肥國과 풍국豊國이 이와이편에 가담했다고 기록하고 있지만 비국은 백제의 영향아래 있어 게이따이 편에 가까웠을 것이다. 결국 신라와 연대된 이와이가 풍국을 한편으로 끌어드려 야마도와 대항하는 형세였던 것 같다. 전쟁에 진 이와이가 풍국으로 도망가서 거기서 죽은 것이 이를 말해준다. 야마도왕조는 이 전쟁의 승리로 비로소 구주를 통일하게 된다. 일본서기의 기록에서 보면 이와이는 "대륙(한삼국)과의 해로도 장악하여, 한삼국과 임나 제국들이 야마도왕조에 조공하는 길을 막았다"고 하고있다. 조공 운운은 물론 말할 것도 없는 조작이지만 이와이의 이런 대담한 행동은 야마도왕조군이 일본서기의 기록처럼 6만이란 어마어마한 군세가 아니었고, 이와이 세력이 이외로 크고 따로 믿는 구석이 있었다고 보게 하는 점이다. 이와이가 신라를 믿고 그랬던 것인지 알 수 없지만 이와이는 끝까지 싸웠다. 야마도 왕조는 전쟁이 부진하자 장군을 '게누신'에서 '모노노베노오로까'로 바꾸었는데 모노노베에게 '게이따이'는 다음과 같이

격려했다고 일본서기에 나온다. 「長門以東朕制之, 筑紫以西汝制之」 풀이하면 나가도長門(시모노세끼下關)로부터 동쪽은 게이따이 자신이 다스리겠다. 전쟁에 이기면 쯔꾸시筑紫(九州)는 그대가 다스려라」라는 것이다. 이것은 중국사서를 모방하던 일본서기 찬자가 중국 사서 「史記 燕召公世家」의 周公과 燕召公사이에 있었던 「自陜以西召公主之. 自陜以東周公主之.」라는 문장을 그대로 본 딴 수식어에 지나지 않겠지만, 이 격려문에는 큐슈九州가 아직 야마도왕조의 땅이 아니었다는 함의와 전쟁이 고전이었다는 것을 말하고 있다. 전쟁에 이기기만 하면 새로 얻은 땅을 너에게 줄테니 결사적으로 싸우라고 말하고 있는 것이다. 이와이는 이 전쟁에 져서 망하고, 이 전쟁의 승리로 구주는 비로서 야마도왕조에 속하게 된다.

⑥ 게이따이繼体王과 고시국越國·야마시로왕국山城國

야마시로왕국은 지금의 쿄또부京都府 동남부에 있었다. 그 위치와 주민의 문화특성으로 인해 강렬한 인상을 가지는 왕국이다. 미와왕국과는 기즈木津강을 경계로 접경되어 있다. 고시국이 육속으로 북쪽에 연접되어 있다. 서북쪽으로 비와호琵琶湖의 물길을 통해 오미近江와, 와까사만若狹灣을 통해 고시국越國과 통한다. 주민은 이곳에 남은 고분 유적 유물들로 볼 때 고구려계통 사람들과 가야계통 사람들이 주였던 것 같다. 고분유적과 유물들은 4세기부터 6세기까지 사이의 상당한 문화수준을 가진 지역왕국이었음이 인정되지만 문헌상으로는, 일본서기에 독립왕국이 아니라 야마도왕조의 왕족으로서 이 지방에 봉해졌으나 반란을 일으켰다는 다께하니야스히꼬武埴安彦의 반란기만 나와 있다. 야마도로 통합된 후의 소위 기내5국(奈良 河內 和泉 攝津 山城) 중의 강국이었다고 했다. 그러나 야마시로국은 '椿井大塚山古墳'에서 출토된 32매의 삼각연신수경에 얽힌 이야기, 미즈노다스쿠水野裕의 삼왕조설 중의 신왕조와 관련된 이야기가 있다. 가와찌왕조가 부레쯔武烈에 이르러 일단 망했고, 게이따이가 고시국(福井縣)출신으로서 구쯔류강九頭龍川 지역에서 일어나 야마시로국의 지원하에 가와찌에 신왕조를 개설했다. 이 왕조가 현 천황가로 이어진 야마도왕조라고 한다. 때문에 야마시로에 강력한 정치세력이 있어 가와찌왕조의 후기왕조로 볼 수 있는 게이따이조를 강력히 지원하는 배후세력이었다고 보는 것이다. 그것은 우선 게이따이가 고시국에서 남하할 때 이 지역의 협조를 얻는 것이 필수적이고, 게이따이가 왕이 된 후 그의 두 번째 왕궁이 야마시로의 쯔즈끼 筒木에 있었으며, 첫 번째 왕궁도 이곳과 가까운 북가와찌의 쇼요 樟葉였기 때문이다. 여러 가지 면에서 게이따이는 야마시로와 가와 찌에 연관되는 인맥이 깊었던 세력이었다고 본다. 그는 일본서기에 서도 왕이 되기에 앞서 가와찌의 유력 인물 우마가이오비도아라꼬馬 飼首荒籠와 긴밀히 접촉했다고 나와있다. 이런 것들은 게이따이가 가와찌계통의 인물이었으리라는 정황들이다.

継体의 遷宮

고사기에는 게이따이가 나라의 '磐余玉穂宮'에서 죽은 후, 河內 三島 의 아이노 '藍野'에 묻었다고 했다. 미시마三島는 원래 남셋즈南攝津로 현 大阪市이다. 일본서기에는 게이 따이가처음 河內의 '樟葉宮'에 있었 고, 5년 후에 가와찌 북동쪽의 '琵琶湖'변 쯔즈끼궁筒城宮으로 옮겼다고 했다. 12년 3월 다시 거기서 멀지 않은 오또구니弟國로 옮기고, 20년 9 월 玉穂宮으로, 25년 2월 거기서 죽었다고 했으나 玉穂宮 부분은 서기 의 찬자가 개찬한 것으로 보인다. 25년 재위 중 20년이상을 가와찌와 야 마시로에서 살았으며 그곳은 백제인 고구려인들의 마을이었다. 죽은 후에 는 다시 백제인촌인 가와찌 '아이노'로 돌아와 묻었다.

야마시로국의 주민층은 고구려계통이 지배층을 이룬 가운데 가야계 하다씨족이 다수족으로 직조織造를 발전시키며 경제기반을 이루고 있었다. 비와호의 물길은 와까사만 쯔루가항에서 고려해(동해)를 통해 고구려와 통한다. 지금의 우지시宇治市와 구즈강구久津川口일대에는 고구려인들이 살았고, 우즈마사太秦와 가모가와鴨川 서쪽일대에는 하다씨족이 주로 살았다. 지금의 히가시야마東山 야사까八坂에 고마씨高麗氏들이 살면서 야사까탑八坂塔 기온제祇園祭등의 유적과 오랜 전통의 축제를 남겼는데 이는 고구려인들의 유풍이었고, 야사까탑은 대규모의 고구려사원이었던 호간사法觀寺의 남은 유적이다. 지금의 쿄또후京都府 야마시로정山城町은 원래 이름이 '高麗村'이었으며, 삼각연신수경 32매가 나온 쯔바이椿井 오즈까산大塚山 고분이 있는 곳이다. 이 고분은 일본에서 고분시대 고총 고분(전방후원) 중 最古 고분중의 하나이다. 그리고 이 지역에서 출토된 고분유물들은 위의 <표3>에서 보는 것처럼 독립왕국의 존재를 보여주는 금동왕관·은장식 옥장玉丈·고구려검(こまのつるぎ, 환두대도)·마구·동거울 등 왕후적 후기고분의 위상을 모두 보여주는 것들이다. 이곳에서 '삼각연신수경' 32매가 포함된 72매의 청동경이 나왔다. '삼각연신수경'은 종래의 일본사학에서 야마도왕조의 소위 천황이 전국의 주요 지역수장에게 하사했다는 동거울이다. 그러나 그것은 물론 지금은 허구임이 밝혀지고 오히려 이 고분의 피장자가 나누어 주었을 것이라는 증거로 본다. 앞에서 이미 대강 나왔지만 야마시로국은 그 배후의 단바丹波·단고丹後·다지마但馬국들을 묶어 북부동맹을 결성하여 그 맹주가 되기도 한 강국이었는데, 그것은 그 배후에 고시국(越前國)이 있어 그 후원과 고구려인들의 앞선 문화와 직조 등 생산이 앞선 경제력과 문화력을 갖추었기 때문이었을 것이다.

고시국의 역사는 일본고대사가 세도나이카이를 중심으로 쓰여있어서 북해(高麗海, 일본해)해안지대는 오지의 의미인 '우라닙뽕裏日本'이라 부르고, 나라의 변두리쯤으로 취급되어 왔다. 그러나 그것은 나라를 중심문화로 보는 조작일 뿐으로, 고시국문화는 나라에 뒤지는 문화가 아니라 분명히 구별되는 뛰어난 고구려형 문화가 있었다. 그 문화의 유입 루-트는 고구려→고려해→에찌고(越後, 新潟)→엣쮸(越中, 富山 石川)→고시국越前→야마시로의 흐름이었다. 이 루트를 따라 고구려문화대가 형성되어 있었다. 에찌고는 고구려인들이 건너와 상륙하는 첫째 기착지이고, 越後→越中→越前의 호칭은 이 통로가 고구려에서 유입되는 고구려 문화루트의 방향을 말하는 것이다. 이 고구려문화대에는 고구려인들과 연관되는 고적 지명과 그 고장에 전해 내려오는 옛 이야기들 옛 신사들이 즐비하다. 이시까와 '縣誌'에 보면 노도반도와 그 일대 신사의 제신의 80%이상이 가라가미韓神이고 그 대부분이 고구려인이라고 했다. 이곳에는 소위 기내문화畿內와는 다른 이질적이고 화려한 색다른 문화가 존재했는데 그런 문화의 원천이 고구려였다는 것은 의심할 바 없다. 고시국은 고구려인들이 가와찌와 나라로 들어오는 길목이었다. 고구려인들은 고려해를 건너와 나라와 가와찌로 들어가기 위해 와까사만若狹灣의 쯔루가敦賀로 들어와 비와호琵琶湖를 건너 남쪽의 야마시로로 들어오고, 알려지지 않은 더 많은 고구려인들은 니이가다에 닿은 후 험한 해로를 피해 노도반도를 돌지 않고 엣쮸(富山 石川현)내륙을 통해 바로 고시국과 야마시로로 들어오는 사람들이 더 많았다고 생각된다. 많은 고구려인들은 이 통로를 통해 야마시로나 나라로 들어가기도 했고, 가다가 도중에 에찌젠 야마시로에 머물었다. 고구려인들의 북해 접근항로로 뒷날에 발해사신들이 건너온 항로인 두만강구와

고려해(연해주)연안 '나호도카'를 떠나 니이가다로 건너와서 연안의
노도반도를 돌아 와까사만 쯔루가항에 닿는다는 것이 일본서기에 기
록된 정식 항로이다. 북상문화와 함께 이런 고구려문화의 에찌젠 유
입을 보여주는 것이 다음 <그림>이다.

<그림13> 다양한 삼국문화 유입루ー트

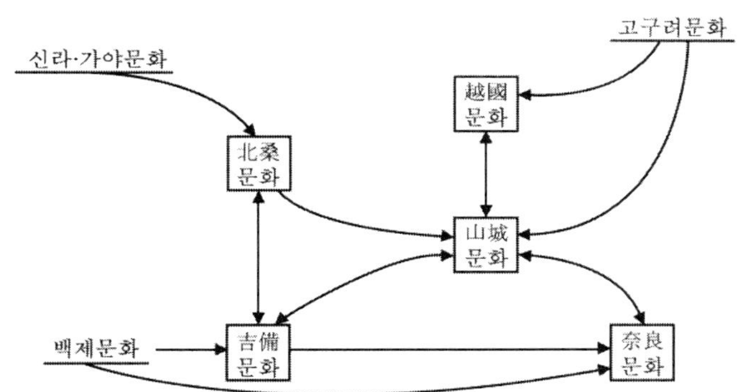

※ 越後문화는 고구려문화의 영향을 받고 北桑문화는 신라 가야문화의 영향을 받은 丹後문
  화이다. 야마시로문화는 이 두 문화의 영향을 받았다고 하지만 고구려문화 영향이 더 강
  했다. 丹後문화는 扇谷유적 등에서 독특한 유물들과 한반도식 대취락 산성유적들이 발견
  되지만 이것은 야요이시대의 문화이다. 나라의 고분은 기비의 고분문화 등 서부의 영향
  을 받았다. 6-7C의 나라사원건축에서는 고구려문화의 영향이 뚜렷한데 이 문화는 야마시
  로를 통해 들어온 것이다. 나라의 문화는 백제문화가 주류를 이루는 가운데 한편으로는
  기비문화의 영향을, 다른 한편으로는 고구려문화를 받아드린 것이다. 야마도의 고분문화
  가 일방적 지방전파라는 신화는 皇國史觀의 조작이었다. 주40)

고시국(福井縣)의 고분들은 4C-5C경의 고분군인데 대부분이 고구
려식 분묘인 방분과 원분이다. 후기고분인 전방후원분前方後圓墳도
꾀 있다. 약90기로 추정되는 대형 묘군 '長泉寺山墳墓群'은 고분사
전에서 '方形台狀墓'라고 하였는데 방분을 말한다. 다음 지도에서

이 지방에 많은 고분이 있는 것을 보지만 발굴 조사된 것은 17기뿐이다. 위 <표3>의 유물들(福井)은 이 17기에서 나온 것이다. 이 고장에 하나의 훌륭한 왕국이 있었다는 것을 고증하고 있다.

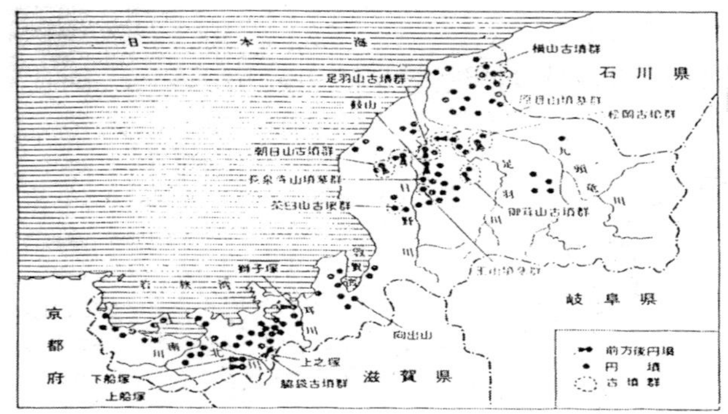

福井현 고분 유적,
福井현 문화사 21쪽

※福井縣에는 松岡고분 106기 足羽山고분군99기등 많은 고총고분이 있다. 그중 足羽山고분 4기 稻荷山고분 등 1부가 발굴 조사되었는데 거기서 검 동경 筒形銅器 인골 二神二獸鏡 六面鏡이, 二本松山고분에서 금동왕관 환두대도 미간 가리개 투구 단갑 四獸鏡 鹿角製塗裝具, 다른 고분에서 환두대도 녹각제도장구, 十善ノ森고분에서 금동왕관 四神鏡 무구 마구 등이 나왔다. 山頂고분은 원형분인데 繼体천황 석상이 있다.

⑦ 시나노信濃의 고구려인 왕국

시나노信濃(長野縣)란 지명은 '시노노이'篠ノ井에서 유래한다고 한다. 「篠ノ井」는 일본정사인 日本後紀, 延曆 18년(799년)에 고구려에서 건너와 그 지방(長野현)에 정착한 고구려인 집단이 야마도왕조에 개성改姓청원서를 출원하여 허가되었는데 그중 대표에 해당하는 족장들에 부여된 성씨 중 하나라고 한다. 그 사람은 이 지역의 지도자였기 때문에 그 성이 바로 그 지방의 지명이 된 것이다. 나가노長野현에는 지금도 나가노시長野市에 「篠ノ井驛」이라는 전원풍

의 한적한 기차역사가 남아 있다. 그 부근에 있는 이시까와石川 센
류장군총川柳將軍塚은 거대한 전방후원분인데 고구려인 장군 마에
베아끼다리前部秋足의 무덤이라고 한다. 마에베前部란 고구려 장군
의 직명 '前部將軍'이 그대로 성씨로 쓰여진 것이고 이름인 아끼다
리秋足도 足을 다리라고 부른 것으로 보아도 고구려식 그대로 인
듯 하다. 이 사람의 이름 '마에베前部를 야마도왕조가 「篠井」로 바
꾸어 허가한 것이다. 시나노信濃란 지방명은 이 고구려인 '시노노이'
에서 온 것이다. 시나노信濃에는 무수한 고구려식 적석총積石塚이
있다. 그 중 가장 밀집된 지역은 하니시나군埴科郡 북부구릉지대에
서 다까이高井남부 산지를 연하는 산자락 일대이다. 거기에는 놀랄
만한 많은 적석총이 약16km를 연해 전개된다. 어느 조사에서는 그
곳에서만 1천여기가 확인되었다고 한다. 시나노에는 그밖에도 남부
의 고오가다小縣지방과 북쪽의 시모다까이군下高井郡 즈이호瑞穗,
서쪽의 가미미즈내군上水內郡의 아사히산旭山에서 시모미즈내군下
水內郡의 나까미네中峰 구릉지대에도 산발적이지만 많은 적석총이
연속되어있다. 속일본기와 일본후기에는 엔랴꾸延曆8년(789年)과 16
년(797年), 18년(799年)에 시나노의 고구려귀화인 족장族長12명이
연서로 개명청원서를 야마도왕조에 내어 허가되고 사성賜姓을 받았
다는 기록이 있다. 이 청원서에는 고구려에서 받았던 관직명이 아래
<표7>에서처럼 고구려식 그대로 기재되어있다. 이들은 시나노에 와
서도 개성신청을 할 때까지 수백년동안 거기서 고구려식의 사회제도
를 그대로 유지하고 살았다고 이 표는 말하고 있다. 고분형성연대로
보았을 때 시나노信濃의 고구려인사회의 그런 식의 존재기간은 4세
기말에서 8세기말에 이르는 무려 4백년간에 걸친다. 그 긴 시간동안
이들은 외부의 간섭 없이 그들 자신의 조국, 고구려사회에서 살던

방식을 그대로 유지하며 살았다는 이야기이다. 이 사나노 골자기를 지꾸마강千曲川은 북방으로 흐르고, 덴류강天龍川은 남쪽으로 흐른다. 이 두 개의 강이 만들어 놓은 산곡간의 평지가 넓지는 않지만 전쟁이 끊질 날이 없는 조국 땅을 피해 와있는 이들이 새로 개척한 신세계였으며 이들에게 있어서는 천국 같은 평화향이었을지 모른다. 일본의 저명한 고고학자 모리고이찌森 浩一(同志社大學) 교수는 시나노의 고구려인 유적을 돌아본 후, 어느 학술회의에 참석해서 "이들이 남긴 이런 유적과 기록들을 보면서 일종의 전율을 느꼈다"고 했다. "이들이 수가 좀더 많았더라면 그곳에 또 하나의 고구려국이 야마도왕조가 의식하지 못하는 가운데 성장하고 있었다는 이야기가 아닌가?"라는 의미 있는 술회를 한 적이 있다. 지꾸마강千曲川은 북쪽으로 흐르며 점점 큰 강이 되어 니이가다현의 해안평야를 길게 흐르면서 시나노강이 되어 고려해(東海)로 흘러든다.

이는 고구려인들이 바다를 건너와서 이 강을 통해 시나노로 흘러들었던 길이었다. 이 강 유역 평지의 중심지 '시노노이'(篠ノ井, 長野市)에 중요한 고분들(川柳將軍塚·森將軍塚·安坂將軍塚, 큰 古墳群인 요로이塚群·大室塚群·長原塚群 등)이 집중되어있는 것도 결코 우연이 아니다. 이들의 인구가 가장 많이 불어났을 때라 해도 불과 기천명의 소집단이었겠지만 그들은 그 기간 동안 사실상 '소고구려'를 형성하고 있었던 것은 사실일 것 같다. 고분에서 나온 유물들과 아래 표는 그들이 그 길고도 긴 세월을 어떻게 살았는가를 잘 보여주고 있다. 나가노에는 앞에서 말한 적석총 말고도 지꾸마강千曲川 덴류강天龍川과 키소강木曾川이 만들어 낸 골짜기 소분지에 무수한 원분과 방분, 거대한 전방후원분 24기가 있는 대 고분군이 널려 있다. 이들 고분들과 그 속에서 나온 유물들을 볼 때, 그들이 결코 이 산골에서 폐쇄적으로 고립되어 산 것만은 아니며 본국과 어떤 형식의 접촉을 이어오고 일본각지의 분위기를 같이 호흡하고 있었다는 것을 짐작할 수 있다. 주목할만한 주요 유물은 센류장군총에서 나온 옥장玉丈2·철대도와 철검, 모리장군총에서 대검과 철대도, 덴신(天神, 혹 荒神)총에서 환두대도(고구려검)1 마구1 철촉 금동제환옥, 사꾸라가오까고분櫻ヶ丘고분에서 금동제왕관·대검·갑주 등이 나온 것이다. 중요고분을 모두 발굴한 것은 아님으로 더 훌륭한 유물이 나올 수도 있겠지만 이것만으로도 이 사람들이 산골에서 농사만 지은 것이 아님을 알 수 있지 않은가? 독립된 하나의 소천하를 가졌던 흔적이 분명하다. 멀리 떨어져있는 이곳에는 늦은 시기까지 근기近畿로부터의 정치권력의 주목은 없었던 것 같다. 그런 환경에서 고구려인들은 수백년간을 그들이 좋아하고 원하는 지도자를 옹립하고 고국에서의 정치와 사회제도를 그대로 유지하며 살아왔던 것이다.

<표6> 일본후기에 기록된 고구려관직명을 그대로 사용한
14명의 고구려인 족장들

관위	外小 初位	無 位	外宗 八位	外 宗 六 位					官 位 未 詳					
고 구 려 관 직 명	後部 牛養	宗 守 豊 人	前 部 綱 麻 呂	封 妻 眞 老	後 部 黑 足	前 部 左 根 人	下 部 奈 弓 麻 呂	前 部 秋 足	上 部 豊 人	下 部 文 代	高 麗 家 綱	高 麗 綱 楯	前 部 貞 麻 呂	上 部 色 布 知

※표의 上部 下部 前部 後部라는 것은 고구려 왕도의 지역편성, 또는 군대편성상의 관직명이다. 그 편성에 장군을 임명한다. 예를 들면 '전부장군 貞麻呂'등이다. 뒤에 이 관직 '前部'가 그대로 '성씨'가 되는 경우가 대부분이다. 이와 같은 관직명과 성씨제도는 백제에서도 그대로 사용되고, 일본의 네글자(四字)이름의 원형이 되었다.

　그들이 그 지도자를 왕이라고 불렀는가 아닌가는 그리 중요하지 않다. 그러나 그들은 그 지도자에게 금동왕관을 싸웠고 손에 옥장을 잡게 하였던 것은 분명하다. 금빛 찬란한 투구와 갑옷을 입고 금동안장 위에 높이 앉은 그에게 최고의 경의를 표했을 것이다. 중세 일본의 '고슈甲州와 가히甲斐무사武士'의 원류가 여기에 근원이 있었지 않았는가 하는 생각이다.

[참고서지]

주15) 日本 奈良 [正倉院文書], 1958-1959 原本整理分

주16) 島貫基久 [古代人口の硏究], 在野史論(載), 新人物往來社

주17) 三上次男 [滿·鮮原始墳墓の硏究] 155-173쪽(표, 中國の甕棺と朝鮮の甕棺), 吉川弘文館

주18) 井上光貞 [日本國家の起源] 141쪽, 岩波新書, 거대 前方後圓墳은 무정부상태하의 소영웅들에 의한 경쟁의 소산.

주19) 「日本歷史大系 1, 第1節 古墳文化の形成」註(1)前方後圓墳の出現と古墳時代の開幕①, 山川出版社

주20) 森 浩一 編 [韓國の前方後圓墳]-松鶴洞 1号墳について, 社會思想社

주21) 岡內三眞 [東アジアの王陵比較]-王權の最前線33-35쪽, 新人物往來社

주22) 古事記 [大國主命] 8 大年神の神裔, 岩波文庫版 倉野憲司 校注, 岩波書店

주23) 水野裕 [崇神天皇をめぐる物語]−日本古代史 王權の最前線 290-297쪽, 新人物往來社

주24) 日本歷史大系 1 「原始·古代」220쪽 註 井上光貞 水原慶二 兒玉幸多 大久保利謙 共編, 山川出版社

주25) 井上光貞 前揭書 187-188, 小林行雄의 「古墳時代の硏究」를 인용 「前期古墳文化와 後期古墳文化」의 位相을 대조시키고 있다.

주26) 전게서 日本歷史大系 1 「原始·古代」220쪽 第一節 ‘古墳文化の形成 序文’

주27) いろはじるいしよう色葉字類抄, 古代辭典 橘忠兼 著(1144), 日本語 最初辭典(全10卷 殘存)

주28) 이기문 [國語史槪說] 37쪽, 塔 出版社

주29) 김석형 [고대한일관계사] 305쪽, 265-270쪽, 도서출판 한마당

주30) 田中勝也 [新論 日本古代史] 145쪽, 大和書房

주31) 日本書紀 敏達紀 12年7月

주32) 司馬遼太郎·上田正昭·金達壽 共編 「古代日本と朝鮮」(심포지움)
30쪽, 中央文庫

주33) 森 浩一·門脇禎二 共著 [古代史を解く鍵] 193-194, 學生社

주34) 山尾幸久 [蘇我氏の發展] 黛 弘道 編 蘇我氏と古代國家 46쪽,
吉川弘文館

주35) 삼국사기 열전 박제상전, 열전에는 박제상의 순국지명에 대한 기록은
없다. 다만 미사흔 왕자가 단독으로 신라로 돌아올 수 있었다는 정
황에 따라 대마도라고 보고 있을 뿐이다. 순국비는 이런 정황에 따
라 뒤에 대마도에 세운 것이다.

주36) 敏達12年7, 日羅進言, 일라가 백제의 달솔이면서 왜 야마도왕조의
편에 섰는지는 일본서기만으로는 알 수 없다.

주37) 欽明紀2年7월, [百濟聖王の計り]는 백제본기를 거의 그대로 옮긴
것이라는데, 거기서 성왕은 신라에 나라를 잃은 가야제국 旱岐(가야
소국왕)들을 모아놓고 "신라에 빼아긴 南加羅와 喙己呑을 다시 회
복하자고 격려하고 있다."

주38) 欽明紀17年正月, 百濟本紀에 肥君을 筑紫君의 아들(筑紫君兒)이
라고 했는데, 이는 肥君이 비공식으로 혜왕자를 호위한 이유가 肥
君의 아버지가 백제왕을 섬겼다는 것을 은유적으로 표현하고 있는
것으로 보인다.

주39) 金廷鶴, 韓國の古學, 108~115쪽, 河出書房新社, 동경 일본

주40) 승천석, 「고대 동북아시아의 여명－고대의 만주 한반도 일본열도」
75~80쪽, 백림출판사

주41) 일본 京都府 문화사 14쪽, 京都府敎育委員會 編

II. 백제인들의 새로운 선택, 역사시대의 개막

4장. 후루이찌古市 신왕국, 가와찌왕조

가와찌왕조河內王朝는 위에서 본 여러 지역왕국보다 좀 늦은 시기인 5C후반에 가와찌河內 후루이찌古市에 세워진 신왕국이 그 전신이며, 뒤에 나라분지의 미와왕조를 통합하고 고대왕국으로 발전 전국을 통일하게 되는 야마도왕조大和王朝의 첫 왕조이다. 뒤에 야마도 아스까로 왕도를 옮긴다. 이 왕조는 야마도왕조의 전신으로 확실히 실재한 왕조이지만 그 건국시기와 시조, 미와왕조와의 통합과정에 대해서 여러 가지 의문이 존재한다. 아직도 논란이 많은 일본 고대사 논쟁의 가장 큰 쟁점의 중심에 있다.

일본의 전통사학자들은 일본서기의 기록을 그대로 믿으며, 가와찌왕조란 없고 이 왕조는 일본서기 야마도왕조의 15대왕 응신應神의 왕조일 뿐이라고 주장한다. 그런가 하면 일본의 전후사학은 일본서기의 응신 이전의 왕조들은 전승적인 천황족국가 미와왕조이고 야마도왕조가 아니라고 부인하고, 야마도왕조는 외래족의 정복왕조라는

등 많은 설이 있다. Ⅱ차대전 후 일본서기와 천황제에 대한 논의금
지의 터부가 풀린 뒤 일본서기에 대한 비판의 봇물이 터진 것이다.
그러나 지금에 와서는 일본 전후사학은 "일본서기의 조작을 털어내
야 하지만, 일본고대사는 결국 일본서기 속에서 찾을 수밖에 없다"는
것으로 요약된다. 전후사학의 대표적 학설 두 개만 말한다면 에가미
나미오江上波夫의 「기마민족정복왕조설」과 미즈노다스쿠水野 裕의
「三王朝說」을 들 수 있다. 이 설들은 뒤에 다시 나오기 때문에 여
기서 자세한 설명은 피하겠지만 에가미설의 요지는 "기마민족인 부
여족의 일부가 김해가야로 내려와 있다가 다시 북구주로 건너가 재
정비를 한 후 기내로 처 들어가 세운 왕조가 스진崇神왕조(일본서기
상 10대왕)라는 것이다." 삼왕조설은 일본서기 14대까지를 고왕조,
15대 응신조부터를 중왕조, 26대 게이따이繼体왕조 이후를 신왕조
라고 한다. 그러나 이설이 당초의 내용을 수정해 구주세력이 처 들
어와 고왕조를 정복하는 에가미설의 일부를 수용하면서 폭 넓은 지
지를 얻고 「신기마민족정복왕조설」이란 가칭으로 통설화 되어가고
있다. 이 설은 이미 앞의 3장(出雲國과 三輪王國)에서 조금 언급된
바 있지만 그 요지는 "고왕조에 의해 기내와 서부일본(吉備·出雲)이
일단 통일을 이루어 「原大和國」이 확립된 후 북구주에서 응신이
처 들어와서 이 왕조를 정복한 통일왕조 야마도왕조(河內王朝)가 성
립된다."는 것이다. 그러나 이 설들은 뒤에서 차차 구체적으로 검토
되면서 밝혀지겠지만 치명적 허점들을 안고 있어 성립될 수 없다.

　당시의 동북아시아사의 정세는 중국에 5호16국시대의 격동과 한반
도에서 고구려 백제 신라 3국의 격돌이 계속되고 이 전란으로 한반
도로부터 많은 인구가 일본열도로 유입되고 있었다. 이 피난민들은
구주와 본주 각지에 들어오지만 오사까만 해안지역, 가와찌에는 주로

백제인들과 가야인들이 많이 들어 왔다. 이 피난민들은 무투집단들이었는데 특히 백제인들은 중 상류계층이 많았고 이들은 국가경영의 경험이 있는 사람들이었다. 당시 아직 통일왕조가 없던 열도에서 가와찌 평야는 무주공산이었고, 가와찌는 백제인들의 신세계가 된다.

1) 백제인들의 신세계 가와찌

한반도에서 오래 전란이 계속되는 동안 가와찌평야에는 전란을 피하여 건너온 한삼국인들로 북적이고, 피난민들이 계속 몰려들었다.

이들의 몰려든 주요 거주지역은 대개 뒤에 큰 사회를 형성하게 되는 후루이찌古市, 이즈미和泉 모-스, 남셋즈南攝津지역이었다. 그 중에서도 후루이찌에 가장 일직이 많은 인구가 집중되었다. 백제인과 가야인들이 주류였다. 5C후반쯤에 이르러 가와찌 아스까 골짜기로부터 신기운이 돌기 시작하였는데, 백제인 지도집단이 형성되고 신왕국 건설의 설계가 태동된 것이다. 백제로부터 '琨支王弟'가 건너와서 백제인들의 구심점을 이루고 있었던 것이다.

신왕국의 태동한 곳은 그림에서 보는 곤지왕제가 정착한 이시가와 골짜고의 가와찌 아스까촌飛鳥村이었다. 이곳이 신왕국 건설의 진원지로 가와찌 평야의 동남쪽 끝 이시가와石川 골짜기에 있다. 아스까촌 앞에는 아스까강이 흘러 이시가와로 유입되고, 이 강의 상류 골짜기에서 나라의 야마도 아스까로 넘어가는 두 고개가 시작된다. 가와찌와 야마도 양쪽의 아스까를 있는 유일한 통로 아나무시고개穴虫峠를 사이에 두고 뒤에 가와찌와 야마도 양쪽에 같은 지명의 아스까와 아스까강이 생긴다. 가와찌의 백제인들이 훗날 이 고개를 넘어 야마도에 진출하여 집단촌 백제7촌을 이루는 것이다. 아스까시대

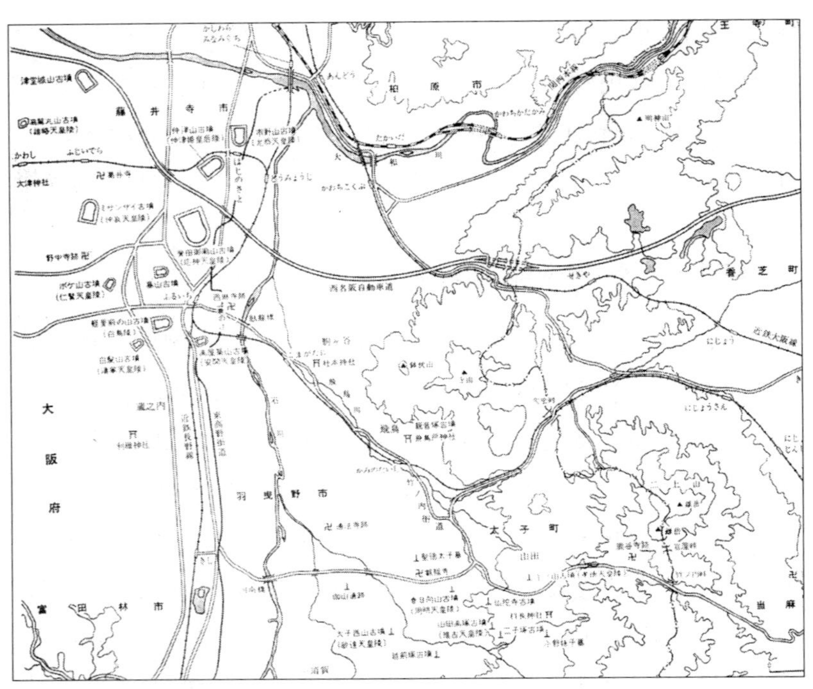

고대의 河內 飛鳥村 골짜기
신왕국의 발상지, 黛 弘道, 蘇我氏と古代國家 付圖

에는 가와찌 아스까를 '가까운 아스까'(近飛鳥), 나라 야마도의 아스
까를 '먼 아스까'(遠飛鳥)라고 했다고 한다. 가와찌 아스까는 한반도
에서 전란을 피하여 험하고 먼 뱃길을 건너와서 처음으로 안심하고
쉰 곳이란 의미의 '아수쿠(安宿)'가 아스까의 유래라고 한다. '아스
까'란 지명은 백제인들이 일본 고대왕국의 건설과 경영을 시작했던
곳이란 의미와 이메지가 서려 있는 고장명이다. 가와찌왕조→아스까
왕조→나라(平城)왕조→헤이안조平安朝로 이어지는 일본 고대사에서
첫 두 단계를 건설하고 경영한 사람들이 백제인들 이었고 그들이 모

여 살던 근거지 지명이 모두 아스까飛鳥였다. 가와찌 아스까촌 앞에는 아스까강이 흐르고 이 촌의 한 가운데에 그들이 추대했던 지도자, 신왕국의 시조 곤지왕의 사당 아스까베신사가 있다. 마을 뒷산에는 이 시대 백제인들의 공동묘지 아스까천총(飛鳥千塚, 鉢伏山)이 있다.

815년에 편찬된 '신찬성씨록(右京諸蕃 百濟項)'에는 곤지왕을 '아스까베군飛鳥戸郡 미야즈꼬國造'라고 했다. '아스까베군'은 가와찌 아스까와 후루이찌와 이즈미(和泉에서 高安에 이르는)를 포함하는 백제인 가야인들의 집중 거주지였고, 미야즈꼬造란 이 지역의 수장이란 뜻이다. 이런 호칭은 8C의 '大化改新' 후에 실시되는 국군제에 의한 개칭이고 곤지왕 생존시에는 야마도왕조도 국군제도 없었기 때문에 이 호칭은 뒤에 붙인 것이다. 그럼으로 성씨록에서 말하는 '아스까베군 미야즈꼬'란 그 일대의 수장(왕)이었다는 뜻이고, 그곳을 통제할 수 있는 중앙정부가 없을 때임으로 곳 가와찌 신왕국의 왕이었다는 것을 말하는 것이다. 이 신왕국이 가와찌왕조의 전신이다. 뒤에서 차차 밝혀지겠지만 일본서기나 전후사학이 말하는 가와찌왕조의 시조 응신설, 또는 인덕설은 기·기의 이야기인데, 거기서는 이들의 실제가 의심되는 여러 가지 의문이 제기되고 있다. 기·기가 편찬과정에서 없었던 인물을 조작 삽입한 것이고 실체성이 없는 사람들이라는 것이다. 일본서기의 일부를 인정한다고 할 때, 곤지의 신왕국은 응신왕 앞에 있었던 초기 가와찌왕조이거나, 아니면 응신은 곤지왕을 변신시킨 것이란 이야기가 된다.

한편, 신왕국 건설의 마당인 가와찌에는 이 왕국의 건설무대에서 활동하던 백제인 가야인 씨족들의 본관지가 집중되어있어 가와찌왕조가 백제인들에 의해 세워졌음을 말해주고 있다. 일본서기의 야마도왕조에서 활약하는 호족인 백제인 와니계王仁系 제씨 '葛井·船·

藏·津·馬·文씨'들의 본관지가 여긴데, 이들은 여기 들어와 경제를 조직하고 발전시킨 사람들이다. 또 신찬성씨록에는 주요 제번씨의 본관지가 거의 여기로 되어있다. '新撰姓氏錄'을 잠깐 들여다보면, 와다나베미쯔오渡辺三男(駒澤大學) 교수는 신찬성씨록을 다음과 같이 정리하고 있다. 주41)

【신찬성씨록新撰姓氏錄에는 백제계 호족인 헤가 왕씨惠我王氏와 앞에 말한 와니王仁씨계인 文氏 葛井 津 船 武生 藏氏 등이 살았고 그들의 본관지本貫地가 여기이다. 구성대족舊姓大族 物部氏와 大伴씨 津守씨 土師씨 西文氏등의 근거지도 河內이다. 신찬성씨록의 諸蕃諸氏 條에는 백제왕 또는 백제의 후예부에 和氏(百濟系야마도씨) 百濟 石野 沙田 菅野 葛井 즈津 中科 船 岡 百濟伎 不破 高野 飛鳥部 飛鳥戸 林 高市 古市씨등이 있고, 고구려왕의 후예 항에는 高麗 高河內 高安 難波 貊씨등이 있다. 신라왕 후예부에는 系井 橘씨가, 임나왕의 후예부에는 田 大伴 씨등이 있다】 이즈미和泉와 가와찌에 본관을 둔 주요씨족이며 백제인이 압도적이다.

그리고 『신찬성씨록에 수록된 성씨는 皇別(天孫의 후예로서 神武의 후손) 335씨, 神別(天神족246 天孫족128 地祇족30) 제번씨(未定雜姓117 포함) 443로 총1182씨족이 들어있다. 天神族이란 다까마가하라高天原에서 天孫이 일본열도로 강림할 때 수종들던 신들이라는 것이고, 天孫族은 神代에서 神武대까지의 사이에 존재하는 天皇族이며, 地祇족은 천손이 일본열도에 들어오기 전 일본열도에 있었던 토착신(족)들이다.』

여기서 중요하게 지적되어야 하는 것은 성씨록에 수록된 씨족들 1182씨족 중 지기地祇족 30씨족을 제외한 1152씨족 모두가 도래족들이라는 점이다. 신대기에서 밝혀지듯이 소위 '天孫'이 떠나온 '高

天原'은 가야(高靈)라는 것이 정설이다. 일본사학이 제번씨만을 도래족이라고 하고 있지만 말이 안 되며 황별 신별 제씨족들도 모두 가야인으로 도래인이다. 또 성씨록이 제번씨 중 '하다秦씨·아야漢씨'의 본관 조작에서 알 수 있듯이 성씨록의 대성 귀족들 본관이 조작되었다는 것은 학자들이 공통적 인식이다. 하다씨 이야기는 그들이 중국인이 아니라 가야인이라는 것은 이제 당사자들 외에는 이설이 없다. 결국 성씨록 제 씨족의 거의가 한반도 도래인이란 결론이다. 그것은 성씨록에 기재된 사람들 대부분이 고분인들인 것을 상기해 보면 당연한 것이다. 그리고 성씨록이 편찬되던 시기(815년)이전에 성씨를 가진다는 것은 특권이었다. 이 시기의 일본열도 원주민(야요이인 죠몽인)은 성씨를 가지고 있지 않았다. 성씨를 가진 주민은 거의가 고분인이고 그들은 거의가 한 삼국인이었다고 보아도 무리가 없다. 그 비율이 어떤지를 정확히 알 수는 없지만 고분인들 조차도 모두 성씨록에 등재된 성씨를 가졌던 것은 아니라는 것은 확실하다. 당시로서 성씨를 가진다는 것은 일종의 특권으로 왕족 아니면 왕족에 준하는 귀족이거나 호족이며, 적어도 관이나 군사에서 이름을 필요로 하는 상당한 지위의 사람들에 한한 것이었기 때문이다. 9C의 성씨록 편찬 과정에서 성씨를 가지고 있지 않던 재래족들이 많이 끼어들었던 것으로 알려 졌지만, 7-8C에 성씨를 가진 씨족의 수가 얼마나 한정된 것이었던가는 성씨족이란 바로 지배계층에 속하는 사람들임을 감안한다면 알만한 것이다. 본관이 조작된 것이 많다고 하는데 이른바 '皇別氏'로는 '竹內宿弥族'이 대표적이라 하겠고, 평민의 조작 예는 하다씨秦氏와 아야漢씨이다. 하다씨를 진시황의 후예라고 했는데, 진왕실의 성씨는 '秦씨'가 아니라 영嬴씨이다. 진시황이 秦 황실의 성을 이었다면 영嬴씨가 되고, 그 어미의 성을 따른다면 조

趙씨이고, 속설 '呂不韋'의 씨라면 여呂씨가 될 수는 있어도 '秦'씨는 없다. 아야씨漢氏를 한고조의 후예라고 한 것도 유치한 사례이다. 아야씨는 일본서기 응신기에서 아나穴씨로 처음 나오지만 아야씨이다. 아나씨가 중국에서 왔다는 근거는 어디에도 없다. 아야를 '漢'으로 표기한 후의 억지이다. '竹內氏族'은 가공 인물 고겐'孝元(일본서기상 8대천황)'의 후손이라는 황별씨 '葛城 蘇我 平群 巨勢 波多 羽田'씨 등 쟁쟁한 황별씨 거족들인데 고겐의 아들 다께우찌스쿠네'竹內宿弥族'의 자손으로 되어있다. 고겐과 다께우찌스쿠네 두 사람은 모두 전승속 인물이고 실제인물이 아니다. 소가씨가 권력을 잡고 천황가와 밀착되어있던 시절에 조작된 것이다. 이런 것들만 간단히 흘터 보아도 제번씨를 제외한 소위 황별 신별씨족의 유래가 조작된 것이 많음을 알 수 있다. 그러나 제번씨들의 경우는 그와는 반대로 조작대상이 아니었다. 본관을 조작하는 이유는 '諸蕃'이란 오랑캐성에서 벗어나 황별이나 천손족에 들어가려는 것이 목적이다. 그런데 멸시받는 제번씨가 되려고 제번씨로 조작한다는 일은 있을 수 없기 때문이다. 가와찌에는 이들 제번씨족의 조상들을 모신 많은 고분과 고신사기 있다. 오사까부 '全志'에 등재된 고신사수는 703사라고 했는데 그 거의 전부가 이른바 도래인계(韓3국계)제신을 모신 신사이다. 이들은 모두 도래족들 조상의 사당이다. 주42) 거의 다 '식내시式內社'이고 「延喜式 神名帳」에 기재되어있는 국가가 관리하는 주요 신사급이다. 신명장에 등재된 '식내사'는 전국 총2861사라는데 오사까에만 한국계 식내사가 703사라고 하는 것은 대단한 것이라고 아니 할 수 없다. 다음 지도는 오사까문화사에 나온 제번씨들 조상을 모신 식내신사의 일부인데 거기가 그들의 본관지이다. 하지土師씨는 스에끼須惠器와 하지끼土師器리는 토기를 만들던 가야사람들이다.

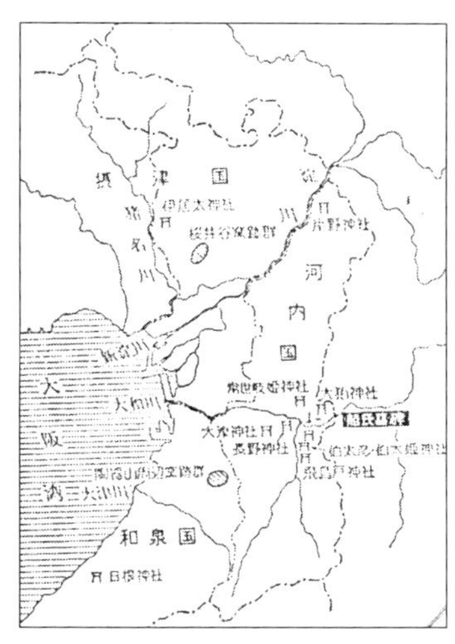
飛鳥戸神社와 제번씨들의 식내신사들 큰 陶器가마터가 여러 곳 보인다. 大阪府문화사 29쪽

글씨가 작지만 앞의 河內아즈까촌 골짜기 그림을 자세히보면 보이는데 이시가와 골짜기 아스까베신사가 있는 남쪽에 천황능들이 모여있는 태자정과 一須賀고분군이 거의 한 골짜기에 모여 있다. 이 두 고분군은 한 지역에 붙어있지만 무덤조성시기나 묻혀 있는 사람들의 신분은 크게 다르다. '이찌스가' 고분군은 태자정 쪽보다는 오래된 백제인 유력자들과 그 가족들의 무덤들이지만 구체적 신분은 알려져 있지 않다. 그러나 태자정 무덤들에는 6-7세기 야마도 아스까왕조 소가씨시대의 천황들과 황실 가족들의 묻여있다. 네 천황(敏達·用明·推古·孝德)과 무명의 천황塚·성덕태자·오쯔황자와 다른 황자묘, 스이꼬 천황의 어머니 '堅塩媛'의 무덤이 있고, 소가노우마꼬의 기념탑, 소가구라야마다의 무덤과 그를 공양하는 '佛陀寺', 소가노에미시즈까塚들이 섞여 있다. 그 맨 북쪽에 아스까천총飛鳥千塚이 있다. 이런 무덤구조는 가와찌왕조와 아즈까왕조의 권력의 근원이 백제촌임을 말하고 있다. 이 분야의 전문 연구학자 '門脇禎二' 교수(京都府立大 명예교수)는 이 두 고분군에 대해 "一須賀고분군은 백제계 유력자들의 무덤인데, 태자정에 천황능들이 조성되는 시기와 그 뒤에도 계속 무덤이 쓰였다. 이 무덤군에 가장 근접해서 '敏達'·'推古천황'능이 있는데 결국 이 두 묘역은 동일 묘역이다. 推古의 어머니이고 '소가노이나메'의 딸인 '기다시히메'의 무덤도 여기다. 「一須賀 고분군·태

자정 무덤군」은 '蘇我家'가문의 선산이다."라고 말한다. 주43) 소가 씨의 선산에 아즈까시대의 '천황들'이 들어와 묻혔다는 것은 무엇을 말하는가? 아스까왕조의 천황들은 사실상 소가씨가문의 사람들이었다는 것을 말한다. 또 이른바 '오꾸쯔기원칙奧津城原則'으로 볼 때에도 그 천황들이 여기 묻힌 것은 그들이 소가씨가문에 속한 사람들이었다는 것을 말한다.

다음 고분지도는 가와찌에 얼마나 많은 고분기의 인구가 집중되었던가를 보여주는 고분군과, 그 무덤 가운데 둘러 쌓여있는 천황능들을 주목해 보려는 것이다. 후루이찌고분군의 한 가운데에는 '호무다어묘산고분'이란 거대한 전방후원분이 있는데 이 무덤은 응신왕릉으로 불리고 있다. 이 어묘산고분과 인덕왕릉으로 불리는 이즈미의 대산고분은 대단히 밀집된 고분군에 둘러 쌓여있다. 이 가칭 천황능들은 모두 5, 6C의 고분들이고 이 무덤을 둘러싼 시기의 주 거주인구는 백제인들 이었다. 후루이찌고분군은 천총이라는 명칭이 붙을 정도의 밀집된 많은 고분이 있었지만 지금은 거의 파괴된 상태인데, 1973년에 이중 160여기 정도가 조사되었다. 전방후원분 19기를 제외하고 모두 방분과 원분이다. 조성연대는 4C후반에서 6C전반사이라고 한다. 이 고분군은 백제인들의 공동묘지였을 것이다.

가와찌 평야와 나라분지에는 거의 백제인들만이 많이 모여 살아 그냥 '백제'라고 불리던 곳이 몇 곳 있었다. 가와찌 북서부의 요도강淀川남부 셋쯔攝津·이즈미和泉 북부 모-스百舌鳥·나라분지 남부 야마도 아스까 의 백제7촌들이다. 그중 남부 셋즈는 큰 백제라고 불리던 지역이었는데 요도강 남부 지금의 오사까시이고 히가시나리구東成区·이꾸노구生野区 등지로 사천왕사가 있는 지역이 그 중심이었다. '百濟大寺'가 건립되고 이 절을 중심으로 백제인들이 모이던 근거지라고 한다. 지금도 '백제역'이란 철도역이 남아있어 이곳이 백제였다는 것을 고증하고 있다. '인덕기'에는 4C말에서 5C초에 이지역에 백제인들이 대량 건너와 하천 황무지를 개간하던 상황을 짐작할 수 있는 다음 기사가 있다. 이 기사는 이 남부 셋즈에 백제에서 피난 와서 살던 백제인들이 하천부지를 개간하여 개

백제역, 오사까시

척지를 넓히는 과정에서 가와찌 원주민 농민들과 있었던 토지경계선 분쟁을 기록한 짧은 기사이다. 이 지역에 큰 백제인 농사집단이 있었음을 보여주는 기록이다. 주44)

「遣紀角宿弥於百濟, 始分國郡壇場, 具錄鄕土所出」

이를 풀이하면 "기누쯔노스쿠네를 '백제'에 보내 처음으로 '백제'와의 국군 경계를 나누고 향토소출의 장부를 갖추었다"라는 뜻이다. 사가들 사이에 이 짧은 기사가 제기하는 논란의 초점은 여기 나오는 「百濟」가 어떤 백제냐 하는 것이다. 일본사학자 사이에서는 두 가지 주장으로 갈려있다. 전통사학자들은 여기 나오는 '百濟'는 당연히 한반도의 본토 백제라고 주장한다. 그들은 야마도왕조가 4C에 이미 통일왕조이고 가야에 '任那'를 경영하고 왕실 직할령(미야께屯倉)을 소유했는데 여기서 생긴 일이라고 주장한다. 다른 하나는 즈다소기찌와 전후사학파 소장학자들의 지적으로, 국군제는 율령제가 실시되는 8C초(701)의 일인데 4C의 인덕기에 국군제가 있을 수 없으며 그것도 한반도에서 실시했다고 하는 것은 말이 안 된다는 것이다. 더욱이 사건이 일어난 일시도 지리적 위치도 없는 조작기사라고 비판한다. 전통 사학자들의 주장은 토론할 가치가 없다. 그렇다면 이

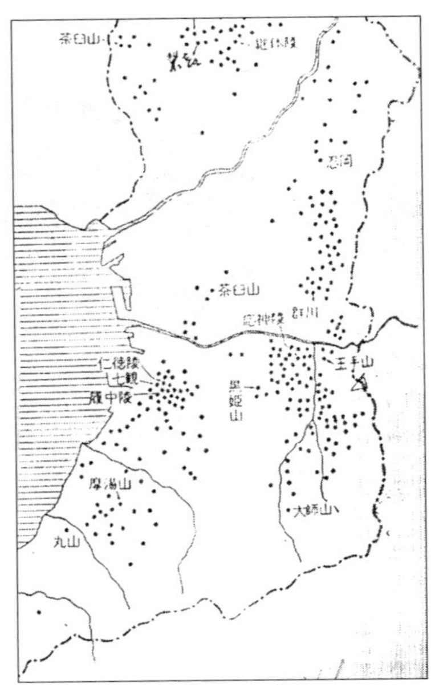

밀집된 古市와 河內 모-스(百舌鳥)일대의
고분군

오사까부 문화사21p

기사는 전후사학자들의 주장대로 없었던 것으로 무시해 버리면 되는 것일까?

그러나 이 기사는 백제인들의 지금의 오사까大阪市지역에 대량입주한 역사의 실마리를 품고 있는 기사이다. '인덕기'의 이 기사는 남부 셋즈의 백제인 주민들이 불어나면서 이곳에서 하천을 새로 개간하고 하천평야를 차지하게 되면서 원주민 농민들과의 사이에 있었던 토지경계선 분쟁을 기록한 기사로 본다. 다음 지도는 이 지역의 향토 사학자(梶山彦太郎)가 오사까시 전역을 면밀히 답사하여 옛 날 기록과 고지도를 바탕으로 복원한 5C~6C초 사이의 오사까 지형지도이다. 초기의 가와찌왕국은 도시국가로 아직 행정이 지방의 농촌지역에까지 미치지 못하던 시기였을 것이고, 셋즈 쪽 지역에 백제인 피난민들이 하천변 평야를 거의 소유하게 되자 인근 농민들이 이의제기를 한 사건이 있은 것으로 보인다. 또 새로 개간하여 농지를 늘렸으나 신개간지라 아직 토지대장에 편입되지 않은 넓은 땅이 그냥 '百濟'라고 불리던 이 지역에 있었고, 하천유역이라 홍수가 나면 광범위하게 흙탕이 밀려내려 덮이기도 하여 분계선에 혼동이 계속 생겨 토지분계선 분쟁이 자주 일어나던 곳이었던 것 같다. 인덕기 기사는 이런 것들을 행정상 정리했다는 기사인 것이다. 지형도의 가와찌와 셋즈의

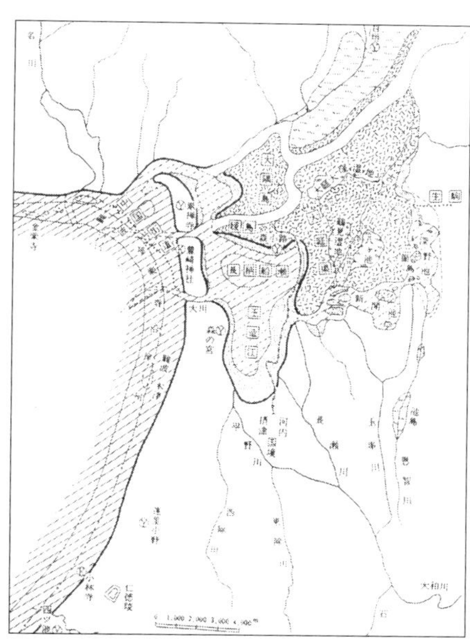

5C경의 河內平野발달사, 河內와 攝津의 국경선 표시가 보인다. 대왕능175쪽

경계선 분할을 보면 이런 정황이 있었으리란 것을 쉽게 짐작할 수 있다. 지형상 가와찌와 셋즈의 경계선은 당연히 요도강이 되는 것이 자연스럽고 행정의 편의상으로도 남부 셋즈는 가와찌에 속하는 것이 당연하다. 그런데도 지도를 자세히 보면 셋즈의 경계선이 요도강 남쪽으로 내려와 있고 히라노강과 핫세강(平野川·長瀨川) 사이에 조그만 평야까지도 그 한 가운데에 '攝津-河內의 國境'을 긋고 있는 것

을 볼 수 있다. 이런 지형은 평야를 당연히 가와찌나 셋즈 어느 한쪽에 주어야 하는 것이 행정편의의 원칙이다. 그런데 왜 그 작은 평야까지 셋즈와 가와찌의 양쪽으로 분할할 수밖에 없었는가? 거기에는 행정편의원칙 같은 것으로는 정리될 수 없는 주민간의 분쟁의 유래가 있었던 것으로 보인다. 가와찌와 셋즈간의 이런 불합리한 경계선 분계는 역사지도 「古代の畿內要圖」에서도 선명하게 볼 수 있다. 주45) 이런 지역의 경계선은 '淀川'이 경계선이 되는 것이 당연하다. 더욱이 이 작은 평야는 어느 한쪽에 주어야 마땅하다. 그런데도 그것을 분할할 수밖에 없었던 것은 아마도 셋즈 백제인들과 가와찌 쪽과의 그 평야의 소유권 주장이 격렬하여 어느 한쪽에 줄 수 없었기 때문이었을 것으로 생각된다. 인덕기 기사는 이런 하천 경계선

분쟁을 조정하여 새로 분계선을 설정하고 새로 개간한 셋즈 백제인의 미등기 상태 토지를 나라의 토지대장에 등재하였다는 기사로 보아야한다. 남부 셋즈 에 백제인 인구가 대량 집중되어 '백제'라는 호칭으로 불린 지방이 있었음을 보여주는 기사이다.

물론 이 시기의 가와찌에 고분인들 만이 살았던 것은 아니다. 뒤에 나오는 <표9>에서 볼 수 있는 것처럼 가와찌 평야에도 고분유적수와 야요이유적수 비율이 10:6 정도로 야요이유적이 상당히 많은 것을 볼 수 있다. 그러나 앞의 고분유적수에 비한다면 아주 희박한 것이다. 나라현문화사에서는 야요이유적이 더욱 희박하다. 고분유적수가 압도적으로 많다. 그런데다 야요이인들은 오랜 동안 외부세계의 변화를 거의 알지 못하고 살았던 농경민들이라 가와찌 신왕국건설단계에는 거의 참여 못하였을 것이다. 그러나 그들은 식량을 일부 공급하였을 수 있고, 그것을 매개로 백제인들과의 협력관계가 형성되었을 수는 있었을 것이다. 지금 일본사학의 일부는 야요이문화의 점진적 발전연장선에서 전기前期고분문화를 보려는 시각이 있지만, 야요이문화와 고분문화는 확연히 대비되는 다른 문화이다. 그것은 두 문화를 담당하였던 사람들이 서로 다르기 때문이다. 두 종족이 다 한반도에서 건너왔지만 출신지역과 도래문화시기의 차가 큰

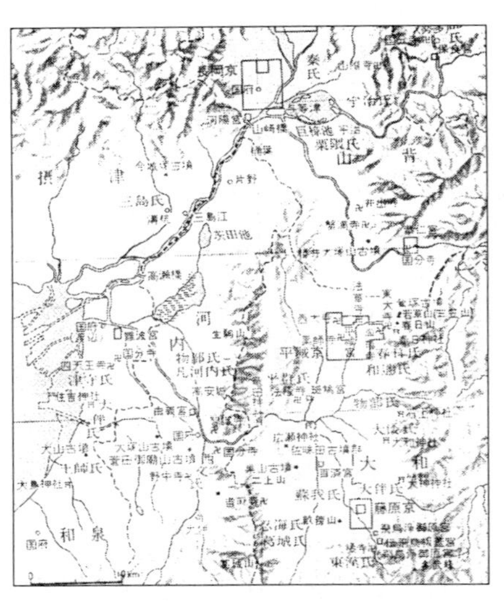

「古代の畿內要圖」 점선으로 된 가와찌와 셋즈의 국경이 점선으로 보인다. 日本史 辭典(高柳光壽)

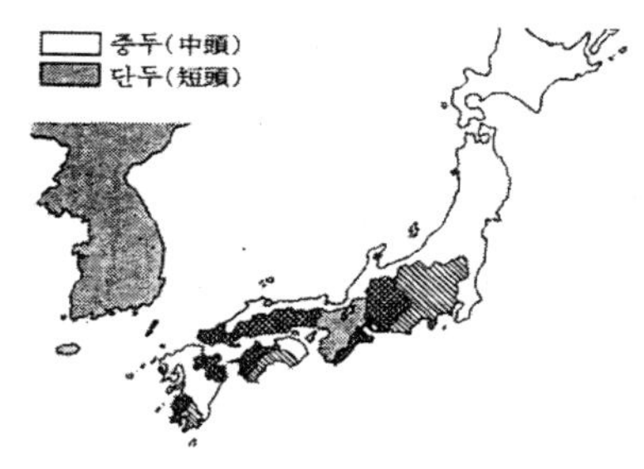

고대일본인 頭長幅示數의 특징(단두)분포
埴原和郎,「日本人の起源」韓譯 19쪽

분명히 다른 사람들이다. 야요이인들은 북방계 한반도인이었지만 건너온 후 5-6백년 동안 남방계 및 죠몽인들과 섞여 살면서 혼혈을 이루어 북방문화요소를 많이 잃었다.

옆의 그림은 현대 일본인 두형의 지방별 특징 차를 낳다낸 것이다. 주46) 고분시대의 중심무대였던 근기近畿지방 주민들의 두형이 '단두형'으로 한반도인들의 것과 동일함을 보여주고 있다. 고분인이 거의 없는 다른 지방민들의 두형은 이들과 대조적인 중두형이다. 이 모습은 근기지방에 살던 사람들 대부분이 한삼국계 고분인 이었다는 것을 보여주는 것이다. 이러한 현상은 인체형질상의 신장과 얼굴형의 특징에서도 똑 같이 나타난다. 혈청유전자 조사에서도 A형;B형의 분포는 한반도(A형이 주)와 가까울수록 A형이고, B형이 죠몽인(B형이 주)지방인 동북으로 갈수록 많아지는 서A:동B 현상이다. 이 현상은 근기지방과 그 서부인들의 대부분이 韓3국계였다는 것을 말해주는 것이다. 머리형과 혈청유전자뿐 아니라 한반도인의 얼굴형(面長鼻高形)과 장신에서도 같은 현상이다. 반대로 다른 지방 주민들은 중두에 둥근 얼굴에 코가 낮고 키가 작다. 이것은 위에서 보아온 대로 고분시대의 근기지방이 백제인을 주축으로 하는 한삼국인들의 세계였다는 것을 과학이 증언하고 있는 것이다. 같은 내용의 연구를 한 나까하시다까히로 中橋孝博(의학박사 九州大學) 교수의 연구조사 <표7> 결과도 똑같다. 주46) <표7>에서 고분기 이후의 신장과 코가 작아진 현상은 야요이기의 신장제원이 혼혈전의 야요이인 인골을 데이터로 쓴 것이고, 고분기의 데이

터는 혼혈이 상당히 진행된 이후의 자료이기 때문이다. 한삼국인 유입이 단절된 중세-근세의 일본인 남자 평균신장이 150cm로 퇴화된 것도 죠몽인(남방계 포함)인구가 훨씬 많은 가운데 진행된 퇴행형 혼혈현상이다. 1945년 이후의 평균신장 160cm로 커진 현상은 스즈끼鈴木尙의 주장대로 식생활개선 결과로 볼 수 있다.

<표7> 高橋孝博의 야요이인 인체형질 특성

時代유적	繩文	弥生	古墳
	津雲	土井ゲ浜	西部日本
頭骨最大長mm	186.4 ↘	182.8 ↘	181.6
頰骨弓幅mm	143.2 ↘	139.9 ↘	134.7
上顔高mm	67.0 ↗	71.5 ↘	68.4
코높이mm	48.6 ↗	53.2 ↘	51.4
身長cm	159.9 ↗	162.8 ↘	161.5

가와찌와 야마도가 백제인 가야인이 주축인 한삼국인들의 세상이었다는 것을 증언하는 자료는 일본서기의 기록에도 많다. 우선 <표9>, 응신시대의 도래인중 유쯔끼弓月君의 120현민, 아찌노오미阿知使主의 17현민 집단이 있고, 긴메이기2년8월조에는 기내의 도래인을 소집 조사했는데 하다씨 만 총호수가 7천53호라는 기록이 있다. 이런 기록은 그보다 몇 배가 더 많았을 실제 유입에 비할 바 못 될 것이지만, 위의 두 씨족만으로도 대단하다. 아찌노오미의 17현민은 아스까 히노구마의 '東漢'씨이고, 니시노후미西文씨는 가와찌의 아야'漢'씨이다. 모두 백제계 가야사람들이다. 아야씨와 하다씨는 너무 많이 팽창해 각지로 갈려 나갔는데, 하다씨는 쿄또 시고꾸四國 시즈오까靜岡(安倍國) 등지로 퍼져나갔다. 이들이 모두 고분기의 유입인구임은 말할 것도 없다. 다음 표(A)는 근기지방의 문화사에 조사된

'죠몽＋야요이'유적수와 고분유적수를 비교(10점 만점)한 것으로 '大中 小'로 낳다낸 것이다. 고분유적이 절대 우세를 보인다.

<표8> 「죠몽·야요이유적 : 고분유적규모 비교(A)」 및 「근기지방
고대인구(B)」

(A) 죠몽＋야요이 유적 : 고분유적 비교

	河內	奈良	山城	和歌山	兵庫	滋賀	三重
죠몽＋야요이유적	中(6)	中(4)	小(2)	小(2)	小(2)	小(2)	小(2)
고분유적	大(10)	大(10)	中(4)	小(3)	小(2)	小(2)	中(4)

자료출처: 각 현 문화사, 고분유적 죠몽유적 야요이 유적

그러나 고야마小山修三와 시마누끼島貫基久가 연구한 아래 표(B)에서는 고분인구는 0 이다. 수가 적어서 기록할 가치가 없다고 보았다는 것이다. 주47)

(B)島貫基久推計

근기지방	BC300	AD100	AD500	AD750
	죠몽인1,7만	죠몽인10,5만	죠몽인29,4만	죠몽인38,9만
	야요이인 0	야요이인9,0만	야요이인58,2만고	야요이인82,9만고
	고분인 0	고분인 0	분인 0	분인 0

※자료근거 :『古代の人口構成』, 在野史論, 신인물왕래사.(근기지방: 河內·奈良·京都·和
歌山·兵庫·滋賀·三重가 포함)

그러나 위의 일본서기 기록과 <표9>에서 보는 기내지방의 고분인 유입인구는 대단한 것이다. 이미 앞에서 본대로 '埴原和郎(그림지도)'·'中橋孝博(표7)' 두 교수의 자연인류학연구방법에서도 확인되고, 표(A)에서도 같은 결론임을 보았다. 그러나 표(B)와 같은 시각은 일본의 전통사학자들의 주장을 뒷받침하려는 연구로, 고분인들의 역할을

따로 보지 않고 축소시켜, 원주족이 역사시대를 주동했다고 본 결과의 왜곡이다. 전통사학자들은 와징(야오이인)이 역사시대(고분시대)를 주도했고 도래인들(고분인)은 와징들(和人·야요이인)이 기술자 전문가로 불려와 고용되었거나 자문역할을 한 소수라고 주장하고 있는 것이다. 일본서기에도 '直木孝次郎'의 고교교과서 「日本史」에서도 그렇게 쓰고 있으며 시마누끼島貫의 「古代の人口構成」은 그런 시각을 뒷받침하려는 연구이다.

<표9>일본서기 응신~비다쯔敏達시대의 백제인 가야인
집단도래(근기지방)

王	年代	人數	內容	定着地	備考
應神	初期	相當人數	縫製工等 百濟人 技術者	飛鳥 檜隈	應神의 要請
〃	14	120縣民	弓月君引率, 백제서 귀래	京都 太秦 皿國청·靜岡	
〃	16	相當人數	王仁博士 一行	奈良北西	和珥氏 先祖 및 王仁계 제씨
〃	20	17縣民	阿知使主引率	明日香 檜隈	東漢氏 先祖
〃	25	木滿致一家	木滿致一家 來渡移住	奈良아스까. 河內石川	蘇我氏 先祖
繼体	7	五經博士 一行	博士一部交代殘餘一行定着	奈良	未詳
欽明	全期	박사전문가	5회에 걸쳐	飛鳥	秦人數 첫 조사
〃	〃	秦氏一族	九州 서이동	총7,053戶	秦氏祖上
敏達	6	相當數	經書 律師 禪師, 僧侶, 武術師, 造佛, 造工	河內, 飛鳥 檜隈	敏達 要請
〃	7	相當數	日羅 等 6人과一行	阿斗桑市	敏達 召喚云

2) 도시국가, 가와찌 신왕국

1960년 가시하라橿原고고학연구소(秋山日出雄)가 찍은 항공사진에서 옛날에 이시가와石川에서 가와찌호湖로 연결되었던 큰 수로가 있었던 유구가 확인되었다. 이것이 「古市大溝の發見」이란 것이다.

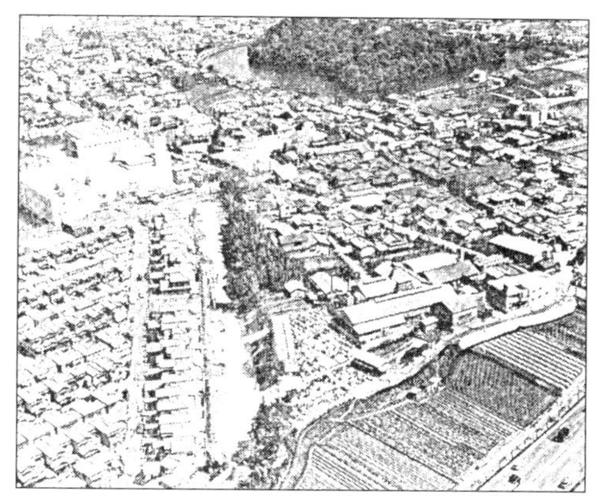

古市大溝와 그 부근

그 뒤에 계속된 조사에서 이 수로가 나니와만→세도내해로 통하는 수로였던 것으로 조사되었다. 수로 주변과 이즈미 모-스에 이르는 일대에 대취락과 대 생산유적이 있었다는 것도 확인되었다. 고고학자들은 지금까지 후루이찌고분군을 단지 대 무덤 군으로만 보아 왔으나, 이 항공사진으로 부근에 큰 도시형 취락이 있었고, 그 대취락이 이즈미 모-스 고분유적 사이 일대와 연결된 대 생산유적·대취락유적·'官衙街'로 추정되는 유적 등이 있었다는 것도 확인되었다. 주48) 계속된 발굴조사에서 그 유적의 성격도 드러나고 있는데, 이곳이 '가와찌 신왕국'의 중심지였고 첫 왕궁터로 볼 수 있는 흔적도 있다. '후루이찌古市'라는 유래를 이로서 짐작할 수 있다. 후루이찌 신왕국은 영역국가가 아닌 도시국가였다.

후루이찌에 있는 '西琳寺'는 6C중반에 지은 적은 절인데 절의 규모에 전혀 어울리지 않는 거대한 초석이 남아있다. 그 절의 경내도 이 절에 는 걸맞지 않는 광대한 사역(東 飛鳥の庄-南 岐子の庄-西 尺度の庄-北 호무다어묘능)이었다는 것이 고 안弘安4년의 太政官符(律令制의 공문서)에 있다. 그리고 이 절에는 국보급 玉碗과 이국異國에서 들어왔다고 전하는 金銀 珠宝 宝器들이 보관되어 있다. 이런 것들은 이 절터가 본래 왕궁 터였을 것이라는 추측을 하게 한다. 直木孝次郎의 일본사 「古代の畿內地圖」에는 호무다어묘산능

에서 그리 멀지 않은 곳
에 '由義宮'이라는 궁터
가 하나 보인다. 일본서기
에는 이 시대의 궁들로
'大隅宮'과 '高津宮'이라
는 궁명도 나온다. 모두
가와찌왕국 시대의 왕궁터
들을 말하고 있는 것이다.

한편, 오사까문화사의 야
요이유적 지도에서 보면 이
시가와 골짜기와 후루이찌

西琳寺
西琳寺는 西文氏의 宗家절(氏寺)로 긴메이대欽明代
에 건립되었지만 다음의 국보급 보물과 함께 '西琳
寺緣起'라는 고문서와 명문이 있는 '金銅阿彌陀佛
像' 등 중요 유물이 보관되어있다.

에는 야요이 유적이 거의 없다. 이 지대가 건답지대여서 목기를 사용하
던 야요이인들이 개간할 수 없었기 때문이었을 것이다. 그러나 고분인들
은 다음 그림에서 보는 것 같은 철제 보습을 만들어 더 많은 농경지
를 개간할 수 있었음으로 이곳에 들어와 살게 된 것이다. 건답지대는
땅이 굳고 나무등걸이 많아서 목기 농구를 쓰는 야요이인들의 개간
이 어려웠음으로 이 지역에 원주민이 거의 없었던 것이다. 후루이찌
에는 이런 철제 농기구를 만들었던 철공소 흔적이 많이 있다. <그
림25>에서 보는 凹자형 농기구(보습 괭이 삽)의 철제 날(刃先)을
갈아 끼우거나 그런 농기구를 만들어 팔기도 하고, 무뎌진 농기구의
날(刃)을 다시 세워주기도 하였을 대장간이 있었던 곳곳에 철재鐵滓
들이 발견되는 유적들이 많다. 이 대장간에서는 무기 무구도 만들었
을 것이다. 부근에는 또 도기를 만들던 큰 가마터도 사방에 있다.
중요한 것은 이런 것들의 거래와 함께 계속 들어오는 피난민들이 가
지고 오는 여러 가지 물건들이 거래되는 장이 섰을 것이라는 점이

다. 야요이인들이 이런 생활을 모방하고 사용하기 시작하면서 수요가 빠르게 늘어갔을 것이다. 이렇게 해서 후루이찌에는 생산과 상업 활동이 번창하는 도시로 발전해 갔다. '古市大溝'의 '대생산 유적'이란 이런 현상들의 옛 자취였다.

다음 그림에서 이즈미 모-스 일대와 '고안高安'일대에 많은 가마터가 보이는데 도기는 유통 물류 중 가장 많이 거래되는 물품이었다. 그 생산자들은 백제계 가야인들이었다. 또 고분인들은 그림에서 보는 것 같은 덩이쇠를 한반도로부터 드려와 농기구뿐 아니라 무기들도 만들었다. 이 그림에는 안 보이지만 위에 언급된 곳에 쇠찌꺼기(鐵滓)가 발견되는 대장간(鐵工所) 수준의 제철소 흔적이 여러 곳곳에 있다.

5-6C의 셋즈에서 사까이堺 이즈미 모-스의 해안지방은 백제인 집중거주 벨트였다. 이 벨트지역에는 백제인 피난민들이 끊임없이 들어왔고 그 영향을 가장 크게 받고 있는 곳이 사까이와 후루이찌였다. 모-스와 후루이찌 사이에 있었던 대생산 또는 상가유적은 이들이 가지고 들어오는 물건들의 거래나 이를 표본으로 한 재생산이 이루어지는 공장지역이었다.

인구가 불어나고 날로 변화해 가는 가와찌는 오늘의 오사까의 시각으로 볼 때에는 원시적인 것이겠지만 그 당시의 일본열도 내에서는 어디에서도 비교될 수 없는 처음 생기는 하나의 생산적 상업도시의 전형이 형성되고 있었던 것이다. 다음 그림에서 보는 형태에 가까운 새로운 주거와 상가가

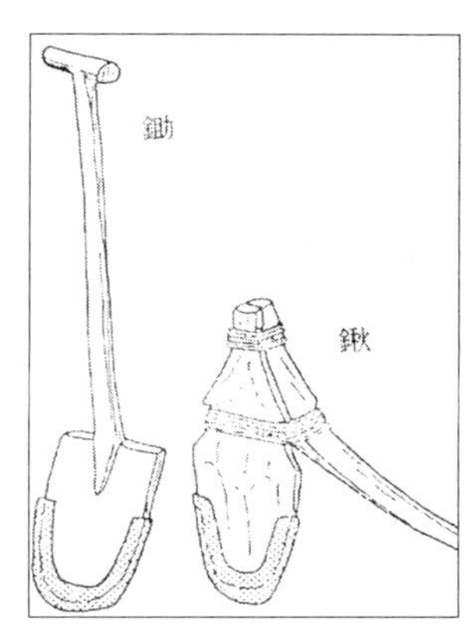

U자철제 농기구
王權184p

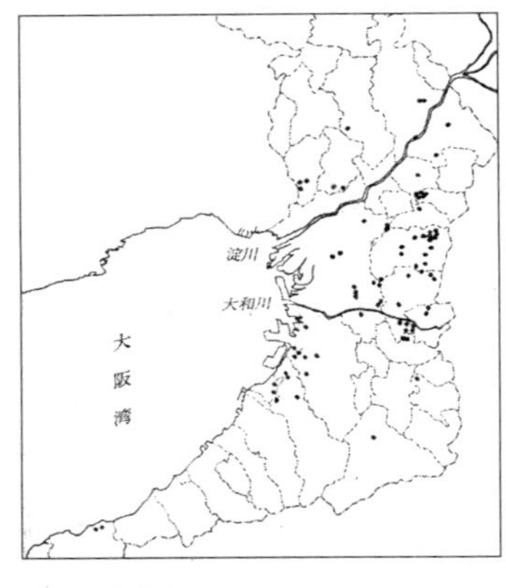

도기 가마터
왕권175 지도

밀집된 도시가 커가고, 야요이인들도 움집에서 지상가옥으로 점차 올라오는 모습이 늘어난다. 그리고 '古市大溝'는 또 한 가닥의 해외물류 유입의 중심으로 수로→나니와만→세도내해→현해탄→한반도를 있는 항로이고 동시에 생산품이 지방으로 퍼지는 기점이었다. 경제의 규모가 커지고 생업이 다양화해 감에 따라 주민들의 생활도 크게 향상되어 갔다.

　다음 그림 '가와찌의 변화'는 이때의 가와찌가 하나의 도시를 형성하고 있었던 모습을 보여주고 있다.

일본 중세의 사까이堺(和泉 모-스 중세무역도시)는 무역상업도시였는데 이것은 중세에 별안간 생긴 것이 아니라 가와찌 신왕국 시대로부터 이런 유형의 상업도시의 원형이 있어 그것이 이어져 내린 것으로 보아야 한다. 일본 중근세로 내려오면서 지방토호나 막부幕府시대의 다이묘大名(지방 首領) 등 무가武家가 각 지방에 병립 성장할 수 있었던 배경에는 그들의 수요물품, 특히 무기 무구들이 해로를 통해 유입이 계속되고 이를 본떠 재생산할 수 있는 철단야鐵鍛冶기술배경이 후루이찌에 있었다. 후대의 무가武家들이 그들의 입지상 그런 상인들을 보호하게 되고, 일본 전국시대에 사까이堺가 도검과 조총鳥銃류의 90%를 생산, 무가에 공급하였다는 기록이 있는데, 이는 철 단야기

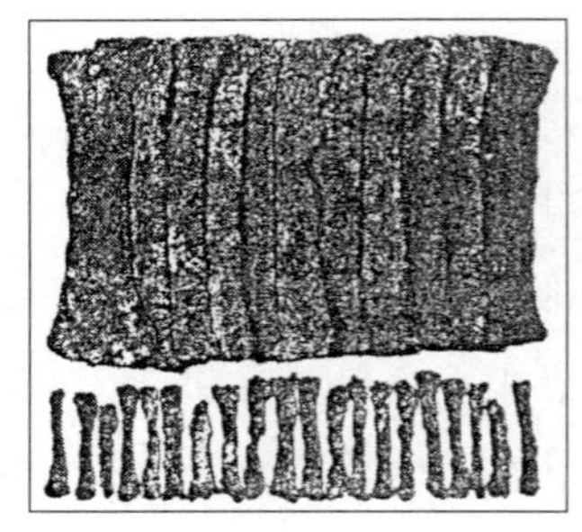

덩이쇠鐵鋌

술 전통의 특성을 가진 후루이찌의 배경이 있었기 때문에 가능했을 것이다. 주49)

고대사에 종종 비치는 야소지마八十嶋라는 지명도 가와찌의 인구가 얼마나 급속히 불어났는가를 보여주는 지명이다. 가와찌 북부의 습지와 호수를 메워 거주지를 만든 땅을 의미한다. 일본서기 인덕기仁德紀에는 이 지역에서 치수사업을 하면서 한인들을 동원하였다고 했는데, 이 한인이 백제인들임은 말할 것도 없다. 가와찌는 일본열도 내에서 고분이 가장 많이 밀집된 고장이라는데 그 고분도 백년도 채 안 되는 가와찌왕조시기에 조성된 것이다. 이 고분발생 현상만으로도 이 시기에 이 지방이 얼마나 번창하는 인구 집중지대였는가를 알 수 있다.

한편 가와찌에 들어온 백제인 피난민들은 대개 무투집단들이었는데 그들은 백제의 중 상류층에 속했던 사람들이었기 때문이었다. 가와찌 신왕국의 건설 주역들은 이 사람들이었다. 이 집단의 지도자들은 우수한 무사들로 조직된 호위 무사단을 거느리고 있었는데, 그들 자신도 역시 뛰어난 무장들이었다. 이들은 본국에서의 경험으로 나라를 세웠다. 호위무사단은 그들을 보호하고 그 능력을 발휘할 수 있게끔 보위하는 희생적 소수 충성집단이었다.

지도층의 무덤에서는 우수하고 발전된 무기와 무구장비가 출토되는데, 이 우수한 무기와 무구는 이들의 무술을 반영하는 것이고 지도자의 무예를 보장하는 것이었다. 호위 무사들도 이와 유사한 우수

대장간의 작업모습과 도구
奈良縣立 橿原考古學 研究所 부속박물관

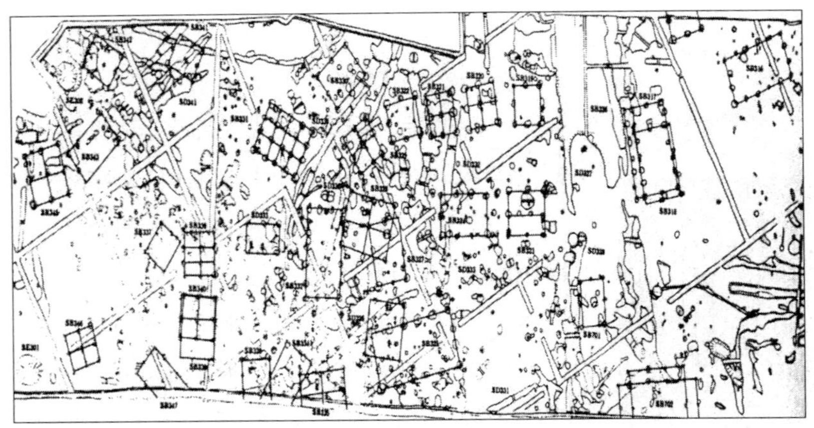

河內의 변화 「왕권」99쪽, 都市化의 모습을 갖추어가고 있다.

한 무기로 무장했을 것도 당연하다. 천황능의 배총이라는 고분에서
출토된 무기 무구들이 그 일단을 보여준다. 호위무사들은 그 주군을
결사 보위하는 충성집단이었고, 그것은 그 지도그룹이 소수이면서
일본 고대사의 무대를 주름잡을 수 있었던 능력 뒤에 있었던 보이지
않는 힘이었다. 이후 11C에 형성되는 새로운 무사단은 이 묵은 뿌
리에서 돋은 새싹의 소생 같은 것이었다고 생각한다.

日本 中世 武士團의 뿌리

일본의 平安朝는 고대국가로서 律令制 시대였다. 국가가 公卿(문관)들
에 의해 통치되고 지방은 國郡制에 의해 중앙에서 임명한 관리들(문관)
에 의해 다스려졌다. 이에 따라 무예집단은 일단 표면에서 자취를 감춘
다. 그러나 그 말기에 이르러 公卿들과 지방관리들의 부패가 심해지고,
이에 저항하는 지방토호들이 발호하면서 다시 표면으로 등장한다. 지방
토호들은 관리들의 압박과 착취를 피해가는 자구책을 강구하기 시작했
고 그 과정에서 생겨난 것이 '開發領主'라는 것이다. 지방의 토호들은
공납을 늘린다는 핑계로 개발지를 확보하고 황무지를 개간하여 토지를

넓혔다. 이들은 넓은 지역의 소출을 지킨다는 명목으로 一族과 郎党들을 모아 무장시키고 무술훈련을 시켰는데, 이것이 중세 무사단의 등장하는 효시라고 한다. 이들 무사단의 멤버들은 당장은 농민출신 이었지만 이른바 상층농민들 중에는 옛날의 무투집단에 뿌리를 가진 사람들이 가담되어있었다. 개발영주들은 이를 기반으로 무사단을 양성하고 주변의 농민들을 지배하며 영역을 넓혀 領主가 되어간다. 이들이 무사지배시대인 전국시대의 중심 다이묘大名(城을 가진 大領主)들의 전신이다. 이들은 일정의 年貢과 상납을 통해 부패한 중앙관리들을 매수해 중앙으로부터의 간섭을 피했다. 竹内理三은 그의 저서 「日本の歷史 6-武士の登場」에서 주로 「今昔物語集」(전31권 총 1천여개 이상의 例話)을 인용하고 있는데 例話 속에는 중앙과 지방관리들의 부패와 가렴주구, 농민들의 저항상 그 농민들 중에는 농구로 땅만 파는 단순 농부들이 아닌 무기를 간직하고 자신을 지킬 수 있는 무술을 지닌 자들이 있었다는 것을 보여준다. 평안조는 결국 이런 체제의 내재적 모순 속에서 서서히 무너져 갔고 그 대안으로 등장하는 것이 幕府體制라는 무사집단의 등장이다. 막부는 무사지배체제로 무사들 속에는 이런 무사농민이 무사단의 중견을 이루게 된다. 주50) 竹内理三「日本の歷史 6-武士の登場」, 中公文庫, 東京 日本

이 무사단에서 전국시대의 무가의 전형을 관찰할 수 있는데 이는 지방 토호 속에 잠재해 있던 옛날 백제 무투집단의 전통재생이라고 볼 수 있는 흔적이다. 일본 중세 전국시대에 나타난 각 수령(大名 小名)들의 호위 무사단에서 그 잔영을 볼 수 있다. 또 소수의 무사들로 주장(主君)을 최후까지 지켜내는데 유리한 천주각天主閣이란 독특한 구조를 가진 성곽의 발전도 옛 백제 무사단의 호위전술 전통과 무관하지 않다고 생각한다. 한편 고급 무기 무구의 전파가 극도로 절제된 가운데, 위의 3장 <표3>에 보는 수장의 무기와 '盾塚' 'アリ山'고분 '鞍塚' '珠金塚' 등 배총에서 출토된 무기 무구에서 그 분위기를 간취할 수 있다.

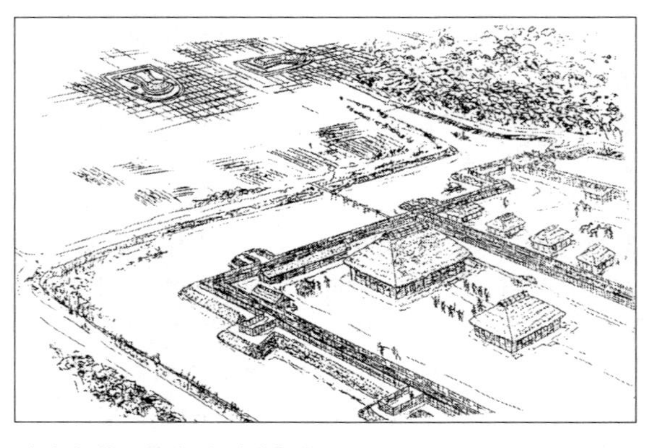

당시의 왕궁(추상)이 이랬을까?

한편, 일본에 아직 통일정부가 없는 가운데 가와찌에 인구가 집중되고 복잡한 사회(都市)가 형성되면서 이 지도그룹은 자연스럽게 정치조직을 형성하게 되었고 추대된 지도자가 곤지왕제였다. 곤지왕은 백제인들이 본국에 요청하여 건너온 것으로 보이는데, 백제인들은 곤지왕제가 건너오자 곧 그를 중심으로 신왕국을 세우게 된다. 그 시기는 5C후반쯤이다. 그 지도자가 곤지왕제였음으로 왕국 건설 작업은 신속하게 진행되었다. 지도그룹은 서로 간을 누구라고 인식할 수 있는 사이였고, 본국백제가 적극 지원했기 때문이다. 본국 백제왕이 신왕국의 초기를 격려하기 위하여 새로 세운 왜후왕(倭王, 旨)에게 훌륭한 칼(七支刀)을 만들어 하사하였는데 후세에 기리 전하라는 뜻이 담겨있다. 칠지도의 왜왕 지'旨'가 가와찌 신왕국의 왕이라고 보는 것은, 뒷장의 해설에서 해명이 되겠지만 당시 왜열도의 백제인 거주 상황으로 볼 때 백제계 왕국이 있을 수 있는 곳은 북구주와 가와찌 두 곳뿐이었다. 북구주에는 이미 3장에 나온 대로 비국(구마소)이 있다. 그 다음은 가와찌 외에는 있을만한 곳이 없다. 앞에서 본대로 가와찌의 백제인 거주상황과 유적들은 일본사의 가와찌河內 왕조가 백제인들의 나라였음을 충분히 보여주고 있다. 칠지도는 이 왕국의 왕에 내려진 칼이다. 그 전달과정은 정확히 알 수 없으나 곤지가 부임해 올 때 받아왔거나 부임 후에 보냈을 것이다. 신왕국의 초기상황으로 보이는, 일본서기 응신기의 박사들과 전문가들이 연 이어서 건너오는 것은 이 칼 명문의 취지에서 보이는 본국의 적극적인 격려가 실행되고 있음을 보여주는 것이다. 그러나 문제는 삼국사기가 곤지 문주왕의 좌평을 3개월 근무하다 국내에서 죽었다고 한 것이다. 그러나 거기에는 일본으로 건너갔다는 기록이 없다. 그리고 일본서기가 인용한 그보다 전에 쓰여진 '百濟新撰'에서는 곤지왕제가 일본으로 건너갔으나 귀국했다는 기록은 없다. 그리고 '아스까베신사'는 그가 왜로 건너가서 가와찌에서 죽었다고 볼 수 있는 사당이다. 백제신찬을 옮긴 일본서기 유략기에는 곤지가 왜로 건너갈 때 일족을 모두 거느리고 영구 정착을 준비하여 건너간 것으로 쓰여 있는 것도 그가 일본에서 죽었다고 보는 근거이다. 초기의 신사는 죽은 자의 사당임으로 아스까베신사는 그가 가와찌에 건너와서 죽어서 모셔진 것으로 보아야 한다고 본다. 뒤에 다시 상세히 나오지만 신찬성씨록에는 곤지를 '飛鳥戸郡'의 미야즈꼬國造라고 했는데 이는 당시 야마도 정부도 없었고 국군제 같은 것도 없었던 무주공산 후루이찌에서 그가 왕이었다는 이야기이다. 아스까베군은 지금 高安-古市-모스와 이시가와 골짜기가 포함되는 지역이다. 곤지왕제를 시조(이 문제는 다음 절에서 상론)로 하는 가와찌 신왕국의 건국은 이런 과정을 거쳐서 건국된 것이다. 신왕국(河內王朝)은 백제인 주민들과 백제본국이 제휴된 가장 자연스러운 방식으로 건국되었던 것이다.

　가와찌의 입지적 조건은 나라분지처럼 폐쇄적 분위기의 좁은 산골이 아니라 활처럼 넓게 휜 반월형해안이 바다를 향해 활짝 열린 평야이다. 곳곳에 접안이 용이한 포구가 있어 세도瀬戸내해의 각지 및 북큐슈와 한삼국과의 내왕이 빈번하고, 가장 중요한 것은 그 당시의 일본열도에서 보는 세계였던 한반도와 교통하는 곳이었다는 점이다.

당시 왜열도가 세계와 통하던 유일한 통로는 한반도와의 거래였고 새로운 세계로부터의 신정보 신문물을 받아들일 수 있는 주 근원이 백제였다. 신왕국의 지도자들은 국가경영의 경험자들이었고 당시의 세계정세를 잘 아는 유능한 그룹이었다. 신왕국은 그런 조건아래서 신생하고 번창하였다.

한편 가와찌와 미와三輪 두 왕국의 존재 시기나 통합과정에 대해서는 여러 가지 시각이 있다. 일본서기를 그대로 믿으려는 전통사학자들의 주장은 말고라도, 일부 사학자와 고고학자들은 '三輪山→佐紀→河內'의 대형 전방후원분의 조성된 시기순으로 미와세력이 발전해서 왕조가 이동했다는 시각이 있고, 이미 앞에 언급된 기마민족정복설과 삼왕조설은 구주세력인 응신왕이 구주로부터 처 들어와 미와왕국을 무력정복 하였다고 본다. 한반도에서 건너온 세력이 구주에서 일단 재정비 기간을 거친 후 가와찌와 나라를 정복하였다는 기본가설은 일본서기의 神武의 전승과 그의 동정東征을 근거로 한다. '기마민족정복왕조설＋삼왕조설'인 이노우에井上光貞·미즈노水野 裕의 '新기마민족정복왕조설'도 유사한 줄거리이다. 북구주의 구노국狗奴國(본가야, 狗邪韓國인들 일부가 건너가 세운 나라)의 후예 응신이 구주로부터 처 들어와 古왕조(미와왕조)를 정복하고 中왕조인 가와찌河內왕조를 세웠다는 것이 그 줄거리이다. 일본 사학계는 대체로 이 설로 정리되어가고 있다. 그러나 미즈노가 말하는 '야마도왕조의 원상'이라는 것은 미와왕조를 말하는 것인데, 이 왕조가 근기지방은 물론 기비왕국과 이즈모왕국을 무력통일 하였다는 것은 믿을 수 없는 것이다. 위 3장(주23참조)에서 검토되었듯이 미와왕조란 제사장적 족장체제로 무력통일의 동력이 없는 농경공동체였다. 뒤에서 설명되겠지만 두 왕조 가와찌와 미와는 짧은 병립 과정을 거처 흡수되었고 기비 이즈모 등의 통일은 그 후에 이루어졌다고 본다.

3) 신왕국의 시조는 곤지왕인가, 응신왕인가?

먼저 일본사학자들이 가와찌왕조(신왕국)의 시조로 보는 응신 또는 인덕을 보자.

일본서기상 응신은 가와찌의 첫 천왕으로 되어있다. 인덕은 그 다음 대이다. 그러나 이 두 사람은 일본서기 자체에서조차 그 존재상에 대해 혼란이 심하다. 그 실재성에 대해서 의문과 허구가 많이 지적되는 인물이다. 그들의 존재는 조작이 심한 기·기의 기록에 근거하고 고고학이나 그 밖의 뒷받침이 없다. 山田英雄은 그의 「日本書紀」연구에서 응신·인덕의 절대연대는 알 수 없을 뿐 아니라 그 실재를 믿을 수 없는 것이라고 지적한다. 그리고 간지干支는 5C이후부터 사용된 것임으로 백제인들의 가와찌 신왕국부터 절대연대가 존재할 수 있다. 호무다고뵤산 고분과 대산고분을 응신·인덕능이라고 하는 것은 순전히 추정이다. 그런데다 기·기의 응신·인덕기와 무덤 조성연대간에는 큰 차이가 있다. 그리고 그는 업적의 중복, 연대의 혼동과 중복, 나이 기록의 불합리와 혼란이 심하다. 그래서 응신 인덕은 허구이거나 한 사람은 없다고 보는 주장 등 많은 의문이 제기되어있다. 거기다가 고사기는 응신을 전승傳承계열인 중권에 편입시켜 가와찌왕조에서 제외시키고 있다. 이것은 고사기 편찬자들조차도 응신을 실제 인물로 보지 않았다는 이야기이다. 그래서 일본 전후사학에서도 인덕을 가라찌왕조의 첫 왕이라고 보는 시각이 많다. 이 분야 전문연구학자 마에다前田晴人는 「應神天皇の原象を解く」 '응신의 원 모습을 푼다'라는 뜻의 논문에서 "응신기에는 응신의 고유 이야기가 전혀 없다. 원 사료인 帝紀와 舊辭에 존재하지 않던 인물이며 편찬 과정에서 어떤 이유로 급조해 삽입된 사람이다"라고 지적한다. 주51) 일본서기의 응신과 인덕의 연대는 270~310, 313~399

이다. 응신의 이 연대는 이주갑(120년)이 인상된 것이라고 함으로 이를 인하해 보면 연대(應神390~430→仁德430~517)가 되어 다음대인 이중履中의 연대 405년을 넘어서 '履中·反正'의 연대가 실종된다. 또 고사기에는 응신의 90세에 등극해 130세에 사망하고, 인덕은 83세에 죽었는데 재위기간87년이나 된다. 나이들이 비현실적이고 연대가 중복되고 뒤죽박죽으로 조작된 흔적이 역력하다. 마쯔오히까루 松尾 光라는 일본고대사학자는 전문연구지 '역사독본'에 발표한 논문 「聖帝·仁德の實在性をめぐつて」'인덕의 실재성에 대해서'에서 "인덕이 존재하지 않았던 인물이며 응신의 치적이나 인격으로부터 분리 조작된 인물이라고 본다."고 했다. 주52)

이즈미의 모·스에는 최장 150m이상의 대형 전방후원분 7기가 있는데 어떤 것이 기·기가 말하는 인덕능인지 알 수 없어 방치되었다가, 현재 '大山'고분을 그의 능이라고 지정한 것은 에도江戶시대라고 한다. 어떤 고증이 있은 것이 아니라 천황의 능은 가장 큰 것으로 한다는 추정에 의한 것이다. 따라서 고고학계에서는 응신능 인덕능이란 용어를 쓰지 않는다. 어묘산고분 대산고분으로 부른다. 결국 가와찌왕조(일본서기의 응신왕조)란 5, 6세기에 가와찌 후루이찌에 존재했던 백제인들의 신왕국에 덧 씌워진 일본서기의 조작이라고 볼 수밖에 없다.

한편 이미 앞에 나왔지만 일본서기는 백제신찬을 인용한 웅략기에서 개로왕의 왕제 곤지가 다섯 아들과 달린 가속 종속 등 큰 집단으로 건너와(461년) 이시가와 골짜기(河內 飛鳥村)에 정착한 것은 확실하다. 곤지를 모신 신사가 이 골짜기의 가장 북단에 있고, 이 집단이 가와찌 백제인촌을 이룬 사람들이다. 시조를 가장 북쪽에 모시는 것은 가와찌왕조 이후의 일본왕조의 관행인데 백제왕실과 귀족들의 관행에서 비롯된 것이다. 아즈까천飛鳥川이 흐르는 강변을 따라 백제인촌 가와찌 아즈까촌이 들어앉았고, 마을 가운데에 곤지왕의 사당, 뒷산에는 공동묘지 아스까천총이 있다. 그 뒤에 목만치 일가도 들어와 정착했다. 이 마을이 후루이찌古市형성의 기점이고, 신왕국의 발상지였다. 신찬성씨록에 곤지를 飛鳥戸郡의 미야즈꼬(造, 郡의 首長)라고 했으나 이것은 아직 일본에 중앙정부가 없는 때임으로 성씨록이 소급해 적용한 호칭이고 단지 아스까베의 수장이란 뜻이다. 이곳, 백제인 집단의 왕이었다는 말과 같은 것이다.

[琨支王弟略史]

　　일본서기-雄略紀 5년(461)4월조는 개로왕제 琨支가 왕의 명을 받아 그의 다섯 아들과 함께 야마도倭로 가 왜왕을 섬기라는 명을 받았다는 기사가 있다. 雄略紀의 근거는 註記[百濟新撰云 辛丑年 蓋鹵王遣弟琨支君 向大倭…]이다. "백제신찬에 말하기를 신축년(461)에 개로왕이 왕제 곤지를 倭로 보냈다"라고 해석된다. 웅략기에는 뒤에 곤지의 아들 末多(東城)만이 귀국하고 곤지의 귀국기록은 없다. 그러나 삼국사기 백제본기에는 곤지가 일본에 간 기록은 없고, 본국에서 좌평으로 3개월 근무하다 죽었다고만 했다. 문주왕기의 이 기사는 너무 짧고 뒤에 삽입된게 아닌가 의심되는 소략한 것이다. 혹시 王父가 外地에서 죽었다는 것을 기록하지 않는 어떤 터부 같은 기피관례가 있었던 것은 아닌가 의심되는 대목이다. 그리고 동성왕기(479-501)에는 왕이 「文周王弟 昆支之子」라고 나와 있어 웅략기의 개로왕제라는 기사와 틀린다. 그런데 백제신찬에는 곤지가 왜로 향했다고 했는데 삼국사기는 왜 없는가? 일본서기 웅략기에는 개로왕이 곤지를 왜로 보냈다고만 했는데, 생각건대 백제신찬에는 곤지가 가와찌 왜후왕(七支刀의 백제 왜왕 흡) 기록이 원래 있었는데 일본서기가 어떤 이유로 이런 사실들을 조작했거나 기록하지 않은 것 같다. 그러나 新撰姓氏錄의 찬자는 그 右京諸蕃百濟項에서 곤지가 아즈까베군의 미야즈꼬國造였다고 했다. 이는 곤지가 신왕국의 왕이었다는 말과 같다. 飛鳥戸郡은 원래 아스쿠군安宿郡(泉모스 古市 古安이 포함된)이고 아스까

베신사는 安宿郡 중심세력 백제인이 奉齊하고 모이던 근거지였다고 성씨
록에는 쓰여 있다. 이는 백제인들의 신왕국의 건설배경 으로 볼 수 있다.

곤지왕제가 일본에 건너간 시기(雄略기, 461)에는 야마도왕조(大
倭)라는 것은 없었다. 유명한 칠지도는 백제대왕(개로왕 추정)이 왜
후왕(旨, 곤지 추정)에게 나라를 잘 다스리라는 의미의 명문을 새겨
하사한 칼인데 그 명문에서 말한 왜후국이란 가와찌 신왕국이라고
볼 수밖에 없다. 당시의 倭열도에 중앙정부는 없었고 북구주·기비지
역·기내 등 세 곳에 독립된 정치세력이 병립되어있었는데, 그중 칠
지도가 말하는 백제의 왜후국이 있을만한 곳은 백제인 거주상황으로
볼 때 두 곳이 있다. 북구주의 서북부와 오사까만의 가와찌(飛鳥戸-
古市)이다. 북구주에는 이미 3장에 설명된 후나야마船山의 구마소국
이 있다. 칠지도와 같이 명문이 있는 칼을 하사 받은 나라이다. 그
럼으로 칠지도라는 칼을 또 받을 '倭侯國'은 가와찌(古市)의 신왕국
외에는 그럴만한 곳이 없다.「新撰姓氏錄, 右京諸蕃氏 百濟項」에서
말하는 곤지왕을 '飛鳥戸郡' '造'라고 한 것은 바로 이 칠지도 명문
이 말하는 왜후왕이 가와찌의 신왕국의 왕이었다는 것을 말하는 것
이다. 당시에 그곳은 미와왕조의 땅이 아니었고 또 국군제도 없었음
으로 '造'란 그 지역의 왕을 9세기에 편찬된 신찬성씨록이 소급하여
표현한 것에 지나지 않은 것이다. 성씨록은 일본서기의 하부문서이
기 때문에 왕이라고 쓸 수 없어 미야즈꼬造라고 한 것이다. 웅략기
는 5C에는 있지도 않은 야마도大倭왕을 말하고 곤지가 그를 섬기러
왔다고 했지만 그런 말은 백제신찬에는 원래 없었을 것이다. 만일
그것이 사실이라면 곤지가 가야할 곳은 대왜왕이라 주장되는 유랴꾸
의 궁이 있었다는 나라奈良의 구로자끼(櫻井市 黑崎)로 가야 한다.

그러나 곤지일행은 나라(黑崎)에는 간 일이 없으며 가와찌로 갔다. 나라에는 곤지가 갔다는 어떤 기록도 유적도 없고, 가와찌 아스까에만 그의 기록과 유적이 남아있다.

그럼으로 일본 고대사를 읽으면서 일본서기의 함정에 빠지지 않기 위해 항상 기억해야 되는 것은 5C말의 일본고대사에서 야마도왕조라는 것은 없었고 미와왕조란 제사 공동체가 있었을 뿐이었다는 점이다.

가와찌 신왕국의 첫 왕을 곤지왕(응신을 곤지로)이라고 볼 때 문제가 될 수 있는 것은 연대이다. 일본서기의 응신연대와의 사이에 약70년의 시차가 있다. 그러나 위에서 본대로 일본서기의 응신의 연대는 신빙할만하지 못하다. 그리고 일본사학자들은 고대사에 중국사서에 나오는 구주사를 야마도왕조사에 편입하려는 의도 때문에 연대를 항상 끌어올린다. 그럼으로 일본사서들의 연대는 기준이 될 수 없기 때문에 고고학적 자료에 의존할 수밖에 없다.

신왕국의 왕능들로 추정되는 '譽田御廟山古墳'이나 '大山고분' 등을 포함하는 후루이찌·모-스의 대형 전방후원분들의 조성연대는 5C말 이후에 축조된 것들이다. 이 고총고분들을 가와찌왕조의 왕능들로 보는 이상 곤지왕 연대도 여기서 찾아야 하는데, 그 연대가 이 신왕국의 연대와 아주 잘 합치된다. 호무다어묘산 고분의 축조연대는 5C말에서 6C초로 추정된다. 곤지왕의 연대와 아주 일치한다.

이 고분을 곤지왕의 능으로 보지 않는다 하더라도 왕능 규모가 대개 비슷한 가와찌의 대형 고분들을 가와찌왕조의 왕능들로 볼 수밖에 없는데 그렇게 본다면 「곤지 신왕국 시조」의 연대에는 무리가 없다.

칠지도의 명문해석은 종전의 일본 사학계에서는 백제왕이 왜왕에게 헌상하였다고 하였다. 대도 명문의 하향문과는 통하지 않는 억지해석이다. 근래에 와서 그 반성이 보이는데, 그래서 다음의 해석은

七支刀

七支刀와 倭王 旨와 琨支王

아래의 七支刀 명문 해석에서 알 수 있듯이 '倭王 旨'가 곤지라는 것은 아주 자연스럽다.

北畠親房가 '神皇正統紀'에서 말한 백제관계 문서 소각이나, 續日本紀 光仁과 桓武대의 고문서 소각령은 백제신찬같은 고증문서를 없애기 위한 것이었다. 그렇지 않다면 일본서기 편찬 후 百濟三書가 왜 모두 자취를 감추었는가? 이해할 수 없는 일이다.

주목할 만 하다. 일본고대사 전문 연구지 「歷史讀本シリズ」에 종전과는 다른 원문에 가까운 해석을 발표하고 있어 놀랍다. 전후사학의 반성된 논조로 보인다. 칠지도 명문의 요지는 백제대왕이 왜 후왕(속국왕)에게 내린 칼이며 후왕을 격려하는 내용으로 되어있다. 새로이 나라를 열었던 작은 속국왕(왜왕 旨)에게 용기를 주려는 격려문이다. 여러 가지 정황으로 볼 때 그 후국은 가와찌의 신왕국을 말한다. 따라서 왜왕 '旨'는 곤지왕으로 보는 것이 가장 맞는 해석이라고 본다.

「七支刀 銘文」

「泰[和]四年[五]月十六日丙午正陽造百練[鐵]七支刀[生]辟百兵宜供供侯王□□□□作[先]世[以]來未有此刀百濟[王]世[奇]生聖晋故爲倭王[旨]造傳[示]□世」.

다음은 일본고대사연구지 '歷史讀本 시리즈' 별책 「古事記·日本書紀の謎」에 게재된 '칠지도 해석'이다.

「泰和4年4月11日の丙午の日の正午に，何度も練つた鐵の七つ切先
をもつ刀をつくつた。それは百兵(多くの敵)をさける呪力をもつ
ものである。侯王(屬國の王)に與えようとして□□□(3字不明)がつ
くつた。昔からこのような刀はなかつた。百濟王の太子が高貴な
る晋(東晋)の御世に世をうけたので，倭王の旨(人名)のためにこの
刀をつくつた。どうかこの刀を永く世に傳えて、後世の人びとに
みせてほしい」 주53)

우리말 풀이 "泰和4년4월11일 正午에 몇 번이나 단련한 철로 7개의
날을 가진 칼을 만들었다. 그 칼은 百兵을 물리칠 수 있는 呪力을 가지
고 있다. 侯王(屬國의 王)에게 주려고 □□□가 만들었다. 옛 날부터
이런 칼은 없었다. 백제왕의 태자가 고귀한 晋(東晋)의 世에 生을 입었
기 때문에 倭王 旨((人名)를 위하여 이 칼을 만들었다. 부디 이 칼을
기리 후세에 전하여 후세인들에게 보였으면 좋겠다."

晋에 관계되는 구절을 빼면 아주 원문에 충실한 해석이고 이 칼
을 받는 사람이 백제의 속국왕인 왜왕 '旨'라고 솔직히 인정하고 있
다. 이 해석에 따르면 백제왕이 내리는 것임으로 이 왜왕은 백제의
후왕이고 왜(일본열도)에 있는 것이 명백하다. 이에 대해 비교적 중
립적 해석인 북한학자 김석형의 해석도 비교해보자.

"泰和4년5월16일정양에 백번이나 단련하여 만든 이 七支刀는 百兵을
피할 수 있고 侯王에게 줄만한데 선세 이래 이런 칼이 없었다. 그래서
백제왕세에 살던 사람 성진(聖晋, 사람 이름)이 이 칼을 만들어 왜왕(旨)
에게 준다. 후세에 기리 전하라" 주54)

일본 사학자의 해석 중 '백제왕의 태자' 해석에 대해 김석형은
"奇를 子로 읽어 世子 또는 太子로 해석할 수 없고, '東晋'의 연호
는 '太和'임으로 '泰和'일 수 없다고 했다. 이 해석은 맞는 말이다.

그 두 점을 빼면 두 해석은 대체로 일치하며, 특히 칼을 받는 사람을 '백제의 속국왕 지'라는 해석이 일치한다. 일학자의 해석이 이외로 원문에 더 충실하다. 여기서 중요하게 지적하고자 하는 대목은 일본 학자가 처음으로 이 칼이 '백제가 그 속국屬國인 왜 후왕에게 내리는 칼'이라고 바르게 해석했다는 점이다. 칼을 받는 왜왕 지읍가 백제의 속국의 후왕임을 일본 사학이 처음으로 분명히 한 것이다. 일본사학은 그동안 '백제왕이 일본왕에게 헌상했다'는 어이없는 역해석을 해왔다.

그리고 연호 '泰和'는 '太和'일 수 없다. 일본학자들의 주장대로 '東晉'이 백제의 상국이었다면 상국의 연호 '泰和'를 '太和'로 잘못 썼을 수 없고, 더구나 일부 일본 전통사학자가 주장하는대로 백제가 '晉'이 보내는 칼을 전달하는 것이라면 '晉'이 자신의 연호를 잘못 쓸 수가 있겠는가? 그 연호는 백제의 연호로 보아야 한다. 고구려가 이미 독자연호를 사용하고 있었기 때문에, 고구려와 경쟁의식이 강했던 백제가 독자연호로 '泰和'를 썼다고 보는 것이 타당하다. 칼 전래연도는 대개 곤지가 건너간 이후이거나 곤지 자신이 백제를 떠날 때 하사 받아 가지고 건너갔을 가능성이 크다. 일본서기에는 진구神功52(252)년에 '칠지도'가 일본에 제공되었다고 했으나 물론 이런 기사는 역사적 사실과는 관계없는 것이다. 일 학계에서도 이는 무시되고 태화를 '東晉'의 연대로 해석하면서 칠지도가 왜에 제공된 연대를 369년이라고 하여왔다. 그리고 이 칼의 명문에 있듯이 백제대왕이 '倭土'에 있는 후왕에게 내리는 칼이라면 당연히 이 왜 후왕이 있는 왜가 어디이며 왜왕 지가 누구이냐가 가장 큰 문제인데, 왜후왕이 있는 곳은 당연히 왜열도이다. 그렇다면 이미 언급된 바와 같이 당시의 왜열도에 백제후국이 있을 수 있는 곳은 백제인

들의 이주상황에서 볼 때 북구주와 가와찌河內 두 곳뿐이다. 북구
주를 제외하면 그 다음으로 백제인 집단거주 규모가 가장 크고 여
건이 조성되어있는 곳은 가와찌(＋攝津·和泉)이고 칼도 기내(나라)
의 ‘石上神宮’에 와 있다. 가와찌가 5C의 백제인 활동의 중심지였
고, 곤지가 다섯 왕자와 갔던 왜이다. 따라서 칠지도의 명문에 나타
난 ‘倭 侯王 旨’는 가와찌 신왕국의 왕 곤지로 보는 것이 가장 타
당하다고 본다.

가와찌왕조를 주로 연구한 일본 중견 사학자 ‘門脇禎二’교수는
곤지왕에 대해 다음과 같이 말한다. “5C말에 시나가다니磯長谷(河
內石川 골짜기)에 일대변화를 가져오는 사건이 일어나는데 그것은
곤지왕이란 조선(백제)의 왕족이 이 골짜기에 그 가족 일가종속을
거느리고 그 가장 북쪽에 정착한 일이다. 그곳이 가와찌 아스까河內
飛鳥이며, 그가 아스까베飛鳥戸신사의 제신이다. 그의 일행은 다섯
아들과 가속 종속 등 큰 집단이었으며 이 집단이 가와찌 역사(왕국)
의 근원이 되었다”고 했다. 주55) 가도와끼 교수의 이 지적은 신왕
국이 시나가다니에서 시작되어 후루이찌로 발전, 가와찌 신왕국이
건국되었음을 완곡히 표현하고 있는 것이다.

일본고대사를 가야사와의 연관 속에서 접근하고 있는 ‘이설異說
응신시조론’을 하나 보자.

사와다요따로澤田洋太郎는 가야사를 전공한 학자인데, 응신이 백
제 왕태자 전지의 아들이라고 한다. 응신의 모후 진구神功와 얽혀있
는 ‘竹內宿弥’의 실체는 백제 아신왕(阿莘王, 392-405)의 태자 전지
腆支라는 것이다. 응신은 그의 아들이며 전지태자가 태자시절 왜倭에
인질로 가 있었다고 삼국사기에 나온다. 그러나 전지왕자는 인질이 아
니었다.

直支王子

　일본서기 웅신기8년3월조에는 백제기를 인용한 다음과 같은 기사가 있
다. 「百濟記云, 阿花王立无禮於貴國, 故脫枕弥多禮, 及峴南·支侵·谷
那·東韓之地, 是以, 遣王子直支于天朝, 以攸先王之好也」. 백제기에
말하기를 아화왕이 설 때에 왜(貴國)에 결례한 것이 있어서 아국의 침미
다례 등을 빼앗겼으나 이를 위해 직지(전지)왕자를 왜(天朝)에 파견하여
수호를 도모하여 해결하였다는 것이다. 이 문장에서 어떤 해석으로도 직
지왕자가 인질이었다고 해석될 수 없다. 아 화왕기를 보더라도 왜에 인
질을 보낼 상황이 없는데, 왜 김부식이 삼국사기에서 전지를 인질이라고
했는지 알 수 없다. 여기 왜를 貴國이나 天朝로 표현한데 대해서는 서
기의 찬자가 과장 조작했다는 설, 백제가 왜를 부추기기 위해 썼다는 설
등이 있어 불분명한 부분이다.

　사와다(澤田洋太郎)는 전지태자가 구주에서 활동했으며, 일본서기
의 불확실한 거인 다께우찌스쿠네이며, 사실은 전지태자의 정체라고
본다. 일본서기상의 다께우찌스쿠네는 ‘景行 成務 仲哀 應神 仁德
의 5대에 걸쳐 중신으로 활동하는 인물이지만 사실은 가공이라는 것
이 통설이었다. 과장되고 250살이나 사는 불확실한 면이 많은 가공
인물이지만 일본서기에서는 쥬아이仲哀와 진구대에 나라를 거의 도
맡아 경영 하였다는 거인이다. 진구기의 모든 업적은 이 사람에 의
해 시행되었다. 일본서기의 그가 실재성을 의심받고 있는 것은, 사와
다에 의하면, 이 사람의 실체가 백제 전지태자인데 일본서기가 다께
우찌스쿠네로 둔갑시키면서 그의 존재상이 뒤범벅으로 중복 투영되
어 그렇다는 것이다. 주56) 사와다는 전지태자가 북구주로 건너가
다가와군田河郡(福岡縣東部)가하루香春의 유력한 여사제女司祭(무
녀) ‘오끼나가오히메’를 아내로 맞았는데, 그 사이에서 태어난 아들
이 응신이라고 한다. 응신은 그녀의 세력기반을 토대로 가와찌왕이

되었다는 것이다. 그녀가 바로 일본서기의 진구神功왕후의 정체라는 것이다. 이러한 정황들을 증명하는 것이 가하루신사香春神社와 다께오신사武雄神社라고 한다. 가하루신사의 제신명은 「香春岺三山神 辛國息長大姬」이다. 바로 진구神功왕후의 본명이다. 이 神社는 田河에 현존한다. 그녀는 다가와田河군에서 신망있고 큰 영향력을 가진 무당이었다. '가라구니辛國' = '韓國'이고 신라를 뜻한다. 고사기는 신라왕자 아메노히보꼬'天日矛'가 그녀의 5대조라고 한다. 따라서 '神功'의 근원은 신라가 되는 셈이다. 전지태자는 그녀와 혼인함으로서 구주세력의 배경을 가지게 되고, 그 세력을 바탕으로 그는 응신을 가와찌로 진출시켜 가와찌의 실력자 호무다마와까譽田眞若의 사위가 되게하여 가와찌왕국을 세운다는 것이다. 고사기는 응신의 장인이 된 호무다마와까를 후루이찌에 근거하는 호족이고, 일본서기상 12대 게이꼬景行의 손이라고 하고 있다. 주57) 게이꼬 부분은 기·기의 조작일 것이다.

한편, 서부 후꾸오까 다께오시武雄市에는 다께오신사武雄神社라는 다께우찌스쿠네를 제신으로 하는 식내신사가 하나 있다. 이 신사에는 다께우찌스쿠네를 주신으로 하고 그 배신陪神으로 '쥬아이仲哀'와 '진구' 응신 세 사람이 그 옆에 배좌 되어 있다. 어떻게 천황과 황후가 그 신하의 옆자리에 배신으로 배좌 되어 있는가? 일본서기의 정신으로나 야마도왕조로 볼 때 도저히 있을 수 없는 일이다. 어떤 사유가 천황과 황후를 신하인 다께우찌스쿠네의 배신으로 앉아 있게 하였는가? 그 이유에 대해 사와다는, 다께우찌스쿠네는 백제의 전지腆支태자이며 진구는 그의 처이기 때문이라고 한다. 이 뒤바뀐 진구의 위상은 그녀가 전지태자(武內宿弥)의 처였다는 것을 증언하고 있다는 것이다. 주58) 이 이야기도 응신이 백제 전지왕의 아들이라는 주장임으로 또 한 가닥의 백제인 가와찌 신왕국설이라고 할 것이다.

한편, 보통 인덕능으로 불리는 '大山고분'의 바로 아래 모-스하찌만궁百舌鳥八幡宮이라 불리는 신궁이 하나 있었다. 이 신궁은 '和泉神名帳'에도 기록된 '式內大社'인데 그 제신이 '百濟公'이라는 백제인 이었다. 이 일대는 앞에서 언급된바 있지만 이 신사를 중심으로 1백여기의 고분이 있고 이즈미의 백제인촌이 근처에 둘러있다. 이 무덤들은 백제인 마을의 공동묘지였다. 마을이라고 했지만 이 백제인촌은 그냥 '백제'라고 불리는 국군제 실시 후의 백제군이 될 정도의 큰 지방 이즈미 백제이다. 상당히 큰 백제인 집단이 있었던 곳이다. 그런 정황으로 볼 때 대산고분은 백제인촌과 백제인 무덤 한 가운데 묻혀 있다고 할 수 있다. 이런 주변 사정과 하찌만신궁의 제신이 백제공인 것과 관련지어 볼 때 대산고분에 묻혀있는 사람이 백제공이라고 보는 것은 자연스럽다고 생각한다. 이미 앞에 언급되었지만 이 부근에는 직경 150m이상의 대형 전방후원분이 7개 있는데 그중 대산능을 인덕능이라고 궁내청이 지정했지만 그 근거는 없고 다만 크다는 이유 하나 뿐이다. 인덕능이 지정된 후 어떤 과정을 거쳤는지는 알 수 없지만 그후 '八幡神宮'은 퇴락하여 지금은 '百濟社'라는 초라한 고신사로 남았는데 그 사유도 궁금하다. 백제공의 유적을 지우려는 전제작업임이 분명해 보여 불안해 지는 것이다. 이즈미에는 지금도 백제천 백제교 등이 남아있고 백제국민학교가 II차대전전까지 있었으나 지금은 이름을 바꾸어 어느 것이었는지 모른다. 그 옛날에 백제로 불리던 시기에 많은 백제인들이 모여 살던 백제촌이었음은 짐작된다. 이러한 정황과 인덕능에서 출토된 유물들을 볼 때에도 이 대산고분의 주인공은 백제인으로 보는 것이 순리인 것 같다. 주59)

4) 가와찌 왕조는 일본왕조의 첫 왕조

일본의 역사시대가 시작되는 것은 가와찌 신왕국시대이다.

이노우에미쯔사다井上光貞 교수는 그의「日本國家の起源」에 다음과 같이 쓰고 있다. 주60)

> "응신조는 일본역사상 획기적인 시대였다. '應神·仁德·履中'(일본서기 河內왕조의 왕들)의 세 왕능은 일본고대 천황제 확립의 기념비이다. 나는 황실계보를 여러 모로 분석해 보면서 응신이야말로 그 실재가 확실한 최古의 첫 천황이라는 것을 증명하고 있다고 생각하며, 나아가 (응신은)新왕조의 시조일 것이라고 믿는다. 그는 고바야시유끼오小林行雄의 '古墳時代の硏究'를 인용 "고분시대의 고분이 전기와 후기가 뚜렷한 차별성을 가진다는 것을 발견한 것은 전후 고고학이 이룩한 최대의 성과라고 생각한다." 고도 했다.

미와왕조라는 것이 전사적 제사장적 공동체에 지나지 않고 가와찌 왕국이야말로 확실한 실체가 있는 야마도왕조의 첫 왕조라는 것을 말하고 있는 것이다. 미쯔사다는 일본사학의 태두로 인정받는 학자이다.

5) 세발가마귀와 무령왕능·大山고분·船山고분 유물

공주 무령왕능과 구마모도의 후나야마船山고분, 이즈미 모-스의 대산고분 세 무덤에서 나온 유물들은 모두 백제유품이다. 그 중 무령왕능의 금동신발과 대산고분에서 나온 '金銅鳳凰紋環頭大刀 把頭'에는 세발가마귀 부조가 있다. 이 세 고분에서는 수대경獸帶鏡이라는 똑같은 동거울이 하나씩 나왔다. 이 고분들의 부장품들, 왕관 금동신발 환두대도와 마구, 청동경 등은 모두 백제의 수준 높은 공예기술품들로 당시로서는 최고로 귀중한 유물들이다. 이 세 무덤의 주인공들이 동족이던가 아니면 이에 준하는 신분이 아니라면 이런 유물을 공유할 수 없는 것들이다. 그들은 동시대에 살았지만 한반도와 북구주 가와찌 등 수천리의 타지에 바다를 사이에 두고 멀리 떨어져 있었다. 그런 이들이 한 곳에서 한두 개 밖에 만들지 않았을 이 귀중품들을 어떻게 공유하게 되었는가? 무덤들 소재지는 백제→북구주→가와찌라는 백제인들의 일본진출 방향의 흐름 속에 있다. 위의 세 무덤유물상황은 화살표의 방향으로 움직인 백제인들의 진출과 밀접한 관련이 있다. 백제인들은 일직부터 서북구주로 진출하여 구마소국을 세웠고 근초고왕의 신라 공략전에서는 이 나라(구마소)의 군대가 동원된바 있다. 신라공략 실패 후에는 백제인들은 주로 가와찌로 진출하였다. 후나야마船山고분이 있는 구마소국은 일직부터 '곰나루'의 백제인들이 건너가서 세운 나라였다는 것은 앞(I의 3(熊襲國)에 상세히 설명된 바와 같다. 후나야마고분 유물들은 그 주인공이 인근(肥國, 佐賀+長崎+熊本)을 지배하는 백제후국왕이었다는 것을 증언하고 있는 것이다. 가와찌의 신왕국 또한 백제인들이 세웠다. 이 유물들은 이러한 역사 상황을 증언하는 것이다.

세발가마귀와 武寧王陵·大山陵·船山古墳의 부장품

'大山고분'에서는 갑주 대검 대도 동거울 등이 나왔는데 그중 '金銅鳳凰紋環頭大刀'의 '把頭'(美국 포스톤 박물관)에는 선명한 '三足烏의 浮彫'가 있다. 공주 무령왕능의 금동 신발(飾履)에도 같은 '삼족오 浮彫'가 있다. 이것은 集安의 오회분 벽화와 평양 진파리출토 금관모 부조의 '三足烏'와 똑 같은 고구려의 상징물이다. 또 인덕능의 환두대도의 환두와 船山고분 출토 금동관과 금동환두대도의 환두에는 용봉문 투조가 있다. 이 관모의 모양과 용봉문 투조는 공주 수촌리와 서산 부장리 익산 입점리에서 나온 백제 금동관과도 같은 것이다. 이 용봉문투조는 백제 금동제품의 특징이다. 또 이 세 고분에서는 똑 같은 '獸帶鏡'이 하나씩 나왔

다. 이 무덤의 주인공들이 모두 한 계통 사람이었음을 보여주고 있는 것
이다. 그리고 船山고분 大刀의 은상감명문에는 백제대왕이 이 칼을 왜
후왕(고분 주인공)에게 내린다는 명문이 새겨져있다. 奈良 天理市 石上
신궁에 있는 '七枝刀' 금상감명문에도 백제대왕이 왜후왕에게 그 칼을
내린다는 명문이 있다. 이 세 왕능은 거의 같은 시기(大山고분5C후반-
말·船山고분 5C후반-6C초·무령왕릉 6C전반, 수촌리 4호고분 5C전반)의
것이다. -고구려왕관, 조선고고학개요, 북한사회과학원 고고학연구소편

고구려의 세발가마귀와 백제의 봉황문 투조 금동관모

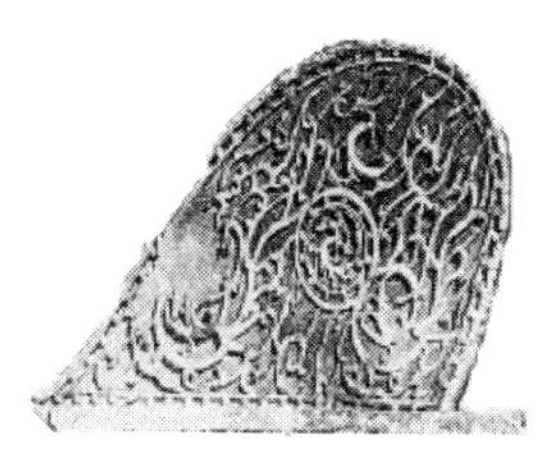

평양 진파리왕관

일본축구협회 emblem

수산리 왕관(관모)

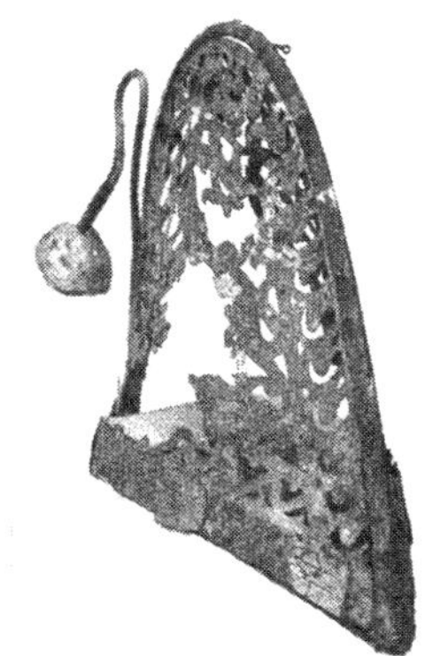

船山고분 왕관(관모)

그런데 어떻게 일본축구협회의 상징물이 세발 까마귀인가?

생각건대 일본 사학자들의 머리 속에는 일본족 지배층이 부여족의 후예라는 이 깊이 잠재하고 있는 것 같다. 자신들의 조상들이 키 작고 못생긴 '죠몽인'이기보다는 고대의 강대국이며 중국과 대결하고 만주 평원을 말달리며 누비던 키 크고 용감하고 잘생긴 고구려인들의 후예이기를 간절히 바라는 열망이 깔려있는 것이다. 그 마음을 일본고대사·연구서들(日本書紀, 江上波夫의 騎馬民族國家, 水野 裕의 三王朝說, 渡辺光敏의 日本天皇渡來史, 澤田洋太郎의 伽耶는 日本のルツ) 등에서 분명히 읽을 수 있다. 거기서 그들의 조상(일본족의 지배층)은 한결 같이 부여족夫餘族이다. 일본 축구협회의 emblem은 그 정신이 현대버전을 보여주는 것이어서 놀라울 뿐이다.

6) 천황족의 고향은 고령 가야, 천황족 일본열도 '移民記'

가야인 등의 일본열도 진출과 관련하여 흥미 있는 이야기는 기·기의 팔주八洲탄생이야기이다.

기·기에 나오는 오야시마大八洲 탄생과 천손강림 이야기는 신대기라는 신화형식이지만 천황족과 천신족이 가야에서 일본열도로 이민가는 상황이 그려진 이야기이다. 마치 큰 피난민 집단이 한반도에서 전란을 피해 큰 배에 타고 현해탄을 건너는 모습이지만 천황족이 가야를 떠나 일본열도로 건너가는 긴 세월의 이야기를 담은 재미있는 줄거리이다.

가야를 떠난 이민단은 현해탄을 도해하여 일단 '대마도'에 내려서 거기 머물면서 8개의 지단으로 나뉘어 대마도 이끼도一伎島 북구주에, 다른 2개단은 북해(고려해)쪽으로 가서 오끼隱伎섬과 사도佐渡섬으로, 남은 집단들은 세도나이카이 연안의 각지로 진입하는 줄거리이다.

이 신화에서 주목할 만한 대목은 이 이민단의 이동을 지휘하는 신과 8개의 지단이 진출하는 땅과 그 지명이다. 이 이민단을 총지휘하는 신은 '가야신'으로 '이자나기노미꼬도伊弉諾尊'이다. 그리고 그 이민단 중 천손天孫 '니니기노미꼬도'가 속한 천황족을 지휘하는 신은 다까미무스비신高皇産靈尊인데, 이 신도 가야의 신으로 천손을 쯔꾸시(北九州)에 내리게 하고, 최종 목적지 나라奈良로 진입케 하는 소위 「천손강림」과 이즈모국 양국讓國을 지휘한다. 이 신은 가야(高靈)의 산신령이다. '이자나기신'은 기·기에서는 일본열도를 탄생시키는 창조신이지만, 한국의 역사지리지 '동국여지승람'에서는 대가야의 별명인 미오야마彌烏邪馬국의 왕 이진아기'伊珍阿鼓'라고 나온다. 鼓는 기로도 발음 될 수 있다. 伊壯諾과 伊珍阿鼓는 음차자(音借字)임으로 어차피 '이자나기'를 한자화한 것이다. 주61) 고사기의 '이자나기신' 대팔주 탄생 설화에서 이민단은 각 지단이 '갈려나간다'는 분파의 뜻인 와께(別, ワケ)라고 하였는데, 각 지단이 이동해 갈 고장을 지정하는 것이기도 하다. 기·기는 이자나기노미꼬도(伊弉諾尊, 伊珍阿鼓)가 이민단 이동을 지휘한 곳을 「オノ그ロ섬島」이라고 했다. 일본 사학자들은 그 섬을 대체로 동북구주 앞 바다에 떠 있는 오끼섬'沖の島'이라고 한다. 이 섬과 해안 사이에 있는 대도섬, 그 건너 해안

沖ノ島地形図

항해안내소 '오끼섬'

무나가다宗像에 이 무대의 세 여신 아마데라스대신天照大神의 세 딸을 모신 신궁이 있다. 이 여신들은 항로안전과 안내를 맡는다고 일본서기 신대기 6단(瑞珠盟約)과 일서(2)에 나온다.

이 섬의 산정에는 4C-8C 사이의 제사터가 있고 거기서 제사에 바친 많은 공물이 출토되었다. 이미 앞에 나온 전북 부안의 신당 죽막동 '壽成堂'과 같은 성격이다. 섬 하단 입구에는 아마데라스대신의 큰딸, 항해의 신 이찌끼시마히메市杵島姬의 신궁이 있다. 이 섬은 바위산으로 이민단이 기착하여 머물만한 터전이 없는 협소하고 험한 바위산이다. 이자나기의 열도탄생 근거지로 상정하기에는 너무 조건이 불비하다. 배가 접근하기 어렵고 많은 인원이 들락거리며 잠시라도 머물만한 평지가 없다. 또 쯔꾸시(九州)가 근접해 있음으로 구태여 이 비좁은 섬에 머물 필요가 없다. 바로 무나가다 해안으로 상륙하는 것이 합리적이다. 이런 상황들을 고려해 볼 때 '沖の島'보다는 대마도가 조건에 맞고, 또 그렇게 해석할만한 신대기의 유적들이 즐비하다.

대마도에는 가야이민단이 최초 상륙하였다고 볼만한 사유가 많이 있다. 위치나 섬의 크기도 그렇지만 그곳에는 이민단이 머물었던 유적들이 곳곳에 있다. 총지휘자인 이자나기노미꼬도 부부신의 사당이 여기 있고, '高天原'의 신화 속 신들을 모신 옛 사당이 모두 여기 모여 있다. 천손 니니기의 친할머니라는 '아마데라스대신'의 본래 모습인 해신海神 아마데루신사「阿麻氏留神社」도 여기 있고, 「니니기노미꼬도」와 그의 외조부이며 천손강림을 지휘하는 황조신 다까미무스비신과 그의 세 신장神將들의 사당까지 모두 여기 있다. 주62) 이것은 결코 우연이 아니다. 이 신사들은 신대기 신들, 즉 천황족들이 대가야를 떠나 바로 이곳에 기착해서 상당기간 살았다는 것을 말하는 것이다. 이동이 단기간에 이루어 진 것이 아니라 하나씩 단편적

으로 건너오고 여기서 머물며 갈 곳을 정하고 8개의 지파가 열도 각지로 하나씩 긴 세월에 걸쳐 떠났을 중간 근거지였다. 그렇지 않다면 이 오지에 이런 신들 중 하나이라도 여기에 와 있을 이유가 없다. 일본열도내의 어떤 곳에도 이와 같이 신대의 신들이 모두 모여 있는 곳은 없으며 阿麻氏留新社는 다른 일본열도의 어디에도 없는 신사다. 일본 전통학자들은 '沖の島'를 그런 섬이라고 주장한다. 그러나 위에서 본대로 이 섬에는 섬 하단에 훨씬 후대의 여신 이찌끼시마히메를 모신 신궁이 하나 있을 뿐이고 산정에 제사터가 있을 뿐이다. 오고 가는 배들이 머물었던 흔적으로 볼 만 한 유적이나 공간이 없다. 다만 제사터에는 오고가는 배들이 항로안전을 기원하며 바친 제물들이 쌓여있을 뿐이다. 이 섬은 그 위치와 여신의 임무로 보았을 때 항로 안전의 기원과 항로안내를 하던 제사터일 뿐이다. 각 지단은 다음 순서로 각지로 떠났을 것이다.

1파波와께別: ①대마도(津島) ②一伎섬(伊伎島) ③筑紫섬(북九州)
2파波와께別: ④隱伎島(島根현 앞 바다) ⑤佐渡섬(新潟 앞 바다)
3파波와께別: ⑥伊豫(四國) ⑦吉備の兒島(岡山현) ⑧奈良盆地

그러나 기·기의 팔주탄생순서는 이와 다르다. 고사기의 순서는 ①淡路島 ②伊豫島 ③隱伎島 ④筑紫島 ⑤一伎島 ⑥대마도 ⑦佐渡島 ⑧奈良이고, 일본서기의 팔주탄생 순서는 ①淡路 ②奈良 ③伊豫 ④筑紫 ⑤隱伎 ⑥佐渡 ⑦越 ⑧吉備兒島이다. 기·기의 이 순서는 '淡路島·奈良盆地'를 왜열도의 중심으로 상정한데서 조작한 것이다. 천황족이 한반도에서 떠나온 것이 확실한 이상 각 와께別의 위치와 열도진출 로드맵은 당연히 앞의 순서로 움직이는 것이 타당하다. 이 이민단 이동이 마치 단기간 내에 기동하는 군사작전(부대이동)처럼 보이지만 오랜 세월에 걸쳐 있었던 천황족 천신족들의 '일본열도진출'을 신화형식으로 압축 표현한 것이다. 그리고 고사기에는 각 지단이 가는 신천지의 지명에 각각 별명을 붙이고 있는데, 그 중 한반도를 바라보고 있는 곳에는 하늘천'天'자를 붙였다. 이는 다까마가하라'高天原'가 한반도남부에 있었다는 것을 상징하는 것이다. 그들이 떠나온 고향, 대가야를 하늘나라(高天原)로 여기고 깊은 숭앙의 뜻을 낳다낸 것이다. 별명을 '亦之名', '또 다른 이름'이라고 했다. 대마도를 아메노사데요리히메「天之狹手依比賣, 이끼섬一岐島을 아메노히도쯔바시라天比登都柱라고 붙이고, 시마네島根 앞바다에서 한반도를 바라보고 있는 오끼섬隱岐島을 아메노오시고로天之忍許呂, 북큐슈해안과 대마도 사이에 있는 지가섬知訶島과 후다꼬섬兩兒島을 각각 아메노오시오天之忍男 아메노후다쯔야네天兩屋로 이름 붙이고 있다. 한반도에 면하고 있지 않은 곳으로 '天'자가 붙은 곳은 나라奈良인데, 나라분지의 별명을 아메노미조라도요아끼즈네와께「天御虛空豊秋津根別」라는 아름다운 시적인 별명을 붙였다. 나라奈良는 가야韓國에 면하고 있지는 않지만 '천손족'이 나라(國)를 세우려는 최종 목적지이기 때문에 상징적으로 붙인 것이다. 이 '天'자 별명은 일본서기와 고사기가 가야(高靈)를 하늘 나라로 여기고 있었다는 것을 뜻한다. 그래서 고사기 일본서기는 가야에서 떠나온 선인先人들을 모두 가미(神)라 하고 천신으로 모시며, 아직도 그들은 일본인들의 머리 속에 신으로 남아 있다.

북 구주에 내린 천손 '니니기'는 4대를 여기서 보내는데, 그가 북구주에 처음 상륙할 때에 남겼다는 감격의 제일성이 매우 의미심장한 명구名句로 기·기에 기록되어 있다.

「此地者向韓國　眞來通笠沙之御前…故　此地甚吉地詔而…」

풀이하면 “이 땅은 가라구니‘韓國’(가야)를 향하고, ‘가사사노미마에笠沙之御前’로 직통하는 곳이어서 참 좋은 땅이다”라는 것이다. 주63) 이 말의 중요성은 「此地者向韓國」이라는 ‘韓國’에 함축되어 있다. ‘이 땅은 ‘カラクニ韓國’를 향하고 있어서’라고 풀이되는 이 구절이 ‘高天原’을 바로 ‘가야(韓國)’라고 밝히고 있기 때문이다. 일본의 전통사학자들이 이 대목(韓國)을 달리 조작 설명할 수가 없어서 고사기 일본서기의 찬자를 원망해 마지않는 대목이다. 천황족의 근본이 다 드러나는 이 ‘韓國’조항을 어쩔 수 없어 일본 사학자들은 거의 이 대목의 언급을 피한다. ‘笠沙御前’라는 것은 가야를 떠나 현해탄을 건너 처음 북구주 해안 뭍에 오른 어느 지점이겠지만, 이 대목에서도 ‘니니기노미꼬도’가 고향 가야를 못 잊어하는 애틋함이 묻어있다. 그는 ‘가사사노미마에’가 고향 가야로 직통하는 포구라는 것을 잊지 못하는 것이다. 천손 ‘니니기노미꼬도’가 하늘에서 강림했다는 북구주의 구시후루봉穗觸峰은 구지봉龜旨峰이고 ‘후루’는 한국 고어로 마을(후루布留)을 뜻한다. 김해의 구지봉龜旨峰에 내린 김수로왕의 천강신화에서 받아온 표현이란 것이 정설이다.

江上波夫의　騎馬民族征服王朝說과　天降神話.

　에가미江上는 그의 「騎馬民族國家」에서 다음과 같은 가설을 세우고 있다. 동북 아시아의 기마민족의 일파(부여족)가 중국의 五胡16국 시대에 한반도 남부로 남하하여 우선 가야를 지배하고 변한(任那, 본가야)을 기지로 北九州에 침입하여 거기서 다시 재정비 한 후 畿內(河內·奈良)로 진출하여 大和왕조를 수립, 일본 최초의 통일국가를 실현했다는 것인데, 그는 그 뒷받침으로 앞의 니니기노미꼬도의 ‘天孫降臨神話’를 부여족이 현해탄을 건너 북구주로 도해한 기록으로, 신당서 동이전 ‘日本’조에 나오는 “일본은 본래 적은 나라였는데 왜에 먹혀서 왜가 되었으며

王城은 筑紫城(北九州)이다"라는 구절을 부여족이 북구주를 정복한 기록으로, 神武東征記를 崇神이 河內와 奈良를 정복한 기록으로. 가와찌의 고분출토 유물(금은 무구 마구)들을 기마민족 부여족이 도래한 증거로 들고 있다. 주64) 그러나 고고학자 小林行雄는 이설의 개연성은 인정하나 기마족 주체를 천황족(특히 崇神)으로 본 것을 날카롭게 비판했다. 일본의 농경민문화가 기마민족적 문화로 전환하는 것은 4,5세기가 아니며, 5, 6C로 보아야 하기 때문에 崇神일 수 없다는 것이다. 주65)

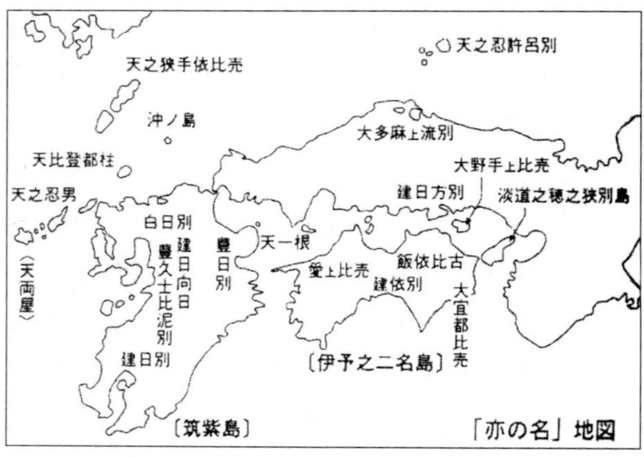

'天'字가 들어간 와께(別, 섬들)
古田武彦「盜まれた神話」365쪽

※1988년 고령읍 가야대학 경내에「高天原故地」라는 비석이 하나 섰다. 제막식에는 유명한 일본인 古語학자 '馬淵和夫'筑波대학 명예교수가 일본학계 60여명과 참석하여 요지 다음과 같은 연설을 했다. "일본서기는 天孫이 高天原에서 신라로 갔다고 했는데 高天原은 여러 가지로 고증해 봐도 이곳(고령)으로밖에 생각할 수 없다."고 했다.

[참고서지]

주41) 渡邊三男(駒澤大學) 「歸化氏族の姓氏と苗字」 '日本古代史 研究誌' 124-131쪽(논문)에는 "古代日本の名家豪族の⅓を占めた歸化氏族の姓氏の位置をさぐる"라는 부제가 붙어있다.

주42) 淸田之長(大阪市住吉區 阪南高等學校 校長) 「大阪地域古神社調査」, 金達壽 編 「日本の中の朝鮮文化(山城 攝津 和泉 河內)」 364쪽, 講談社學術文庫

주43) 門脇禎二 「王陵の谷 -南河內の磯長谷」, 森 浩一·直木孝次郎·塚口義信·門脇禎二·猪熊兼勝共編 『大王陵と古代豪族の謎』 98-100쪽, 學生社

주44) 日本書紀 仁德紀41년3월

주45) 高柳光壽·竹內理三 共編「日本史 辭典」角川第二版1025쪽, 角川書店

주46) 埴原和郎, 일본인의 기원(한글판) 19쪽, 학연문화사, 中橋孝博「渡來人の問題－形質人類學の立場から」, 西谷 正 編'古代朝鮮と日本 117-168쪽, 126쪽, 名著出版

주47)「島貫基久の 「古代の人口構成」(表), 澤田洋太郎 「ヤマト 國家成立の秘密」 192쪽, 新泉社

주48) 古市大溝의 發見, 전게서 「蘇我氏と古代國家」 53쪽, 司馬遼太郎·上田正昭·金達壽 共編 「日本の渡來文化」 54-57쪽, 中央公論社

주49) 田中晋作 「武器の量産と供給」, 歷史讀本シリーズ, 日本古代史 『王權の最前線』190－197, 新人物往來社

주50) 竹內理三 「日本の歷史 6 武士の登場」, 中央文庫

주51) 前田晴人 「應神天皇の原象を解く」－譽田御廟陵 古墳は誰の陵墓か?, 상게서 歷史讀本 309-313쪽

주52) 松尾 光「聖帝仁德の實在性をめぐって－巨大天皇陵の虛と實」,
　　　상게서 『王權の最前線』314-321쪽

주53) 武光誠·高嶋弘志·前之園亮一·松尾光 共編「古代文獻史料全解題」
　　　중 金石文·七支刀銘解釋文, 參考文獻(神保公子 「七支刀硏究の
　　　步み」 ‘日本歷史’301頃), 『古事記·日本書紀の謎』 354쪽, 新人物
　　　往來社

주54) 김석형 「고대한일관계사」263쪽, 한마당

주55) 門脇禎二 전게서 91～93쪽, 學生社

주56) 澤田洋太郎「伽倻は日本のルーツ」 180-189쪽, 新泉社

주57) 井上光貞, 전게서 174-175쪽, 岩波書店

주58) 澤田洋太郎「ヤマト國家は渡來王朝」 148쪽, 武雄神社의 主神이
　　　武內宿弥이고 陪神이 神功·仲哀·應神이란 것은 佐賀縣武雄市의
　　　市志에도 나와있다.

주59) 인덕능 출토유물, 전게서 「古墳辭典」 239-241쪽

주60) 井上光貞, 상게서 220쪽, 岩波新書

주61) 東國輿地勝覽 高靈縣條

주62) 永留久惠「古代日本と對馬」 222-226쪽, 大和書房

주63) 古事記 神代 卷下 238쪽, 倉野憲司 校注, 岩波書店

주64) 江上波夫 「騎馬民族國家」 155-166쪽, 中央公論社

주65) 小林行雄「古墳時代の硏究」 263～274쪽, 小林는 江上波夫가 기마
　　　족 주체를 崇神으로 본데 대한 착오를 신날하게 비판, 야마도의 농
　　　경문화로부터의 전환은 4, 5세기가 아니라 5, 6세기라고 지적하고
　　　있다.

5장. 백제인 최후의 왕국, 아스까王朝

아스까飛鳥왕조시대는 일본이 고대국가의 기틀을 세운 시기이고, 백제로부터 불교가 도입되어 불교문화를 바탕으로 하는 일본 고유문화의 원형이 형성되던 시대이다. 이 시대의 담당자는 소가蘇我씨로 대표되는 백제인들 이었다.

이 왕조를 경영한 소가씨4대는 백제에서 건너와서 가와찌 이시까와石川에 정착하여 가와찌왕조에 참여하였던 백제인 '木羅滿致'의 후예이다. '아스까'라는 지명은 이미 위에서 언급되었지만 원래는 가와찌의 백제인촌 아스쿠安宿에서 유래한 지명이다. 야마도 아스까는 또 하나의 아스까라는 뜻인 먼 아스쿠'遠安宿'로도 불렸다는데, 백제인들이 소가씨들과 함께 아나무시 고개를 넘어와 야마도에 아스까 백제촌을 만들면서 붙여진 것이다. 이때 넘어온 백제인들 가운데 목만치의 후손 소가씨들이 있었고, 뒤에 주민의 주류가 된 '東漢氏'들이 이미 들어와 있었다. 4장 1)의 약도<이시가와 골짜기>는 가와찌 왕국의 발상지였던 가와찌 아스까와 여기서 야마도 아스까로 넘어가는 아나무시 고개가 나와 있다. 백제인들은 이 고개를 넘어 야마도로 진출하여 야마도에 아스까촌을 하나 더 만든 것이다. 일본 고대사 고사기·일본서기와 '萬葉集' 등에 자주 등장하는 '야마도三山', 우네비산畝傍山·미미나시산耳成山·아메노가구산天の香久山 등이 둘러있는데 이는 이곳이 아스까왕조시대의 중심무대였다는 것을 말한다.

'續日本紀'에는 이 지역은 원래 이마끼군今來郡이었다가 '다께찌군高市郡'이 되었다고 했다. 이마끼란 새로 온 사람들이란 뜻으로 이곳이 새로 들어온 소가씨 동한씨 등 백제인들이 들어온 이후에 새

야마도倭아스까의 들판
야마도三山의 독립 봉우리들이 보인다.

로 생긴 고장이었음을 나타낸다. 그 중심부가 아스까와 히노구마檜隈이다. 여기 사는 사람들은 10에 8, 9는 동한씨 아니면 소가씨들인 이마끼들 이었다고 '속일본기'에 쓰여 있다. 나라문화사를 보면 이 지대에는 야요이유적이 드문드문 있기는 하나 이곳에 원주민 인구는 거의 없었던 황무지였다. 주66) 이런 황무지에 동한씨와 소가씨들이 들어와서 개척하기 시작하고 사람이 사는 북적거리는 동리가 되는 것은 6세기부터이다. 소가노이나메蘇我稲目는 여기서 센까宣化를 왕으로 옹립하고 110년간의 소가씨시대를 열었다. 일본서기는 센까의 궁(檜隈蘆入野宮)이 아스까의 첫 천황궁이라고 기록하고있다. 소가씨 시대는 백제성왕이 보낸 최초의 불상을 안치한 '向原寺'를 시작으로 일본 불교문화가 창성되는 시기이다. '四天王寺(河內)·飛鳥寺·法隆寺 豊浦寺 葛木寺' 등으로 대표되는 40여개 대사원이 세워진 찬란한 불교문화가 꽃피었고, 백제와 고구려문화의 정수가 이식移植되던 시기이다. 이 시대의 불교미술은 오늘의 일본 국보를 대표하고 있는 문화재들이다. '飛鳥寺'는 아스까에 지은 첫 절인데거기 쓰인 기와는 백제 사비시대의 특징의 뚜렷하다고 한다.

法隆寺 전경

금동반가사유상
(국립중앙박물관)

백제관음상
(京都 광륭사)

둘은 아주 닮은꼴이다.

'玉虫廚子須弥座密陀繪'
※ 中宮寺 天壽國繡帳과
함께 백제 최고공예품,
국보

뒤에 소가씨의 출신을 검토할 때 알게 되겠지만 소가씨의 선조들은 이곳에 매우 일직 들어와서 자리잡았다. 그런 기록도 있고 그 조상 사당(蘇我氏 祖廟, 宗我坐宗我都比古神社)도 있으며, 이곳의 중심부를 흐르는 소가강曾我川과 소가정曾我町이란 지명은 이곳이 소가씨의 고장이었던 사실을 말해준다. 이강 유역에 백제인들이 백제7촌을 이루고 번성해 살았다. 다음 <지도>에는 소가씨들의 중심지였던 소가강과 아스까강 상류일대에 그들에 관계된 유적들이 사방에 보인다. 동한씨들은 그 서남부의 니이자와新澤천총과 히노구마사檜隈寺를 중심으로 자리 잡았다. 일본서기 응신기에는 동한東漢씨들의 인구가 더 많았고 히노구마의 주 개척자는 이들 동한씨들 이라고 했다. 동한씨들은 이곳이 포화상태가 되여 각지로 나가야 할만큼 번성했다. 그러나 이들의 일본 속 고향은 이곳 '히노구마'였다. '히노구마이미기檜隈忌寸'는 동한씨의 총칭인데 이곳이 그 발상지였다. 가와찌에도 동한씨의 일족이 있었는데 이들이 '가와찌노후미씨西文氏'이다. 각각 동서의 아야漢씨를 대칭한 씨명이다. 응신기 20년에 아찌노오미阿知使主가 17현민을 이끌고 이리로 들어와 불어난 인구이다. 동한씨는 응신37년에 '아찌노오미' 부자가 구레吳(고구려)에 가서 뒤에 일본 옷감 짜기의 시조가 되는 여공, '兄媛·弟媛·吳織·穴織' 4인을 데려왔다고 했는데, 이들은 고구려의 직조기술자들로 동한씨들이 그 관리자였다. 이들이 일본의 '구레하오리吳織(吳服)'와 아나오리'穴織의 원조라고 한다. 동한씨들은 이것을 시작으로 한삼국에서 도입되는 선진기술을 관리하는 총책임자가 되었다. 일본서기에서는 아찌노오미 부자가 갔던 곳을 중국 남쪽의 '吳나라'라고

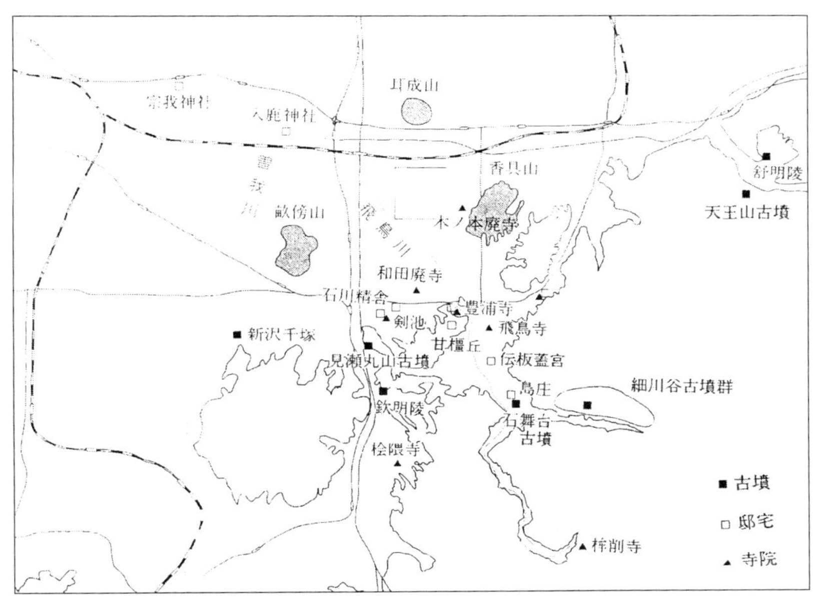

야마도 아즈까 히노구마 일대, 소가시대의 무대

했지만 그것은 사실이 아니고 구레는 고구려이다.

　우네비산畝傍山의　서남쪽　산자락에　'니이자와천총'新澤千塚이 있다. 4C-6C전반에 걸쳐 조성된 주로 동한씨들의 묘로 여겨지는 공동묘지이다. 600여기의 이 고분군에서 많은 유물(장신구 동거울 무기 마구 농구 공구 등)들이 나왔다. 이들의 높은 경제력을 이 유물들이 보여준다. 주67) 이 고분군은 아즈까의 중심인구와 그곳에 살던 사람들이 어떠한 사람들이었으며, 거기서 나온 유물들은 동한씨들이 어떤 생활을 했는가를 볼 수 있다. 이 무덤군 중 126호분에서 나온 유물에는 중국제품과 서역유물도 있지만 주로 백제유물들이 휘황찬란한 순금제품과 청동 다리미, 아랍에서 온 것이라는 유리그릇들이 있다.

이 유물들은 동한씨들이 한반도
뿐 아니라 중국 동남아까지 광범위
한 진출이 있었다는 것을 말하고.
이들의 폭 넓은 상업활동범위와 부
유한 생활을 짐작할 수 있게 하는
유물들이다.

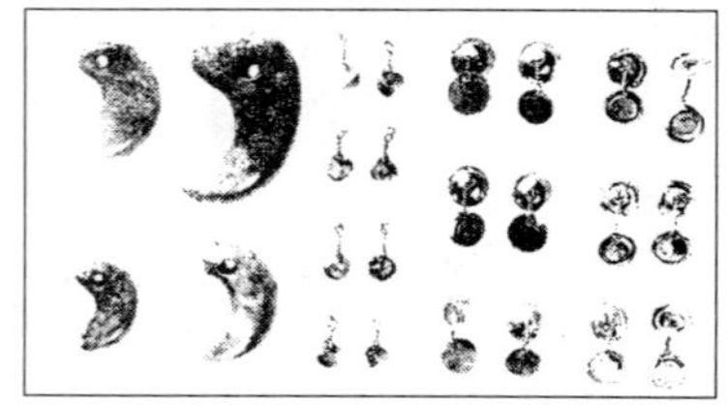

니이자와천총 126호분 출토 주요유물(飛
鳥資料館)

한편, 아스까시대의 왕자 소가씨의 정치력은 대단한 것이었다.

이 시대를 확실히 리드한 인물은 소가노이나메와 그 아들 우마꼬
였다. 이들은 현명하고 강인한 지도력을 가졌던 사람들로 새 시대를
내다보는 선견지명과 정치적 리더쉽이 뛰어났다고 보인다. 아스까왕
조 왕권의 토대를 닦은 사람은 이나메이고 중앙집권체제의 틀을 세
우고 불교문화의 창달을 이끈 것은 우마꼬였다. 일본서기 스이고기
推古紀에는 우마꼬가 죽은 후, 아주 이례적으로 그에 대해 다음과
같은 인물평을 기록하고 있다.

「性有武略 亦有辨才 以恭敬三寶 …… 仍與小嶋於池中. 故時人日嶋
大臣」

"그 성격에 무략이 있고 판단력을 구비했으며, '佛法僧' 삼보를 공경
했다. 저택 연못 가운데 한 적은 섬이 있었는데 당시 사람들이 그를 '섬
대신(嶋の大臣)이라 부르며 존경했다"

이들은 가와찌에 저택을 두고 거기서 외국사신들을 직접 맞고 수
로를 통해 들어오는 백제 및 한반도제국 신문물을 먼저 접했다. 아
즈까왕조시대는 이 루-트를 통해 백제가 지원하는 새로운 문물정보를
끊임없이 받아들여 고대형 국가를 건설해 나가는 과정이었다. 소가씨

사진첩 奈良大和路,
株フジタ, 奈良, 日本.石
舞臺
蘇我馬子 무덤, 덮개돌
무게 100t의 대표적 方
墳, 시마노쇼島庄 부근
에 있다.

는 그 과업의 진행을 방해하는 수구세력과 이들과 통하는 일부 황족 반동세력도 가차없이 제거해 나갔다. 아스까 초기에는 미야께의 확장에 대해 반감을 가진 근기지방 농민의 불온한 분위기도 있었다. 소가씨들은 이런 저해요소를 진압하는 정책을 과감히 펴 안정환경을 구축해 나갔다. 이 과정에서 이들에 대해 적의를 가진 천황(崇峻)을 동한씨를 시켜 죽여버리고, 불교도입에 무력으로 반격해 온 구족 모노노베노모리야를 무력으로 토멸했다. 소가씨들 1백년의 개혁작업은 이런 안정환경의 구축으로서 가능했다고 본다. 그와 함께 내부단결도 소가정권 100년 안정의 절대 전제조건이었다. 소가씨들은 경제능력을 가지고 있어 이를 통한 조정력도 있었지만 이와 함께 소가씨 가문에는 혈통에서 오는 어떤 권위적 특수 통제능력도 있었다고 하는 주장도 있다. 이에 관한 한 연구에 의하면 소가씨는 원래 백제의 왕족혈통이며 그 소속원들은 이에 절대 복종해야 하는 권위가 있었는데, 가장 큰 집단인 동한씨들조차도 소가家를 자신들의 종가이며 주군主君으로 모셨다는 것이다. 이 연구에서는 그 증거로서 웅략조 시대에 소가노만치가 도래계씨족들의 통령이었다고 하는 「古語拾遺」의 기록을 들고 있다. 그 때문에 소가가문에 대해 도래계인들은 이유불문하고 복종해야 하는 어떤 관습적 규범 같은 것이 존재했다는 것이다. 주68)

한편 아스까시대에 소가씨정권이 달성한 업적은 일본서기의 기록
들만을 보더라도 대단하다. 왕권의 확립과 중앙집권제도의 수립, 불
교의 도입과 불교국교화, 적극적인 대외외교와 미야께의 확장 정비,
치수사업과 농어업진흥 및 세제의 정비 등을 들 수 있다. 이와 같은
업적에도 불구하고 일본 사학자들이 소가씨를 과소평가하고, 천황과
왕자들을 주살하고 왕권을 전횡하였다는 것만을 강조하는 것은 일본
서기의 '尊皇史觀'에서 비롯된 편견이며 역사적 평가는 아니다. 소
가씨가 정권을 잡을 때에는 왕권이란 존재하지 않았다. 호족들이 가
군家軍을 기르고 무력을 써 세력다툼을 하던 시대이다. 그럼으로 이
싸움에서 패한다는 것은 곧 죽음과 퇴장을 의미한다. 그런 마당에
자신을 죽이려는 정적(崇峻王)을 타도한 것을 역신逆臣운운 하는
것은 훗날의 잣대에 불과하다. 당시의 우마꼬와 모리야의 싸움을 불
교전쟁 쯤으로 보통 이야기되지만 실상은 모노노베가와 소가가의 목
숨을 건 권력투쟁이었다. '天皇家'라는 것도 호족의 하나에 불과했
으며 어느 쪽에 붙을 까를 저울질하던 존재에 지나지 않았다. 당시
의 정세를 백제와 밀착된 소가씨와 동한씨를 시대의 흐름을 선각한

개혁세력이었다고 본다면,
모노노베씨와 오도모씨 등
은 토신을 숭상하는 수구세
력으로 기득권유지를 위해
불교도입을 결사반대하는 대
성 구족의 하나였다. 가군
을 기르고 무력사용을 서슴
지 않는 권력다툼이 항상
내재해 있었으며 '崇峻왕'

모리야物部守屋
이나메蘇我稲目의 佛殿을 불태우다. 蘇我三代26쪽

도 천황가라는 호족을 대표한 권력투쟁의 일각에 불과했다.

이에 앞서 현명한 건설자 이나메는 왕실재정의 충실화를 명목으로 미야께(屯倉, 왕실소유 농장)의 설치와 확장정책을 통해 지방으로 세력을 넓혀갔다. 미야께의 확장은 왕실의 재정을 충실히 한다는 것이 표면 목적이었지만 동시에 그에 못지않게 이나메가 중시한 것은 미야께에 군사를 주둔시켜 불온한 지방정세의 진압을 도모하는 것이었다. 안깡安閑왕의 죽음은 그전 권력자 오무라지 오도모가 왕실 미야께를 무리로 확장하다가 지방세력의 반격을 받아 살해되었다고 한다. 미야께란 곡창穀倉을 말한다. 왕실 소유의 토지에서 거둬들인 곡식은 일단 미야께 창고에 수납되었다가 왕도로 운반된다. 그런데 곡식은 당시로서는 매우 귀중하고 값비싼 것이었음으로 이를 강탈당하는 사건이 드물지 않았고, 특히 운반도중에 이런 사건이 빈번히 일어났다. 그리고 중요한 것은 이 강탈사건이 많은 경우 토비로 위장된 지방 토호세력의 작란이었다는 것이다. 이 실상을 꿰뚫어 본 이나메稻目가 미야께 신설초기부터 곡식의 운반과 곡창의 경비를 명분으로 미야께에 경비군사를 주둔시켜 이런 불온한 지방정세를 진압시키려는 일석이조의 방책을 세웠다고 보인다. 국내 평정이 아직 미완성인 당시로서 근기지방의 불안은 정권의 불안정 원인이 됨으로 불온한 근기지방정세를 안정시키는 것은 매우 중요한 일이었다. 미야께 업무가 얼마나 중요시되었는가 하는 것은 그 업무가 주로 오무라지大連나 대신大臣급이 직접 담당하였던 것으로도 알 수 있다.

다음은 불교사원을 짖고 불교문화를 펴는 것은 소가씨 정권의 중점사업이었다.

그 전 사회인 가와찌왕국 시대부터 가와찌와 아즈까의 주민 사이에서는 이미 불교가 상당히 신앙되고 있었다. 그것은 주민의 대다수가 한삼국인 들이었기 때문에 당연한 것이기는 하지만 이 영향아래 원주민들도 많이 불교를 신앙하게 되었으리라는 것은 종교의 속성상 상상할 수 있는 일이다. 일본사학이 헌법이라고 말하는 17개 조항 속에 '佛法僧'을 삼보라 하고 이를 존숭하라는 조목을 두어 불교를 국교로 하였는데, 정치적 의도로 반대한 몇몇 구족들을 제외하고 민간의 저항이 없었다는 것은 불교가 그만큼 이미 민중에 널리 퍼져 있었음을 알 수 있는 것이다. 또 실권자인 소가씨가 불교의 공인된 보호자였다는 점도 불교의 전파에 적지 않은 영향이 있었을 것이다. 대사원의 건축1호는 가와찌의 '四天王寺'였는데 이 절의 발원자는 '聖德太子'였고 그는 우마꼬와 함께 불교도입에 반대하는 '物部守屋'을 칠 때에 모리야守屋와의 전투에서 이기면 사천왕사를 짓겠다고 맹서했다고 한다. 그는 소가노우마꼬의 조카(누이 推古의 아들)이기도 하다. 많은 절들이 거의 소가씨들에 의해 발원되고 건축되었다.

한편 소가씨는 그 전시대에 걸쳐 대 백제외교에도 주력하였다. 일본서기에 보면 소가씨 대신들은 그의 관저를 굉장하게 짓고 거기서 외국사신들을 맞이했다. 이는 외교의 전권을 대신 스스로 관저에서 직접 관장하였다는 이야기이다. 당시의 외교는 외국문물을 제1 먼저 접하고 세계의 정보를 직접 접수하는 것은 굉장한 선수요 특권이었다. 특히 대 백제외교는 그 정보가 바로 국가정책에 반영되는 것이어서 권력자로서는 대단히 중요한 정보원이었던 것이다. 신문물의 도입 신지식인 전문가 기술자의 초청이 이 단계에서 대개 결정되기 때문이다. 이것으로도 당시의 일본의 대 백제 의존도가 얼마나 큰 것이었는가를 짐작할 수 있다.

소가씨 4대 110년간은 고대국가의 확립과 중서부 국토통일, 일본형 문화의 기틀들이 확립되는 시기였다.

2) 고대국가 형성의 조건, 4C의 야마도왕조는 통일 고대국가 일 수 없다.

일본사에서 언제부터를 고대국가가 확립된 시대로 볼 수 있는가 하는 문제는 여러 이견이 있다. 그 보는 관점에 따라 다를 수 있기 때문이다. 그러나 그 성립에 있어 기본적인 최소한도의 조건에 대해서는 정치학, 역사학계에서 일반적인 공감대가 형성되어 있다. 즉 일정 지도이념을 가진 전제군주의 왕권이 확립과 통치영역과 주민, 통합에 불응하는 인근세력들을 평정해 나갈만한 군사능력이 있는 왕이 몇 대에 걸친 계보가 이어져야한다는 것이다. 그렇다면 일본 야마도왕조에 있어서 이 단계에 이른 시기는 어느 왕조시대부터라고 보아야 할까?

「日本歷史大系」는 그 편찬에 참가한 학자들의 명성으로 보았을 때 일본사학계의 대표적 학설의 집약이라고 볼 수 있는데, 그 첫 권 「原始·古代」의 서론에서 이를 다음과 같이 말하고 있다.

『3C말에서 4C말경까지 약100년간은 야마도大和(奈良 櫻井市 일대)를 중심으로 근기·세도내해의 선진 제 지역에 출현한 전방후원분이 북구주에서 동북남부까지 일본열도의 태반 지역에 광범위하게 퍼진 시대이다. 이 과정은 전국각지에 근린의 공동체를 통합하여 강고한 지배권을 확립한 수장들이 야마도를 중심으로 기내의 수장연합=大和정권에 복속하여, 일본의 고대국가의 모체가 될 연합체가 형성되는 과정이었다. 각지의 전기고분의 모습은 이들 수장이 최고의 사제로서의 주술·종교적 권위에 의해 지탱되며, 공동체의 제 기능을 한 몸으로 체현하는 권력(자)임을 낳다낸다. 지방 수장은 전방후원분의 조성을 중심으로 공통의 제사를 매개로 야마도정권의 수장과 의제적

擬制的인 동족관계를 맺고 인적자원을 포함하는 공납물의 제공, 군사동맹의 맹주로서 지휘명령에 대한 복종이라는 형식으로 야마도정권에 복속하였으며, 그 보상으로 그 지방의 지배권을 보장받고, 동거울과 구슬 같은 것을 분여 받았다』고 한다. 주69) 이러한 관점은 이미 3장에서 검토된바있는 '미즈노水野 裕'교수의 「原야마도국가의 원상확립」이란 논문에서도 보이지만 4C에 이미 고대국가를 확립하였다는 뜻이다. 또 명성있는 중견 사학자인 나오끼直木孝次郎의 검인정 고교교과서 '日本史'에서도 같은 사관을 볼 수 있다. 나오끼의 '일본사'는 '야마도정권의 성립'이란 제하에 『고분시대의 전기에는 특히 야마도분지에 거대한 고분이 많고, 각지의 수장들과 비교하여 우세한 수장이 이곳에 출현했다는 것을 알 수 있다. 이들 야마도의 수장들은 4C전반경 그중 가장 유력한 수장을 중심으로 연합하여 커다란 정치세력을 형성하였던 것으로 생각된다. 이 세력을 야마도정권이라 한다. 이 정권은 기내지방을 기반으로 권력을 잡고 동서로 세력을 뻗었다. 고분의 분포로 볼 때 그 세력은 4C말쯤에는 구주중부에서 관동지방까지 이르렀다고 보이는데 그 중에는 야마도정권에 복속하지 않는 수장도 있었던 것 같다. 야마도정권이 성립한 4C에 朝鮮정세에도 변화가 일어 고구려가 일직이 중국의 동북부에 국가를 형성하고 …. 조선남부에는 4C경 마한에 백제가, 진한에서 신라가 소국들을 통일하고 건국했다. 4C말에 고구려가 남하하여 백제 신라를 압박했다. 야마도정권은 백제와 연합, 신라에 침입하여 고구려와도 싸웠다. …. 야마도정권은 그후에도 백제와는 대체적으로 우호관계를 유지하면서 소국분립상태인 변한지방에 세력을 폈는데, 이것을 任那라고 칭했다.』 주70) 일본서기의 임나일본부 경영의 망상이 깔려있고, 연맹왕국이라면서 내용은 고대국가인 정복왕조로 말하고 있다.

광개토왕 비문의 왜를 야마도왕조의 군대라고도 하고 있다.

그러나 이설들을 분석해 보면 확실한 문헌고증에 의한 것이라기보다는 대형 고분의 조성을 유일한 근거로 야마도정권이 성립을 말하고, 사료분석의 귀납적 결론이 아닌 다음 두 개의 논증목표를 '전제'로 한 논거를 만들기 위한 주관적 가설에 지나지 않는다. 물을 것도 없이 그 첫 전제는 일본서기의 야마도왕조를 4C에 고대국가를 확립한 나라라는 것을 논증하려는 것이고, 두 번째 전제는 이 야마도왕조가 4C에 한반도에 출병이 가능한 군사체제를 갖춘 제국이었다는 것을 뒷받침하려는 것이다. 그 중에서도 후자를 위한 논리입증이 목표임이 분명하다. 나오끼의 가설은 광개토왕비문의 왜군이 야마도왕조의 군대라고 명언하고 이 군대가 백제와 연합하여 신라에 침입 고구려와 싸웠다고 하고 있는 것이다. 그러나 그 시기의 야마도왕조는 그런 정복왕조일 수 없고 가야지방에서 활동한 왜는 한반도 남부 섬에 있던 왜이며, 광개토왕비문속의 왜는 구주의 구마소국의 군사였다. 당시의 구주는 야마도왕조와는 관계없는 외지였다.

이 주장들을 좀더 구체적으로 분석해 보자.

첫째 의문은 무력적 위상이 아닌 단순히 무덤 봉분을 좀더 높이 만든 것만으로 과연 다른 지역 수장들을 복속시킬 수 있는 힘의 존재를 증거 할 수 있는가 하는 것이다. 각 지방왕국들은 강고 한 힘을 가진 독립국의 왕들로 무력으로 인근을 통합한 강국이라면서 무력적 위상도 없는 야마도 수장에게 자기네 무덤보다 봉분이 좀더 높다는 이유하나로 과연 복속하였겠는가? 근거가 너무 박약하다. Ⅰ-3장 ①의 <표4>에서 보듯이 三輪왕조의 왕릉들은 모두 전기 고분이고 여기서는 무기나 무구가 나온바 없다. 그런 박약한 이유로 그들이 이미 향유하고 있는 독립왕국의 권위를 그렇게 쉽게 포기하였다고 생각할 수 없다. 동거울이나 구슬을 야마도왕이 주었다는 주장도 근거가 없다. 그 공여물(동거울과 곡옥)이란 것이 야마도왕조의 독점물이 될 수 없으며 오히려 지역왕들 자신이나 조상이 한반도에서 건너올 때 가지고 온 것으로 보는 것이 더 타당하다. 또 지역왕들이 야마도왕조와 '擬制的' '동족관계'를 맺음으로서 야마도에 복속했다고 했는데 '의제적 동족관계라는 것이 무엇인지 알 수 없지만 그런 느슨한 장치로 통일이 가능하다고 볼 수 없다. 지리적으로 멀리 떨어져 있고 지형적으로 격리된 강고 해진 독립된 지방의 수장들이 자기 조상인지도 알 수 없는 무덤에 가서 제사를 지낸다고 모일수도 없고, 확실한 근거도 뚜렷한 의미나 동기도 분명치 않은 그런 이유(擬制的' 同族關係)로, 지방수장이 모두 독립왕권을 포기했다는 설명은 너무 나이브한 논리이다. 당시의 일본인이란 죠몽인+남양계와 북방계 야요이인+한삼국게 고분인 등 다종족으로 형성되어 내린 복합민족이었다. 그리고 지리적 지형적으로도 이들 왕국들은 야마도와 수십리-백리, 또는 바다로 격리된 독립지역에 있었다. 무슨 혈통관계가 맺어져 있어서 공동제사까지 지낼 동족의식을 느끼고 모일수 있는 그런 관계가 있었다고 볼 수 없다. 두 번째 의문은 절박한외적침략의 위협이 있는 것도 아닌데 주민의 생명과 재산의 희생과모험을 전제로 하는 군사동맹이 어떻게 형성될 수 있었다는 것인가?군사동맹이란 전쟁위협이 가까이 있다 해도 구성원의 각기 다른 사정 때문에 성사되기 쉽지 않은데 그런 위협도 없는 가운데 무력적인토대도 없는 지역제사장을 맹주로 군사동맹이 형성될 수 있었던 동인은 무엇인가? 이런 허술한 논리로는 4C에 나라분지에 해외원정군을파견할 수 있을 정도의 강력한 군사동맹이 형성될 수 없다. 주장의근거가 너무 박약하다. 생각건대 이런 비약된 논리를 주장하는 배경에는 구주왜를 야마도왕조사에 편입하여 광개토왕비문의 왜병을 야마도 왕조의 군대로 보려는 동기에서 비롯된 것이고 역사적 근거의 분석에 의한 결론이 아니다. 4세기의 야마도왕조를 웅장한 일본의 고대 제국사로 만들려는 일본사학의 열망에서 나온 것이고 역사라고 볼 수 없다. 광개토왕비문의 왜는 야마도왕조와는 전혀 관련이 없는 구주왜였다. 4C의 야마도(미와)왕조는 그런 제국이 아니며, 대 병력을 싣고 현해탄을 건널 수 있는 항해능력도 대 병력을 실어 나를 병선도 없던 산 꼴의 제의적'祭儀的 제사장적 지역의 소왕국'에 지나지 않았다.

또 나라의 4C의 고분유물에서는 지배자-정복자적의 위상의 유물을 찾을 수 없다. 또 각 지역의 고총고분은 지역 수장들이 같은 문화를 가진 한삼국에서 건너왔기 때문에 유사형 무덤형식이 각 지방에 조성될 수 있었던 것이고 야마도왕조의 영향으로 조성된 것이 아니다. 이것이 '擬制的 同族關係'를 형성시킨 요인이 된다고 말한다면 야마도왕조를 포함하는 각 고분기 왕국의 왕들은 모두 한삼국인 이었음을 논증하는 것이 된다. 일본사학이 이 논리를 과연 받아 드릴 수 있겠는가? 거대한 고총식 고분이 각 지방에 공통적으로 거의 같은 시기에 발생한 것은 같은 문화를 가진 사람들이 비슷한 시기에 한삼국에서 건너왔기 때문이며, 거대한 전방후원묘는 이미 앞장에서 상론(I의3장, 주①과 ②)된 바와 같이 지역 소영웅들이 경쟁의 소산으로 보아야 한다. 전기에 속하는 나라분지의 거대한 전방후원분이 자신의 위상을 과시할 수 있는 것이기는 하나 그 부장품들로 볼 때 공격적인 정복자의 위상은 아니며 평화적인 제사장적 위상에 지나지 않는다. 그리고 4C말의 나라분지의 생업은 머고 살기에도 충분치 않았을 농경뿐이었다. 좁은 땅에 사는 농업공동체의 제의적 족장체제로서는 국토통일의 주체가 된다거나 정복적 군사동맹을 지도할 에너지가 나올 수 없는 것이다. 그리고 분명히 지적해 두어야 할 것은 그런 대형 무덤이 전국에 일반화되는 것은 3C말~4C말이 아니라 4C중반~5C말이다. 그리고 적어도 5C말~6C초까지 일본열도에는 통일적 정치지배체제는 없었다.

그런 억지 논리에 대해 비판하는 일본 학자가 없는 것은 아니다. 반론을 하나만 들어보자.

중견 고고학자 森 浩一교수의 지적이다.

『일본의 현 고등학교 교과서와 대부분의 고대사 교사들이 쓰고있는 고대사 문장에는 '磐井의 난亂'이니 '磐井의 반란'이니 하는 말을 쓰고 있다. 이것은 이상한 표현이 아닐 수 없다. '이와이磐井'가 大和王朝라는 하나의 정부에 완전히 복속되어 있던 관리였다면, 그것은 모반하면 반란이 되겠지요. 그러나 그 당시(서기525년)의 일본열도에는 완전한 통일국가는 아직 없었고, 각지방에는 유력한 호족들이 서로 세력을 다투며 난립해 있던 그런 나라였지요. 그런 미통일의 국가에서 지역세력을 반란 세력이라고 호칭하는 것은 부적합한 용어라고 생각합니다.』 주71).

문헌사를 실증적으로 뒷받침하는 것이 역사고고학의 입장이다. 모리고이찌森浩一교수의 이 지적 속에는 일본 전통사학자들의 이런 한심한 전근대적 역사의식에 대한 예리한 비판이 담겨있는데 이는 모리 교수 한 사람만의 소론이 아니다. 전후사학의 소장학자들은 거의 같은 논조이다. 그리고 '이와이의 난'에 대한 이 지적은 그 사건에만 극한된 지적이 아니다. 구마소 반란 다께하니야스히꼬 반란 기비의 반란 등으로 부르고 있는 일본서기를 비롯한 이런 입장을 취하는 모든 사학자들의 부당한 논리에 대한 비판이다.

고대국가의 통일은 정복전쟁이다. 더욱이 대외정복전쟁은 강력한 통치력으로 주민을 긴장시켜 국력을 최고로 집중 동원할 수 있는 체제라야만 가능하다. 그런 체제는 전제왕권체제이다. 농업공동체이며 씨족집단연합 수준의 4C의 천황족세력(三輪왕조)은 전제군주국가가 아니다. 그런 족장체제로는 나라분지내 호족들도 완전통합할 수 없었기 때문에 연합이라는 용어를 쓰고 있는 것이고, 그런 느슨한 씨족연합으로는 기내의 강력하고 도전적인 야마시로왕국이나 기비왕국조차도 통일할 수 없었을 것이다.

3) 소가노이나메蘇我稲目의 등장과 센까왕宣化王, 옹립과정에 무슨 혁명적 사연이 있었는가?

일본서기 상 '게이따이繼体'와 그 뒤를 있는 '앙깡安閑 센까宣化 긴메이欽明'는 부자간인데 세 사람 다 차례로 왕위를 이었다고 되어 있다. 그러나 그 계승기간에는 상당한 공위 기간이 있고 게이따이 앙깡 센까는 자연사가 아닌 내란에 의해 죽음을 당해 일본서기의 순차적 계승기록은 사실이 아니라는 설이 유력하게 제기되어있다. 이 내란 후에 왕위를 계승한 것은 앙깡이나 센까가 아니라 긴메이라고 한다. 그리고 이 내란의 주동자는 '소가씨였다는 것이 상당한 근거를 가지고 제기된다. 이 설에 의하면 게이따이는 여러 가지 실정으로 인해 내란이 일어나 암살 되었다는 것이다. 해당연대인 백제본기 신해辛亥년조에는 「日本天皇及太子皇子倶薨」이라는 기록이 있는데 그것은 게이따이 앙깡 센까 세 사람이 함께 죽은 것으로 해석되는 구절이다. 또 '法王帝說'과 '元興寺緣起'에는 게이따이 사망연대(538)와 긴메이의 즉위연대(538)가 동일하여 앙깡 센까는 게이따이왕과 같이 죽어 즉위하지 않은 왕들이 분명하다는 것이다. 이 설은 무시할 수 없는 이런 분명한 근거를 가지고 역사학계에서 논란 중에 있다. 주72)

이 설은 일본서기의 3대기(繼体·安閑·宣化)가 모두 사실이 아니라는 것을 뜻한다. 일본서기는 안깡의 재위기간을 5년(531-535)이라고 하지만 실제는 3년이라고 하고, 그 짧은 재위기간에도 양깡은 지방수령들로부터 불순한 저항을 계속 받았고 결국 암살되었다고 한다. 이런 혼란스러운 상황 속에서 소가노이나메는 떠오르듯이 아즈까왕조에 권력자로 등장한다. 이러한 이나메의 권력 '데뷔'상황은 뒤의 '소가씨 출신' 문제를 다룰 때 상세히 설명되겠지만 이나메의 등장은 일본서기에서도 이외성과 돌출적 부상이란 인상으로 기록되어 있는 것이 사실이다.

일본서기는 그의 등장을 단지 양깡이 죽고 센까가 즉위하면서 「소가노이나메스쿠네蘇我稻目宿弥」를 대신으로 하였다 라고 간단히 기록하고 있다. 그러나 대신이란 중책에 임명되는 인재는 중신의 경력과 귀족반열에 대한 내력이 먼저 제시되는 것이 관례이다. 그럼에도 이나메의 경우의 이 간단한 표현 속에서 스쿠네'宿弥'라는 어울리지 않는 호칭 외에는 아무 것도 없다. '스쿠네'라는 호칭은 왕조에서 오래 사사仕事한 중신을 말하는 호칭인데, 그런 신분이 아닌 이나메를 센까왕이 '스쿠네'로서 대신에 임명했다는 일본서기의 기록은 뭔가 역시 석연치 않고 부자연스러운 것이다. 그것은 일본서기로서도 돌출적으로 등장한 백두 이나메에게 바로 대신으로 임명했다고 기록하기에는 어울리지 않았기 때문에 '스쿠네'라는 존칭을 만들어 붙였다고 보이기 때문이다. 소가씨는 일본서기 '履中紀'의 '蘇賀滿致宿弥'와 '雄略紀'의 소가노가라꼬韓子宿弥의 후손이라는 가력이 있다고 할지 몰라도 그런 조상이 있었다해도 오래 동안 왕조에 현직으로 근무한 조상이 없으면 평민이 된다. 소가씨는 '韓子'이후 7대왕 동안 아무 현직 배출이 없는 평민신분이 계속 되었다. 따라서 이나메는 그런 호칭을 받을 자격이 없는 것이다. 이나메는 지방의 토호로 농민 속에 묻혀 살아왔고, 센까대에 와서 돌출적으로 나타난 평민출신이었다. 돌출적이라는 표현 그대로이고, 그래서 그의 출현은 '안개 속에 떠오르듯이 나타난 인물'이라고 표현하는 것이다. 무언가 숨겨진 사연이 있고 부자연스러움이 배어난다.

그래서 일본 사학계에서는 센까왕이 이나메를 대신으로 임명한 것이 아니라 반대로 이나메가 센까왕을 세웠다고 보는 시각이 유력하다. 그렇다면 백두인 토호 '소가노이나메'가 무슨 수로 '센까'를 왕으로 만들 수 있었다는 것일까? 이 의문에 대해서 일본 사학자들은 위에 소개된 것 같은 반란설을 제기하는 등 의문을 제기하지만 깊은 연구는 없다. 그런데 이 반란설에 대해 아주 중요한 시사를 던져주는 역사와 고고학적 유적이 하나 있다. 그것은 정말로 '이나메'의 돌출적 등장에 대한 의문의 실마리를 풀어줄 수도 잇는 의미심장한 혁명적 사연이 숨겨져 있을 수 있다고 보인다. 앞에 언급된 동한씨의 조상사당 오미아시신사 경내에 있는 다음과 같은 문구가 새겨져있는 돌기둥(石柱)의 비밀이 그것이다.

「宣化天皇檜隈盧入野宮趾」

"히노구마檜隈 뜰의 센까천황 궁터"라는 뜻이다. 이미 그 지명에서 짐작할 수 있는바와 같이 '히노구마'는 '동한씨'들의 마을이고, '盧入野宮趾'는 동한씨의 조상 사당 '오미아시신사'의 경내이다. 그런데 어떻게 해서 센까왕의 궁이 동한씨 사당경내에 들어앉게 되었을까? 일본서기에는 「遷都于檜隈盧入野・因爲宮号也」라고만 기록하고 있는데, 그것은 단순히 여기에 왕도를 옮겼고 그래서 궁호가 되었다는 표현뿐이지만, 중요한 것은 일본서기 상으로도 센까가 아

센까천황의 궁터 石柱와 檜隈寺
檜隈寺跂와 於美阿志신사 경내,
飛鳥保存財團パンプレト ⑦

宣化天皇 宮跡비석

스까왕조의 첫 왕으로 아스까에 처음 궁을 지었다고 했다. 그 첫 궁
전을 지으면서 다른 좋은 자리도 많았을 터인데 왜 하필 상서롭지
못하게 타성의 사당 경내에 지었는가?

거듭 말하지만 이곳은 동한씨의 조상신이 모셔진 '오미아시신사'
의 경내이다. 이 경내에는 동한씨의 종가절氏寺인 히노구마사檜隈
寺도 있다. 조상의 사당인 신사는 엄중하고 경건하게 모셔진다. 삼
국사기나 중국사서에 나오는 고구려사 백제사를 보면, 죽은 조상, 특
히 시조 동명묘 사당은 도읍을 옮길 때마다 제일 먼저 옮겨 모시고
고구려와 백제의 왕은 동명묘廟에, 신라왕들은 박혁거세묘廟에 정초
마다 참배하고 있다. 시조의 묘지와 사당은 신성불가침이다. 이러한
풍습은 귀족들에게도 마찬가지이다. 소가씨와 동한씨들이 아즈까에

들어와서 가장 먼저 소중히 모신 것도 그들의 시조사당 '宗我坐宗我都比古'신사와 '於美阿志'신사이다.

그런 사당 경내를 종문 이외의 사람이 들어가려 할 때에는 종가의 허가를 받아야 함은 물론이다. 만약 외인이 무리하게 들어가려 할 때에는 피를 흘리는 일전으로 가문의 명예를 지키는 결투가 벌어질 것은 당연하다. 그런데 어떤 혁명적 사연이 이 신성불가침의 동한씨 조상사당의 경내에 외인 '宣化왕'의 궁이 들어설 수 있게 하였는가?

위에서 본 것처럼 동한씨는 아스까 히노구마에서 절대 다수를 점하는 주민의 종가이다. 그리고 동한씨는 소가씨와 함께 장차 '아스까시대'를 이끌어 갈 권력의 예비주체이다. 그만한 준비와 실력이 있었을 당시의 동한씨가 어떤 무력이나 위력에 밀려 사당경내를 내어주었다고 상상할 수는 없다. 그럼으로 어떤 혁명적 계기가 아니면 그 신성한 장소를 종씨도 아니요 동족도 아닌 왜인 센까의 궁으로 내어주는 일은 있을 수 없는 것이다. 일본서기는 물론이고 일본사학의 어떤 문헌 속에서도 홍미를 표하면서도 이에 대한 실마리를 찾아 본 흔적은 없다. 그러나 위에서 말한 서기상의 '게이따이繼体왕'(宣化의 아버지)이나 안깡과 센까에 대한 여러 설 과 내란 설, 이나메의 돌출적 등장 모습, 백제인 가야인이 절대다수인 히노구마 주민의 구조, 센까왕 궁터의 부자연스러움, 그리고 센까왕 이후의 소가씨와 동한씨의 집권과 득세상황 등은, 일본서기의 기록에서는 보이지 않는 이나메의 등장과 집권이 어떤 혁명적인 정변에 의해 이루어졌음을 추정해 보기에 충분한 상황이다. 하나의 경우는 안깡왕의 죽음은 일부 일본 사학자들이 이미 제기하고 있듯이, 토호들이 가담된 농민 반란에 의해서 살해된 것으로 보는 것이 통설이다. 이 반란 토호의 배후에 이나메가 있었다는 것이다. 그럼으로 이나메는 반란에서 반정을 일으켜 이기지 못하면 멸망할 처지였고, 이 과정에서 이나메가 동한씨와 손잡고 센까를 추대하는 과정에서 '오미아시신사' 경내에 본진을 틀고 그 반대 세력(大伴씨 모노노베씨 등)들과 결전을 치렀다고 보는 것이다.

상대가 누구이든 이나메의 등장을 반대한 세력을 이나메가 동한씨와 손잡고 제압하고 센까를 왕으로 추대, 이에 대항하는 구족들과 여기서 일전을 치른 것이 상황의 실제라고 보인다. 센까의 존재 때문에 실제로 상대를 살상 제거하는데 까지에 이르지는 않았던 것 같지만 이 대진과정에서 동맹군인 동한씨가 지형상 유리한 위치인 '於美阿志신사' 경내를 흔쾌히 이나메와 센까의 본진으로 내어주었던 것으로 본다. 이나메와 동한씨들에게 있어 이 싸움은 필사적인 것이었고, 따라서 사당경내에 센까와 소가씨 수뇌부의 전투지휘소가 설치됨으로서 손상되는 가문의 명예라는 것은 문제가 되지 않았을 것이다. 또 이 투쟁에서 동한씨의 적극적 가담여부는 이 대결의 승패에 결정적 요소였다. 그것은 아즈까 주민의 응원이 절대적으로 필요한 상황에서 그 다수 주민을 지도할 수 있는 위치에 있는 것이 동한씨 가문이었기 때문이다. 이런 판단을 토대로 앞에 제기되었던 여러 의문을 상기해 보면 그 해답이 저절로 선명하게 떠오른다. 이나메는 센까와 손잡음으로서 반대세력을 제압하고 싸움에 이겼고 그 결과는 부전승에 가까운 것이었다고 보인다. 싸움에 이긴 후 소가씨들은 센까를 추대하고 반대 세력을 포섭하였기 때문이다.

이런 사유가 센까가 일시 머물었던 「宣化天皇檜隈盧入野宮趾」의 돌기둥 비문에 서렸던 비밀이었던 것이다. 그후의 소가씨 득세시대에 동한씨들이 계속 영화를 함께 누리는 것은 당연하고 자연스러운 것이었으며, 그 영화는 일본서기에 기록되어있는 바와 같다. 어떻게 보던 결국 센까왕은 이나메에 의해 만들어진 왕이었다. 그 이후의 시대가 정변의 주체였던 소가씨의 시대가 되었다는 것은 너무나 당연한 순서가 아니겠는가? 일본서기에서 센까가 이나메를 대신으로 임명할 때 '大伴金村'와 '物部오鹿火'를 오무라지大連로 같이 임명하였다고 했는데 이는 이들이 정변 후 포섭되었음을 뜻하는 것이다. 두 구족이 명목상 고위직에 임명되었지만 그 후 역할이 별로 없는 것은 이들의 포섭된 처지를 보여주는 것이다. 좀 더 연구되어야 하겠지만 이나메의 등장과정은 河內세력이 三輪세력을 통합하는 과정으로 볼 수도 있다.

4) 소가家와 천황家

일본서기에서 볼 때, 소가가문은 정권을 잡은 후, 야마도왕실과 적극적인 혈연을 맺음으로서 천황가와 소가가문의 일가화一家化를 도모했다. 뿌리 깊은 미와왕계의 근원을 소멸시키려는 이나메의 깊은 의도가 숨어있었던 것 같이 보인다. 어쨌던 다음 그림에서 보는 것처럼 소가씨는 계속해서 소가가와 천황가의 혈족화를 도모했다. 소가씨 종가에서는 이나메와 우마꼬대에서만 딸들이 다섯 명 천황의 비빈으로 들어갔다. 처음 왕실에 들어간 이나메의 딸 기다시히메堅塩媛(欽明妃)의 몸에서만 7남6녀의 왕자녀가 탄생하였다.

이나메는 센까에서 긴메이欽明대까지 24년간을 실권대신大臣으로 있으면서 '소가왕조'100년을 치밀하게 설계했다. 그 두 줄거리가 소가가와 천황가를 혈통으로 묶어 일가화하는 것과 왕실의 재정과 왕권을 강화하는 것이었다. 그 첫 단계로 딸들을 천황가에 들여보냈다.

소가시대에 소가가문의 딸들 11명이 천황의 비빈으로 들어갔고, 그 몸에서 천황5명(用明 推古 崇峻 持統 元明)을 낳았다. 성덕태자도 낳았는데 그는 요메이用明의 아들이고 우마고의 딸을 빈으로 맞음으로서 우마꼬의 사위도 되고 조카(누이의 아들)도 된다. 일본 사람들이 추앙해 마지 안는 성덕태자도 사실상 소가씨의 아들 이었다. 이 시대의 천황들은 죽은 후 모두 소가씨 선산에 묻혔다. 소가가와 천황가는 사실상 '一家化'되어 있었던 것이다.

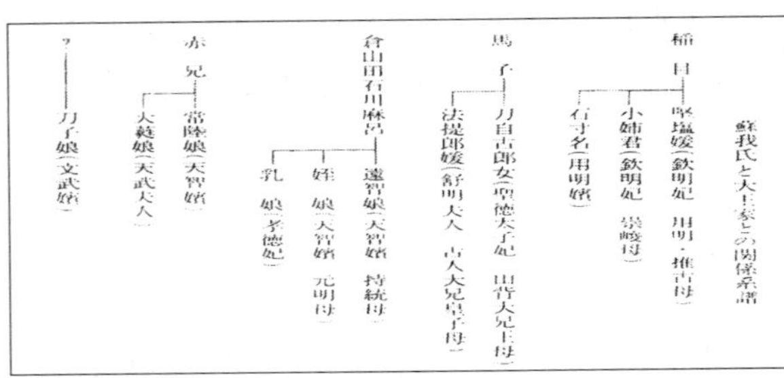

蘇我家와　天皇家의 系譜

※소가家와 성덕태자

일본사학은 아스까시대의 주역으로 聖德太子를 항상 부각시키고 사실상 주역이었던 소가씨들에 대한 언급을 피한다. 그러나 아스까시대는 소가씨가 권력의 전권을 행사한 왕조였다. 일본사학이 소가씨를 소외시키는 이유는 두 가지이다. 하나는 소가씨들이 집권기간 동안 천황과 황자들을 죽인 것이 尊皇史觀과 배치되기 때문이고, 두 번째는 그들이 이마끼(백제인의 후예)라는 사실이다. 이 때문에 일본사학은 찬란한 아스까왕조사의 업적을 자랑하면서 그 주역이었던 소가씨는 덮고 사실과는 다른 성덕태자를 앞에 내 세운다. 그러나 성덕태자는 소가 전성시대에 겨우 15세의 아이였다. 40세인 실권자 馬子의 상대가 될 수 없는 어린 나이였고 馬子보다 7년이나 먼저 죽었다. 馬子 앞에 나서서 설칠 수 있는 나이도 시간도 없었다. 일본서기 用明紀와 推古紀의 서두에 그를 「總攝萬機·皇太子」등으로 나오는 것을 근거로 일본사학자들이 推古왕의 섭정이고 정사가 그에 의해 모두 관장된 듯이 말하지만 실제는 그럴 수 있는 나이도 환경도 아니었다. 일본서기에 나온대로 馬子는 무골형의 격정적인 과단성을 가진 인물이었다. 정적인 천황 황자 대족 모노노베씨를 가차없이 선수를 써서 제거한 사람이다. 그런

그 앞에서 만일 25세나 어린 성덕태자가 주역을 한다고 어른거렸다면 그대
로 놔두었겠는가?. 그리고 성덕태자는 소가가에 대항한 인물이 아니라 철저
한 소가가의 사람이었다. 모노노베모리야를 칠 때 앞장선 그의 자세로도 알
수 있다. 그는 馬子에 의해서 推古의 다음을 이을 황태자로 협력자였으나
불행이도 일직 죽었다. 그가 한일은 절 두 개를 지은 것이 전부이다.

소가씨 전성시대는 아니지만 여전히 소가씨 대신가인 이시가와구
라야마다마로石川倉山田麻呂와 아까에가赤兄家에서 들어간 딸 다
섯 중 덴찌天智의 빈嬪이 된 '遠智娘과 姪娘'의 몸에서 지도持統
(40대)와 겐메이元明(43대) 두 여황이 나왔다. 결국 소가씨 혈통에서
5명의 천황과 성덕태자를 생산한 것이다. 소가씨혈통은 아니지만 35
대 천황 고교꾸(35대舒明의 황후, 뒤의 齊明천황)도 사실상 소가가
의 사람이었다. 소가가의 권력의 막장인 「乙巳의 변(蘇我入鹿의 참
살)」현장에 있다가 그 충격을 이기지 못하고 천황위를 물러났다가
뒤에 다시 사이메이齊明천황으로 재 등극하여 백제가 신라와 당의
공격을 받아 위기에 있을 때에 반대와 '사보타지'를 무릅쓰고 백제
구원군을 출동시킨 여왕이다. 쯔꾸시(북구주)로 나가서 출동군을 행
궁에서 독려하다가 거기서 죽었다. 소가씨전성시대는 센까에서 고교
꾸까지로 8대에 걸친 110년(535-645)간이다. 황국사관의 근원인 일본
서기에서조차도 천황(推古)의 입으로 직접 "짐은 소가가에서 나왔다.
대신(馬子)은 나의 숙부다."라고 말한 것을 기록하고 있다. 주73)

또 죠메이기舒明紀에는 그가 즉위하기 전, 아직 천황위 승계가
결정되지 않은 가운데, 뒤에 천황이 되는 죠메이의 형으로 유력한
황위후보자의 한 사람인 '야마시로대형왕'의 동모형 핫세중왕은 중
신으로부터 황위 문제에 대해 상의를 받자, "우리 부자는 다 소가씨
로부터 나왔다. 천하가 다 아는 바이다. 그 때문에 높은 산처럼 '그

(소가노에미시대신)'를 의지하고 산다. 후사를 쉽게 말하지 말아다오"라고 대답했다. 이 이야기는 에미시의 의중을 따를 뿐, 다른 의견을 말할 수 없다는 뜻이다. 일본서기의 이 두 기사는 천황가가 사실상 소가가가 되어 있음을 증언하고 있다. 이와 같이 천황가와 소가가가 사실상 일가였다는 것은 소가시대의 천황들이 죽은 후 모두 소가씨 선산이라고 볼 수 있는 가와찌의 '시나가다니'(太子町)에 묻혀 있다는 사실로도 알 수 있다. 다음 표는 가와찌와 아즈까시대의 천황의 궁과 능 소재지이다.

<표10> 가와찌와 아즈까시대의 왕궁과 왕릉의 소재지, 馬子에게 죽은 崇峻을 뺀 모든 왕릉이 백제인 촌에 있다.

時代	天皇	宮 名	推定 宮址	陵 位置
河內	應神	明宮	高市郡飛鳥橿原백제촌	河內 古市 백제인촌
	응신	難波 大隅宮	河內, 大阪東區백제촌	
	仁德	難波 高津宮	河內,大阪 東區백제촌	河內百舌鳥,堺백제인촌
	履中	磐余若櫻宮	奈良, 櫻井市	河內百舌鳥,堺백제인촌
	反正	丹比柴籬宮	河內, 大阪府 松原市	河內百舌鳥,堺백제인촌
	允恭	遠飛鳥宮	高市郡 飛鳥백제촌	河內 北 古市백제인촌
飛鳥	宣化	檜隈 盧入野宮	高市郡 飛鳥東漢氏촌	飛鳥 坂上陵백제인촌
	欽明	師木嶋大宮	奈良, 櫻井市	飛鳥檜隈坂合陵백제인촌
	敏達	百濟 大井宮	야마도 아스까백제촌	河內 太子町소가씨선산
	用明	池辺 雙槻宮	奈良, 櫻井市	河內 太子町소가씨선산
	崇峻	倉椅宮	奈良, 櫻井市	櫻井市 倉椅岡上
	推古	豊浦宮	高市郡 飛鳥백제촌	河內 太子町소가씨선산
		小墾田宮	高市郡 飛鳥백제촌	
	舒明	飛鳥 百濟宮	高市郡 飛鳥백제촌	飛鳥 押坂陵백제인촌
	皇極	飛鳥板蓋宮	高市郡 飛鳥백제촌	飛鳥小市岡上백제인촌
	孝德	飛鳥板蓋宮	高市郡 飛鳥백제촌	河內 太子町소가씨선산
		飛鳥 川原宮	高市郡 飛鳥백제촌	

天智	志賀 大津宮	滋賀현大津市, 現京都	京都市 山科區
天武	飛鳥 淨御原宮	高市郡 飛鳥	飛鳥檜隈 大內陵
持統	飛鳥 淨御原宮	高市郡 飛鳥	飛鳥檜隈 大內陵

한국에서도 그렇지만, 당시 일본에는 '오꾸쯔기의 원칙「奧津城の 原則」'이라는 관례가 있었는데 그 뜻은 천황과 황족 및 주요 귀족들은 죽은 후 반듯이 가문의 본관지에 묻힌다는 것이다. 표에서 보는 시대는 가와찌왕조와 아스까왕조시기의 왕궁과 천황능의 소재지이다. 웅신에서 인쿄允恭 부레쯔武烈까지는 천황능이 거의 가와찌의 백제인촌이다. 아스까시대의 천황능들은 아스까 히노구마와 가와찌 태자정(磯長谷) 두 곳에 있다. 가와찌 이시가와에는 곤지왕의 사당이 있고 소가씨의 조상 목만치가 정착했던 곳이다. 그 부근인 태자정은 소가씨의 선산이다. 29대 긴메이欽明왕은 가장 백제적인 삶을 산 왕인데 시끼시마대궁의 내전에서 죽었다는데, 빈소는 가와찌의 후루이찌에 차렸고, 묘지는 백제인촌 아스까로 돌아와 묻었다. 죽은 곳은 나라(櫻井)이고, 장례를 치른 빈소는 가와찌(古市)에, 시신이 묻힌 곳은 아스까(檜隈)의 판합능坂合陵이다. 어떻게 이런 식으로 돌게 되었는가? 소가시대의 왕으로서 백제와 처음 정식국교를 맺었고 백제문화의 세례를 듬뿍 받았던 그가 죽어서 백제인촌을 차례로 순행한 후 백제인촌에 묻인 것이다.

5) 소가씨 3대는 사실상 대왕, 그들의 저택은 대궐이었다

일본서기상의 아스까시대 천황궁터는 하나도 발굴 확인 된 것이 없다. <표11>의 궁터에서 긴메이(29대)의 시끼시마師木嶋 대궁이라던가 스이꼬의 고하리다'小墾田궁터'라는 것이 있지만 '시끼시마

궁’은 궁지가 확인된바 없으며 ‘고하리다궁터’는 이나메의 저택이었
다. 후지하라경으로 불리는 아스까 ‘기요미바루궁터淨御原宮址’라는
것은 아즈까왕조가 아닌 40대덴무·41대지도의 궁터이다. 일본서기
상의 소가시대의 왕은 28대센까-37대고교꾸皇極까지이지만 위 ‘고하
리다궁터’ 외에 발굴조사 된 궁터도 없고 유물도 하나 없다. 이것은
그들이 사실은 왕이 아니었다는 증거라고 볼 수 있다.

　이와는 대조적으로 소가씨의 집권 4대(이나메·우마꼬·에미시·이루
까)의 저택 터는 모두 확인되어 발굴 조사되었다. 그 저택들은 모두
굉장한 스케일로, 그 호칭된 이름과 같이 문자 그대로 궁궐이었다.
그 거대한 규모, 호차스러운 시설들, 올려진 기와 사용된 즙기 등이
발굴되었는데 모두 기명이 새겨진 도기였다. 아즈까촌의 무꾸바라에
있던 이나메의 저택은 뒤에 스이꼬(33대)가 들어가 살게되어 ‘고하
리다궁’으로 불려 진짜 궁터가 되었다. 이 저택의 규모가 얼마나
컸던가 하는 것은 아즈까왕조의 백제인 시대를 실질적으로 끝막음
한 「壬申の亂」때의 덴무가 대규모 병기고로 썼고, 뒤의 나라시대의
준닌淳仁왕(47대)시절에는 쌀 창고가 되어 정미 삼천곡을 저장하였
다는 사실로 충분히 짐작이 가는 규모이다. 이 집터가 발굴되기 전
까지 이 유적은 ‘古宮土壇’이라고 불렸다고 한다. 이 저택의 후원에
는 ‘무꾸바라노덴’이라는 별채의 전각이 있었는데 이 전각이 백제의
‘성왕’이 보낸 첫 불상이 안치된 곳이고, 현재 ‘向原寺’로 남아있는
일본의 첫 절이다.

　집터 발굴조사에서 ‘고하리다小墾田’이라는 ‘묵서명’이 들어있는
도기가 나왔다. 이나메는 이 저택 외에도 ‘오가루’에 ‘가루노마가도
노輕の曲殿’라는 별저가 있어 후기에는 여기서 주로 집정했다고 한
다. 우마꼬의 저택은 ‘輕の宅’ ‘槻曲宅’ ‘石川宅’ ‘島の庄’ 등으로

불리는 여러 곳에 있었다. 이나메와 같이 우마꼬도 독실한 불교 신자였고, 그는 '石川宅'의 후원 동쪽에 불사원을 짖고 미륵불 석상을 하나 안치하고 참배하였다. 모노노베노모리야가 불태운 불전이 있던 곳이다. 일본서기에 의하면 그의 복심 '오도모히라후노무라지'는 오도모가의 사람이었으나 우마꼬의 심복이 되었는데, 모노노베노모리야와의 싸움이 잇기 전날, 모리야가 야습을 하려하고 있다는 정보를 알고 히라후가 가병을 거느리고 활과 살을 지닌 채 가죽방패를 왼손에 들고 '槻曲邸宅'을 밤낮을 불구하고 저택을 돌며 지켰다는 기사가 있다. 이 저택의 둘레에는 해자가 둘러있었다. 시대가 험한 때라 대 호족의 저택은 거의 모두 이와 같이 요새화 되어있었던 것으로, 지금의 오사까성이나 나고야성 히메지성姬路城 같이 '천주각'이 갖추어져 있지는 않았으나, 해자를 두르고 외성을 쌓고 사위를 관찰할 수 있는 망루가 세워진 성채였다. 우마꼬의 '槻谷邸宅'도 이와 유사한 해자와 성채로 둘러싸인 성이었다. 그러나 우마꼬가 외국사신을 마지하고 정사의 태반을 보았던 저택은 현재 히노구마에서 발굴된 시마노쇼'島の庄'였다고 한다. 발굴에서 확인된 바에 의하면, 이 저택에는 부여의 '궁남지'를 본뜬 적은 연못이 있었고 그 한 가운데 인공 섬을 만들었는데 호수의 넓이가 42m, 깊이 2m로 우환방형隅丸方形이라고 하였다. '우환방형'이 어떤 모양인지는 잘 모르겠으나 부여의 '궁남지'를 닮은 것이라고 하니 그 모양과 비슷했을 것이다. 일본서기에 사람들이 그를 '섬 대신'이라고 부른다고 했는데 그 연유가 이 연못의 적은 섬에서 온 이메지였던 것이다. 발굴할 때 연못 바닥에서 이 저택에 올렸던 기와 조각과 저택에서 사용하였던 도기가 나왔는데 7C전반 것으로 기명이 확인되었다. 이 '시마노쇼' 저택은 뒤에 중대형(天智)이 쿠테타 성공 후 여기에 와 머물고 덴무의 궁으로도 쓰였다고 한다. 에미시와 이루까 시대에 이르러서 그들의 저택은 더욱 더 커지고 화려해 진다. 아즈까 도유라의 아마가시오까 甘樔岡 언덕에 나란히 있었는데 모두 궁궐로 불렸다.

아비 에미시의 저택을 '윗 대궐'의 호칭인 가미노미까도 '上の宮門'라고 부르고, 그 아들 이루까의 저택을 하자마노미까도 '谷の宮門'라고 불렀다. 저택의 둘레를 성채로 두르고 문루 가까이에 무기고를 두었으며 매 문마다 수조와 위병소를 두어 화공에 대비했다고 하였다. 문에는 항상 장수와 특별히 훈련된 50명의 동국병사들이 지켰다고 한다. 성채의 내부에 본전과 객전이 구분되어 지어졌고, 객전은 외국의 사신들을 접대하고 머물게 하는 영빈관이었다. '아마가시오까'는 지금의 '甘橿丘'이며 '아즈까의 전망대'로 유명해 졌는데, 진무神武의 '가시하라신궁'이 있는 '우네비산' 바로 동쪽이다.

'소가삼대'라는 책에는 이들 소가씨의 저택은 단순한 일상생활을 하던 사가가 아니라 종교 정치 군사 외교 등이 이루어지던 당시 정치와 권력의 중심부였다고 기술하고 있다. 이러한 기술은 우리가 서두에서 소가시대의 천황들의 왕궁터가 거의 전무한 것을 확인했지만, 이런 비교에서도 알 수 있는 것처럼 천황이라는 존재는 권력을 행사하는 왕이 아니고 사실은 구가(舊家, 천황가)의 사당을 지키는 제사장이었음을 말해준다. 서열상으로는 높고, 국민들로부터 존경을 받는 존재였겠지만, 기·기의 기록과는 달리 권력과는 관련 없는 지위였던 것으로 본다. 그것은 중근세의 막부와 천황과의 관계와 비슷했던 것으로 볼 수 있다. 소가시대는 왕권 전통이 없던 시대를 이은데다가 고대국가로서의 국가권력체제가 아직 덜 확립되었던 시대임을 감안한다면 이 시대의 '천황가'라는 것이 사실상 종묘의 제례를 관장하는 이상의 역할은 없었을 것으로 본다. 일본서기의 사실과 상반된 왕권 천황관은 중국황제를 모방한 일본서기 찬자의 붓끝에 의해서 조작된 허구의 천황에 지나지 않는 것이다.

소가씨 4대가 사실상 대왕이었다는 것은 전후사학에서 여러 학자들이 주장하는 것이지만, 저택을 궁궐로 부르고 아들딸들을 왕자라 불으며, 외국사신과 조정대관을 불러 연회를 열며 중국에서 황제만이 출 수 있다던 팔유무八佾舞를 추고, 이루까가 궁중 쿠테타로 참살되고 에미시는 자살했음에도 그들이 죽은 후 묻인 묘가 大陵과 小陵으로 불렸다는 것은 무엇을 말하는가? 그들이 사실은 왕이었으며, 자칭이 아니라 타칭에서도 왕이었다는 이야기가 아니겠는가? 일본 사학계에서도 그들이 사실상 대왕이었다고 보는 시각이 상당히 많은 것은 역사의 진상이 그렇다는 것을 반영하고 있는 것이라고 본다.

6) 소가씨는 백제인 목라만치木羅瞞致의 후손

소가씨의 출신에 대해서는 당연한 순서로 다음 두 개의 상반되는 설이 잇다.

소가씨가 '이마끼今來'로 백제인의 후예라는 주장과 그것이 아니라 '후루끼古來'라는 주장이 그것이다. 후자의 주장에는 좀 미묘한 점이 있어 충분한 검토가 필요하다고 본다.

'후루끼古來' 이마끼今來란?

섬사람들의 좁은 마음으로 편가르기를 한데서 오는 아즈까시대의 편파적 호칭이다. 고분인들 가운데 열도에 먼저 들어온 자와 늦게 들어온 자에 대한 차별이다. 그 호칭 속에는 늦게 들어온 자 (주로 5C이후에 들어온 백제인)들'을 그전에 먼저 들어온 자들(주로 나라분지에 들어온 천황족과 신대기에 선조유래가 있는 구족들)이 자기들을 先住者 기득권자라고 인식하는 분위기에서 유래된 것 같다.

소가씨를 '후루끼'라고 보는 설은 '소가씨'의 전신이 매우 이른시기에 건너간 본토배기라고 보는 관점이다. 다음은 '아스까자료관' 발행의 '소가삼대'라는 책에 기재된 문제의 요점이다. "소가씨가 역사의 무대에 등장하는 것은 꾀 늦은 시기로 아스까시대의 대성귀족 가운데서도 모노노베씨나 오또모씨처럼 신화와 전승시대부터 여러 모습으로 등장하며 이야기를 남긴 연면히 긴 계보를 자랑하는 호족이 아니다. 소가씨 출신에 대한 하나의 관점은 『소가씨는 정치무대에 등장할 때까지 눈에 띠지 않게 살던 재래족(후루끼)의 일족으로 차차 실력을 쌓은 후 아스까시대 직전에 정치무대의 표면에 갑작이 뛰어들었다』고 보는 주장이다. 이와 대조적인 다른 관점은 『소가씨는 한반도에서 일본으로 건너온 도래인(이마끼)으로 새로운 지식과 기술로 무장하고 경제적인 실력기반을 갖춘 후 권력의 중심에 끼어들게 된 사람』으로 보는 관점이다. 주74)

전자는 소가씨가 본래 소가정에서 구슬제조업(玉造り)으로 돈을 벌어 정치무대에 뛰어든 '후루끼'(토박이)임을 강조하고, 후자는 훨씬 뒤에 들어온 '이마끼'(도래족)임을 주장한다. 두 주장에서 주목할 점은 두 경우에서 모두 '소가씨가 다른 귀족과는 달리 당시의 아스까 정치무대에서 갑자기 등장하는 돌출적인 존재라고 본다는 점이다. 전자든 후자든 5C에 건너온 사람들이고 큰 차이가 별로 없다고 보지만, 세력가에 대한 시기심의 작용이든 텃세이든 무엇인가 차별할 구실을 찾는 관점인 것으로 보인다. 소가씨를 후루끼라고 보거나 이마끼라고 주장하는 양쪽이 내용은 다르지만 소가씨가 정치무대에 갑자기 뛰어든 신출이라고 보는 것은 소가씨가 당시의 아즈까왕조의 귀족들과는 무엇인가 어울리지 안는 분위기가 있는 사람들이었다는 것을 말하는 것이다. 그것은 너무나 당연한 이야기이다. 소가씨 일족

은 늦게 일본으로 건너온 백제인의 후예이고, 혁명적 정변으로 등장
하는 돌출적 존재이기 때문이다. 따라서 소가씨가 구성대족들에게는
낯설고 그들의 분위기와 어울리지 않는 사람들일 것은 당연하다. 일
본서기나 기타 소가씨에 대한 연구서에서 볼 때, 그들이 권력을 잡
은 후 등장하는 그들의 세력기반이나 협력자들도 거의 이마끼들이
며, 그 세력을 뒷받침하는 것의 거의 전부가 백제와 연결된 사항들
이다. 소가씨의 저력은 모두 백제의 신지식과 기술, 신 물품과 불교
와 관련된 것들이었다.

　소가씨의 근거지는 다께찌군高市郡 가시하라시橿原市 소가정曾
我町이다.

　실제로 소가씨 계열들은 가시하라시의 소가천川 연변에 살고 있
었다. '소가천, 소가정' 등의 지명이 이곳이 소가씨의 근거지였음을
말해준다. 이 강이 언제부터 소가천으로 불리는지 분명하지 않지만
원래는 백제강이었던 것 같다. 백제강이 소가강으로 바뀐 것은 7C중
반이후인 것 같다. 죠메이기舒明紀(629-641)에는 '百濟川'이라는 것
이 나와 있다. 이곳은 소가씨의 원 근거지 가와찌 이시가와와 아나
무시고개를 하나 사이에 두고 연결되는 곳이다. -목만치의 처음 정
착지 河內 石川 골짜기 지도 참조. 소가씨의 선조에 대하여 일본서
기는 두 줄거리의 기록을 남기고 있다.

　① 소가씨의 선조가 일본서기상 8대인 고겐孝元천황의 아들 다께
우찌建內(竹內, 武內로도 쓴다)스쿠네라고 주장하는 '소가씨' 자신
의 주장계보이다. 이것은 명백히 조작이라는 것이 통설이다. 당시 소
가씨가 권력을 잡고 천황가와 밀착되어있던 시기에 자신들의 뿌리를
민중의 인기가 있는 '황족계보'로 만들기 위해 당시 소가씨와 협력
관계이던 씨족들인 가쯔라기葛城씨 헤꾸리平群씨 등과 결탁하여 가

소가씨 조상사당, '宗我坐宗我都比古' 신사

공인물인 '孝元천황'의 아들 다께우찌스쿠네에 가다 붙인 것이라고 한다. 이 계보가 조작이라는 것은 고겐과 다께우찌스쿠네가 모두 전승적인물이고 실제 인물이 아니라는 것으로 알 수 있다.

한편, 소가씨는 신찬성씨록에 '蘇我石川朝臣'이 황별에 들어있고, 그들의 조상 중 소가이시가와아손도시다리'蘇我石川朝臣年足'의 묘지명도 남아있어 그들이 가와찌 이시가와石川출신임을 말해준다. 소가씨의 일본내 선조인 '목만치'(蘇賀滿致)가 가와찌왕조(履中朝)에 중신으로 근무했다고 일본서기에 기록되어있다. 그리고 '乙巳之変' 이후의 방계 소가씨에는 '石川倉山田麻呂'(소가노에미시의 동생)가 있고, 뒤에 소가씨들은 '이시가와'를 그들의 성씨로 쓰겠다고 청원했다. 이는 소가씨의 근거가 '가와찌 이시가와'임을 말한다. 소가씨들은 황별씨족(孝元의 후예)임을 뒤 받침하기 위해 가쯔라기산지(葛城山地)의 '綏靖'궁지(일본서기상 2대천황)라는 곳에 소가씨의 조상사당인 조묘(宗我坐宗我都比古神社)를 에미시가 세웠다. 주75) '스이제이궁지'라는 것은 일본황실의 능묘를 관리하는 궁내청이 아무런 근거 없이 이 지역의 가장 큰 고총고분을 지정했을뿐, 스이제이란 인물이 실제로 있은 것은 아니다. 가쯔라기씨들은 그 고분들을 자기들 조상들 묘이며 그들이 세웠던 '가쯔라기왕조'의 근거지라고 했다. '스이제이나 고겐'이 들어있는 일본서기의 '神武' 카이까'開化'까지 9대가 모두 자신들의 조상이라고 한다. 일본사학은 神武를 제외한 이들을 '缺史八代'라고 하고 가공 조작된 것으로 친다. 다음의 소가씨氏'계보는 소가만치부터가 실제인물이다. 이 계보를 볼 때 한눈에 알 수 있는 것은 누가 보아도 '竹內宿弥·蘇我石川宿弥'와 '滿致 韓子 高麗'는 서로 닮은 것이 없는 이질적이고, '滿致'부터가 백제식이란 점이다. 아래에서 검토되는 것처럼 소가씨는 분명 백제인이고 滿致부터 시작된다. 아스까資料館 발행의 「蘇我三代」에서는 소가씨계보에서 '竹內宿弥· 蘇我石川宿弥'를 빼고 있다.

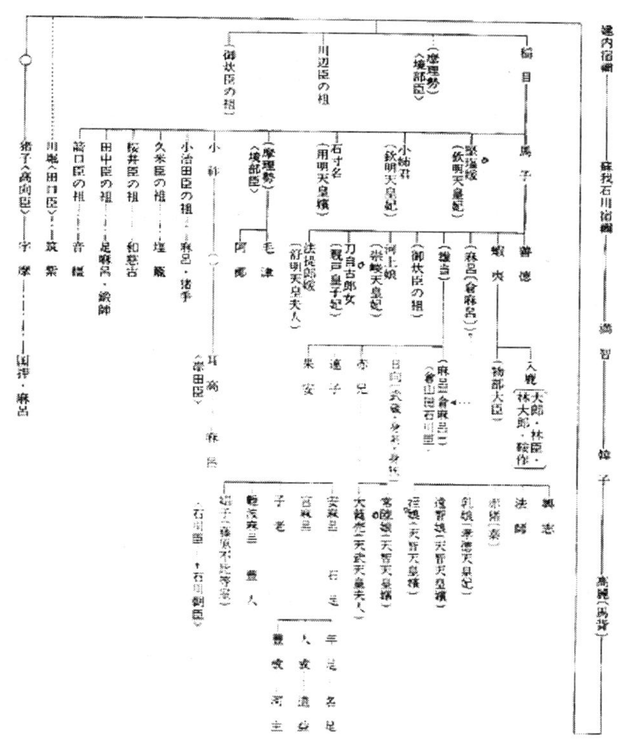

소가씨의 계보
黛 弘道, 蘇我氏と古代國家, 6-7쪽.

②는 일부 일본사학자들의 시각이다.

구로즈미히로미찌黛 弘道의 저서 「蘇我氏と古代國家」의 제3장 '소가씨의발전'을 쓴 야마오사찌히사山尾幸久는 거기서 '소가씨의출신'에 대해 다음과 같이 쓰고 있다. 주76)

"소가노이나메의 등장은 안개 속에서 불숙 낳다났다는 인상 그대로이다. 야마도국 다께찌군 소가정 출신이라고 한다. 그 조상은 유력하다고 말할 수는 없는 미미한 토호 출신인 것 같다. 「舒明卽位前記」에는 「소가의 田家(소아씨들이 자란 곳)」라는 기록이 있고, 또 「新抄格勅符抄」에는 「蘇我의 神」이란 것이 있고- 806년, 「延喜式神名帳」에는 야마도국 다께찌군「宗我坐宗我都比古神社二座」라는 고신사도 있다. 여기가 소가씨의 원생지라는 것이다. 또 「紀氏家牒」에는 '蘇我石川宿弥는 大倭國 高市縣 蘇我里에 본가가 있었다고 했다. 소가씨라는 성은 이에 연유한다고 보인다. 이들이 '蘇我臣氏'와 '川辺臣氏'의 선조라고 할 수 있다." 이것이 일본 전통사학자들의 소가씨 출신에 대한 일반적 인식의 집약이라고 볼 수 있다. 그러나 그 근거라는 것이 모두 7세기 이후에 만들어진 문헌들에 기초한 것으로 인용뿐으로 자료근거가 없다는 것을 보여주고 있다. 가장 오래된 자료가 「舒明卽位前記」인데 죠메이舒明의 재위기간은 629-641이다. 이 학자들의 입장은 소가씨를 어떻게든 백제인으로 보지 않으려는 이른바 소가씨 '在地人'설들이지만 근거 자료가 빈약하다. '舒明'은 소가씨가 아직 전성시대를 누리던 시대의 천황이다. 아즈까의 다께찌군은 원래 이름이 '이마끼아야노고호리'(今來漢郡)이다. 새로 아라가야에서 온 아야씨들의 '고을(郡)'이란 뜻이라고 응신기에 해석이 나와있다. 이 군은 응신이후에 만들어진 고을이고 이는 소가씨가 응신시대이후에 들어온 사람들이라는 것을 말한다.

고호리コホリ(郡)

　　일본 고사기와 일본서기 萬葉集 등 일본 고대사 기록에서 '郡을 고호
리コホリ'라고 훈독하고 있다. 일본에는 현재 '郡'이라는 지방행정단위
가 폐지되어 없으나, 1945년 이전의 일본에는 「縣-郡-町(村 또는 里)」
의 지방제도가 있었고, 여기서 郡을 'コホリ'라고 읽었다. 이는 명백히
한국말 '고을(郡, 고어는 고흘)'에서 온 것이다.

'宗我坐宗我都比古神社'는 7C에 세운 것이다. 그러나 소가씨들
이 이곳에 상당히 일직 들어와 이곳을 개척한 사람들의 하나라는 것
을 위의 글들은 말해주고 있기는 하다.

　③은 일본서기와 삼국사기 백제본기에 실린 목만치에 관한 기록
들로, '소가씨가' 백제인 '木滿致'의 계보를 있는 후예들임을 기록한
근거들이다. 일본서기 응신25년조에는 '백제기'를 인용하여 「百濟記
云, 木滿致者 是木羅斤資 討新羅時 聚其國婦 而所生者也」라는
'목만치'의 출생기록이 있다. 풀이해 보면 "백제기에서 말하기를 목
만치라는 자는 목라근자가 신라를 토벌하러 갔을 때 그곳의 여자를
취하여 낳은 자이다"라는 뜻이다. 목라근자는 백제의 「서남전략」작
전시 근초고왕의 명을 받아 왜장과 함께 신라를 치고, 가야 7국을
평정한 백제의 장군이다. 일본서기 응신기25년조는 계속해서 목만치
에 대해 다음과 같이 기록하고 있다.

　　"… 木滿致執國政. 與王母相婬, 多行無禮. 天皇聞而召之."

풀이하면 이 문장 앞에 백제의 직지왕(腆支王)이 죽고 어린 왕자
가 왕이 되었는데 "목만치가 국정을 돌보고 있었다. 그런데 목만치가
왕모와 상간하는 등 무례한 행사가 많았으며, 이것을 들은 응신이 그

를 일본으로 소환하였다"고 하는 것이다. 목만치의 아버지 목라근자는 근초고왕의 「서남전략」을 거의 성공단계에까지 이끈 장군이고, 그 아들 목만치는 그로부터 8대 후의 개로왕의 신하로 다음 왕이 될 문주태자와 함께 신라에 구원병을 청하러 남행 하였다고 삼국사기에 쓰여있다. 신라에서 구원병 1만명을 얻어 간 것은 문주왕자이고 목만치는 남행하여 왜에 청병 하러 간 것으로 해석되고 있다. 그리고 이때의 일본은 아직 가와찌와 나라奈良 등에 지역 독립왕국들이 병립되어있던 시기로 백제가 상대하고 있던 왜는 구주 왜였다.백제는 긴메이왕 때부터 야마도왜와 정식 외교관계를 가지게 되는데, 목만치는 구주에서 군병 모집이 여의치 못하자 가와찌로 간 것으로 보인다. 가와찌로 간 목만치를 일본서기는 '百濟記'를 인용하여 백제와 가와찌 신왕국의 관계를 거꾸로 조작하여 소환했다고 한 것이다. 하여튼 이 응신기의 기사와 리쮸기履中紀로 목만치가 가와찌 왜로 건너간 것이 확인된다. 백제의 상황을 보았을 때 목만치가 이 시기에 가와찌 왜에 갔고 목만치가 간 가와찌 왜는 곤지왕제의 신왕국 이었다. 백제기의 신왕국을 일본서기의 찬자들이 응신왕조로 바꾼 것이 일본서기의 응신기의 목만치 소환 운운하는 기사이다. 하여간 일본서기는 응신기에서 목만치가 일본에 왔다고 처음으로 확인하고 있다. 그런데 일본서기상 목만치가 응신의 소환을 받아 왜로 갔다는 연대는 서기415년(390+25)이 됨으로 삼국사기와는 60년의 시차가 난다.

삼국사기 백제본기 개로왕21년(475)에 한성이 고구려군에 함락되기 직전, 개로왕이 태자 문주와 목만치를 불러 신라로 가서 구원병을 청해오도록 명령하였다고 했는데, 한성이 함락되는 것이 475년임으로 이를 기준으로 한다면 목만치가 일본으로 건너간 연대는 응신기 보다 훨씬 후대가 된다. (그러나 II-4-③에서 검토된 바와 같이 응신연대는 실제연대가 아니다.) 목만치가 일본으로 건너갔다는 것을 확인하는 일본측 기록으로는 앞의 응신기(응신 25년)말고도, 인덕 다음 왕 리중기履中紀에는 「當是時, 平群木莵宿弥·'蘇賀滿致宿弥'·物部伊莒弗大連·圓豆夫羅大使主, 共執國事」라는 기사가 있다. 이 '蘇賀滿智宿弥'를 목만치로 본다면 리중왕시대의 가와찌 왜왕조에서 목만치가 다른 세 중신들과 같이 국사를 보고 있었다는 것이 된다. 그런데 응신의 연대를 120년을 인하하여 보면 다음과 같이 혼동되어 믿을 수 없다.

王	일본서기재위연대	이주갑수정후	목만치 일본출현
應神	270~310	(+120)390~430	415(일본서기 응신25)
仁德	313~399	430+87→517	515 ?
履中	400~405	517+5→522	402(일본서기)

도모지 뒤죽박죽이다. 그러나 목만치를 조상으로 하는 소가씨가 엄연히 존재함으로 목만치가 일본에 건너가 가와찌왕조에서 중신으로 근무한 것은 사실로 인정할 수밖에 없다.

그런데 이 연대기록은 도저히 믿을 수 없다. 더욱이 응신은 고사기에 130세(서기110세)까지 살았다고 하고, 인덕은 고사기에 83살에 죽었다고 했는데 일본서기에서는 87년 동안 재위한다. 이런 연대의 혼란은 모두 응신과 인덕의 존재가 가공으로 조작 삽입한데서 오는 혼란이다. 그러나 앞(Ⅱ-4-③ 신왕국의 시조는?)에서 본대로 곤지왕제가 가와찌에 신왕국을 세운 것은 대개 5C말로 추정됨으로 목만치가 건너온 시기와도 일치한다. 실제 역사의 진실은 곤지의 신왕국에 있는 것으로 보인다. 곤지왕제가 가와찌 왜로 건너간 것은 461년이고, 그가 거기서 신왕국을 세우는 것은 461~475년 사이다. 목만치가 기내에 낳다나는 것은 그후이다. '門脇禎二'는 "목만치가계가 이시가와에 정착하였다가 다께우찌고개를 넘어 야마도 아스까로 진출, 소가정으로 이주하였다고 확인한다. 주77) 다음 <표11>는 일본서기에서 '목라木羅'씨 또는 소가씨가 출현하는 기사이다. 木羅는 木劦와 같고, 劦는 力이 아닌 刀 셋 한자로 '라'로 읽는다.

<표11> 木羅씨와 蘇我씨 出(日本書紀) 기사

神功49년3월	木羅斤資	백제장군, 왜장과 신라 가야를 정벌한 木滿致의 父
應神3년10월 應神25년	石川宿弥,竹內宿弥子云 木羅滿致	紀角宿弥등 4인과 백제에 진사왕무례질책云, 가공인물 백제중신,任那담당, 木羅斤資의子, 웅신이 일본소환 云
履中2년	蘇賀滿致宿彌	履中朝의 重臣, 平群·物部·圓豆 등과 국사집정
雄略9년	蘇我韓子宿彌	雄略朝의 장군, 목만치의 아들
欽明4년4월	木劦麻那	왜에 간 백제인 사신 중좌평
″　″	木劦胱淳	″　　″　　德率
″ 12년	木劦今敦	″　　″　　中部 德率
″ 14년	″	″　　″　　″
″ 15년	木劦施德文次	″　　″　　前部

이 표에서 보려는 것은 木씨는 木羅(劦)씨이고 蘇我씨이며, 명백히 백제인들 이라는 것을 확인하려는 것이다. 삼국사기의 목만치 기사와 함께 '木(羅)씨'는 분명한 백제인이다. '木'씨는 또 '紀氏家牒'에서, '紀氏'는 '木'씨이며 동종同宗이라고 되어있다. 한국어로 볼 때에는 기씨와 목씨는 통음도 안되고 별로 닮지 안았으나, 일본어로 읽을 때에는 완전히 동음어 기(木)=기(紀)이다. 우리말과 달리 일본어는 한문을 훈訓으로 읽으며, 또 고유명사인 이름이나 지명은 순전히 음차자이다. 그럼으로 이름에 있어 漢자의 의미는 없으며 읽는 '소리'만이 의미이다. 예를 들어 '소가씨'는 「蘇我·曾我·宗我·蘇賀」 등 여러 한자로 쓰이지만 모두 '소가'이다. 그 글자들에 다른 의미는

없고 오직 '소가'라는 '소리'만이 '소가씨'를 뜻하는 것이다. 木羅도
羅와 劦(라, 刀자 셋)가 혼동하여 쓰이지만 음차일 뿐 딴 의미가 없
다. 이 표만 보아도 '목만치'가 백제인이고 소가씨의 조상이라는 것
이 분명해 진다. '石川宿弥'라는 인물이 '소가가계보'에 있는데 그
는 계보에 목만치의 아버지로 되어 있지만 목만치의 아버지는 표에
서 보는바와 같이 백제의 장군 木羅斤資이다. '石川'에 처음 정착
한 것은 목만치임으로 여기에서도 소가씨계보상 다께우찌스크네가
가공인물이란 것이 들어난다. 소가씨들은 '壬申亂'으로 소가씨가 완
전히 몰락하고 소가씨 성 자체가 몰수되었는데 이후 사용하기 시작
한 것이 '石川氏'이다. 이는 목만치가 처음 가와찌 '石川'에 정착했
던 것을 근거로 하는 것이다. 그곳을 본관지로 하는 이시가와石川씨
를 호칭한 것이다.

7) 백제인들은 왜 퇴출되었는가?

일본고대사에 있어 아즈까시대는 일본 고대사의 발전단계에서 중
요한 전환점이었다.

앞에서 여러 번 강조되었듯이 이 시대는 고대국가로서의 기본 기
틀과 일본 고유문화의 정체성이 확립되는 시대이다. 아스까문화는
일본문화 정체성의 원형으로 일본사가 자랑하는 고대문화재의 대부
분을 생산한 시대이다. 이런 찬란한 업적이 소가씨로 대변되는 백제
인들이 담당자였다는 것은 의심의 여지가 없다. 그들의 업적에도 불
구하고 7세기중반에 들어 이들은 天智의 「乙巳の変」과 天武의 「壬
申の亂」으로 이어지는 유혈 쿠테타로 일본사의 권력무대에서 완전
히 퇴출된다. 일본서기는 소가씨가 천황과 황자들을 주살하는 등 횡

포와 오만이 극에 달하여 민심을 잃었다고 그 이유를 쓰고 있다. 궁중 쿠테타 「乙巳の變」과 무장반란인 「壬申の亂」은 이런 민심이 배경이었다는 것이다. 과연 그것이 이유의 전부인가?

앞장에서 본대로 그들의 업적은 찬란하고, 소가씨와 천황가는 혈연으로 일가화 되어있어 탄탄히 묶여 있었다. 소가씨진영의 내부관리도 잘 되어있어 그 세력조직이 철옹성 같아 보였는데 어떻게 그렇게 궁중암살 한 장면으로 쉽게 끝날 수 있었는가? 아즈까 주민들의 민심이 정말 소가씨들에 등을 돌렸던 것인가? 어떤 다른 원인은 없었던 것인가? 이 의문에 대하여 좀 깊이 생각해 보면, 소가씨가 민심을 잃었던 것은 사실이지만 이와 함께 소가씨 퇴출무대의 저변에는 대개 다음과 같은 본질적인 실책과 원인이 있었음을 관찰할 수 있다.

①은 위의 언급처럼 소가씨가 마지막에 와서 오만해 졌다는 것이 그 첫 재일 것 같다. 일본서기 「황극2년12월 기사」에 보면 소가노에미시가 저택을 굉장히 호화롭게 지었는데 그 정문을 '御門(日語 ミカト, 대궐)'이라고 불렀다고 기록했다. 이미 언급되었지만 연회를 열면서 거기서 '八佾舞'를 추었다고 했다. 이런 것들은 에미시가 오만해져 있었음을 보여주고 있다. 에미시는 사실상 대왕이었다는 것이 실상이지만, 그때 점차 다수파로 떠오르던 후루끼와 야요이인들은 제사장인 천황(인민과 하늘 사이에서 하늘에 제사를 받드는 現人神)을 더 숭앙하고 있었던 것이다. 그런 천황가의 천황과 황자들을 무자비하게 죽였다. 또 다른 그들의 민심을 잃은 것을 보여주는 예로, 아즈까에는 '飛鳥坐神社'라는 '후루끼' 신사가 하나 있는데, 당시에 여기서는 매년 '후루끼古來'들을 위한 「おんだ祭り」라는 축제가 거행되곤 했다. 이 'おんだ祭り'의 의미와 유래가 매우 흥미롭다. 주78)

축제가 열린 날에 신사 앞마당에 설치된 야외무대에는 어릿광대

마당극 'オンダ祭'
飛鳥ASUKA37ページ, 飛鳥保存財團

같은 가면을 쓰고 남자와 여자로 분장한 남자 두 사람이 무대에 올라 서로 엉켜서 성행위를 하는 여러 가지 몸짓을 보여주며 관중을 한껏 웃긴 후, 하얀 휴지를 꺼내어 닦는 시늉을 하고 그 휴지를 관중을 향해 뿌린다는 것이다. 이것을 보는 관중들은 시종 시시덕 꺼리며 환성을 올리다가 그 휴지를 다투어 한 장식 주어 가지고는 흥겨운 얼굴들로 흩어져 갔다는 것이다. 이 축제의 의미는 소가정권이 궁전 사원 등 많은 토목사업을 벌리면서 그 부역을 주로 '후루끼'들을 동원 시행했다. 따라서 후루끼들의 불평이 많았는데 공사를 하면서 여자가 옆에 있으면 태만해진다는 이유로 인부들이 여자를 가까이 하지 못하도록 그 주변의 여자들 접근을 막고 부인들을 시골로 모두 쫓아 보냈다는 것이다. 인부들이 불평이 더욱 높아지자 이를 무마하기 위한 축제였다고 한다. 왕조의 관리들은 이 '후루끼'들을 '원숭이(さる)'라고 부르며 멸시하고 인격적인 대우를 하지 않았다고 한다.

② 두 번째는 백제인 퇴장의 근본 원인이라고 할 수 있는 백제본국의 패망이다.

그 찬란하던 백제본국의 광망光芒을 배경으로 활동하던 백제인들은 그 광원이 사라지자 힘도 기백도 모두 잃어갔다. 필요할 때 지원을 요청할 수 있었던 본국이 망하자 그런 이권을 따라 모여들던 세력들도 모두 떠나고, 반대편 호족들의 공격의 표적이 되어간 것이다.

③ 소가씨정권 실각의 직접적 원인은 내부분열이었다.

소가시대의 권력의 실권자는 소가씨 종가4대로 '이나메→우마꼬→에미시→이루까'로 세습되어 내렸다. 왕권은 존재하지 안았고 왕실은 소가

飛鳥挫신사, '온다 축제'가 있었던 곳

가에 의해 관리되었다. 에미시의 대에 이르러 그의 숙부인 마리세摩理勢와 갈등을 빚어 무력으로 그 부자를 죽여 방계와 크게 틈이 생기고, 아들 이루까가 권력을 승계하자 에미시의 동생 구라야마다마로倉山田麻呂가 불평을 품었다. 이 심중을 헤아린 구파 나까도미노가마꼬中臣鎌子가 중대형왕자를 꼬드겨 구라야마다마로를 가담시킨 쿠테타[을사의변]를 꾸민 것이다. 야마다마로는 중대형왕자의 장인이었다. 중대형왕자는 직접 궁중에서 이루까를 장창으로 찔러 죽였다. 실권자 이루까가 죽임을 당한 후, 에미시가 반격을 포기하고 자살했는데, 그것은 이 '쿠테타'에 동생 '구라야마다마로'가 가담 된 것이 결정적 원인이었다. 우마꼬 시대까지 잘 통제되었던 '소가가'의 내부가 에미시 이루까에 이르러 분열되어 쿠테타를 불러온 것이다. 아들 이루까가 궁중에서 중대형왕자에 살해되었을 때 아비 에미시는 집에 있었다. 만일 동생인 야마다마로가 배반하지 않았다면 에미시는 야마다마로와 합세해서 충분히 반격할 수 있었을 것이다. 그러나 에미시는 동생 야마다마로가 중대형왕자 편에 가담되어있는 것을 알고 반격을 포기하고 자살한 것이다. 쿠테타 후 야마다마로는 대신이 되었다. 제명천황대에는 야마다마로의 아들 아까에赤兄·무라지꼬連子 형제가 대신이 되었으나 이들은 실권이 없는 허수아비였다.

④ 마지막 원인은 시대가 흐르며 어쩔 수 없이 닥친 소수파로서

의 운명 같은 것이었다.

민심을 업은 후루끼들이 세력을 얻어가면서 다수파가 되고 민심을 잃은 백제인들은 소수파로 점점 몰렸던 것이다. 후루끼+야요이인구가 점차 강세가 되는 것은 자연적 추세였다. 그런 상황변화를 틈타 후루끼들인 구족들이 기타세력(주로 신라인+)과 연대하여 백제인을 고립화시키고 있었다. 그것이 다음시대의 집권자 천무(大海人왕자)의 「壬申の亂」을 일으키게 하는 배경이었다. 천무가 불평객들을 모으고 그의 반정 병력을 신라인들이 많이 사는 미노美濃와 오하리尾張에서 모병한 것을 근거로 한다. 또 이 시기에 일본에 와 있던 신라인 사찬沙湌 김만물과 김압실 등이 특별한 임무도 없이 와 있으면서 쯔꾸시(북구주)에 당군 2천명을 대기시켜놓고 있던 '당장'곽무종과 긴밀히 연락을 취하고 있어서 이를 신라세력의 반격으로 보는 시각도 있다. 어쨌든 소가씨들(果安이 주도)은 '壬申の亂'에서 소가씨 잔류세력을 모아 '近江朝'를 도와 최후의 재기를 시도했으나 완패하였다. 그것은 일본서기 임신난 기사에 나타난 오미近江정부의 장수 이끼사一伎使의 행적과 최후의 소가씨, 소가果安의 최후에서 그 참담한 상황을 짐작할 수 있다. 사령관 이끼사는 전투마다 패장의 모습만 보였고, 소가가안은 '不破'에서 수만명의 병력을 끌어 모았으면서도 결국 자결할 수밖에 없는 비참한 실패를 했던 것이다.

[참고서지]

주66) 奈良文化史16쪽(繩文·彌生 유적도), 奈良縣敎育委員會 編

주67) 전게서 「古墳辭典」233-234쪽, 新澤千塚

주68) 「古語拾遺」古來에 中臣氏와 함께 祭政을 맡았던 齊部氏가 그 씨
족의 전승을 기록하여 조정에 올렸던 역사서로 記·紀에 없는 전승들
이 많이 기재되어있다. 齊部廣成이 大同2년(807)에 撰輯, 전게서
'廣辭苑' 851쪽

주69) 日本歷史大系 1 [原始·古代] 220쪽 「古墳時代の形成」, 233-234
쪽, 井上光貞·水原慶二·兒玉幸多·大久保利謙 共編, 山川出版社

주70) 直木孝次郎 「日本史」 三訂版(1997) 22-23쪽, 實敎出版社

주71) 森 浩一 「繼体大王の古墳と磐井戰爭」 전게서 '大王陵と古代豪
族の謎' 47쪽

주72) 林屋辰三郎 「繼体·欽明朝內亂の史的分析, 立命館史學 88号·
(後版)古代國家の解體」 東京大學 出版會

주73) 日本書紀 推古32년9월

주74) 「蘇我三代」 23쪽, 奈良國立文化財研究所 編, 飛鳥資料館(館長
田中 琢)

주75) 鳥越憲三郎「神神と天皇の間」19쪽 地圖, 朝日文庫

주76) 山尾幸久「蘇我氏の發展」, 黛 弘道 編 '蘇我氏と古代國家' 33쪽,
吉川弘文館

주77) 「蘇我氏は渡來系の豪族」門脇禎二, 古事記·日本書紀の謎 100-110
쪽·塚口義信 「南河內の磯長谷」, 전게서 '大王陵と古代豪族の謎' 95
쪽

주78) 田中八郎 「祭りと祭禮の大和路」, '祭りの古代史を歩く' 96-97
쪽, 彩流社

6장. 백제 본국은 망했어도, 아즈까 주민의 조국은 백제

아스까의 연인들

아스까 히노구마의 주민 절대다수는 백제인 가야인 이었고, 왕실이 백제화 되어 있었고, 조관朝官들이 거의 백제인 이었다. 국가와 사회의 거의 모든 제도가 백제식이었다. 궁정 사원 등이 백제인들에 의해 백제식으로 지어졌고 그들에 의해 관리되었다는 것도 일본서기의 기록대로다. 왕조의 조관들의 복장도 백제 복식이었다는 것은 「扶桑略記」에 기록되어있는 바와 같다. 다음 그림은 그 옛날 아즈까의 백제복장을 한 젊은이들의 낭만적 모습이다. '아스까 역사자료관'이 재현 한 것이다. 이 그림은 그 당시 백제인들의 세계였던 아스까란 사회의 분위기를 보여주는 아주 낭만적인 모습이다.

일본국보인 '中宮寺' 소장 '天壽國繡帳'속 그림에 같은 백제복장의 아름다운 여인이 두 사람 수놓아 있다. 이 엽서의 그림은 그것을 본떠 재현한 것이다. 아즈까사회가 온통 이와 같이 백제인데 그 사람들의 의식이 어떠했으리라는 것은 자명하지 않은가?

이런 가운데 돌연 백제본국이 망한 것이다. 그때에 아즈까·가와찌의 주민들의 비통해 하는 모습이 알알이 떠오르는 기사가 일본서기에 여기저기 나와 있다.

아스까의 여인들, 백제 복장, 飛鳥資料館 재현(그림葉書)

1) 아스까 주민의 조국은 백제

이미 앞에 나온 것이지만 백제의 왕도 사비성이 함락되고 의자왕과 태자 융隆이 당군의 포로로 잡혀갔다는 소식이 아즈까에 전해졌을 때의 아스까왕도의 주민의 반응 상태를 일본서기는 다음과 같이 기록하고 있다. 주79)

「擧國百姓, 無故持兵, 往還於道. 國老言, 百濟國失所之相呼」(前出)

거국백성이란 온 나라 국민이란 뜻이다. 당시의 온 나라는 아스까와 가와찌이다. 그 주민들이 백제의 패망 소식을 전해 듣고 얼마나 당황하고 절망하고 있었던가를 보여주는 현장이다. 이미 앞에 한번 나왔지만, 풀이해 보면 "나라 안 백성들이 까닭 없이 병장기를 들고 거리로 나와 우왕좌왕 헤매고 있었다. 나라 안 노인들이 이 광경을 보고 말하기를 백제가 나라를 잃을 징조로구나"라고 했다는 뜻이다. 주민들이 얼마나 당황하고, 요즘 말로 '패닉(극도의 공포)상태'였는가를 여실히 보여주는 기사이다. 조국이 망했다는 소식을 접한 주민들이 나가서 싸와야겠다는 각오로 병장기를 준비하여 들고 나섰으나 조국은 멀고 먼 바다 밖에 있어 어찌할 바를 알지 못해 병장기를 들고 왔다갔다하며 당황하는 모습이 알알이 떠오르는 장면이 아닌가?

2) 사이메이왕의 백제구원군 편성, 조국 백제를 救하라!

일본서기 '齊明紀'6연10월조, 詔曰,「乞師請救, 聞之古昔. 扶危繼絕, 著自恒典. 百濟國, 窮來歸我, 以本邦喪亂, 靡依靡告. 枕戈嘗膽. 必存拯救, 遠來表啓. 志有難脫. 可分命將軍, 百道俱前. 雲會雷動, 俱集沙㖨, 翦其鯨鯢, 紓彼倒懸.」

풀이하면 "나라가 급할 때 구원군을 청하는 것은 옛 고전에도 있는 일이다.

국가가 위급할 때에 원군을 얻어 국가의 끊어짐을 막는 것은 당연한 일이다. 백제가 곤궁하게 되어 우리에게 온 것은 본국이 나라를 잃을 지경에 이른 때문이다. (백제인민들이) 쓸개를 맛보며 창을 벼개로 하여 절치부심切齒腐心하고, 멀리와서 꼭 구원군을 얻으려 하고 있다. (우리는)이들의 이 의지를 꺾을 수 없다. 각 장군들에게 명하노니 준비에 만전을 기하라. 구름처럼 모이고 번개처럼 움직여, 다 함께 사록沙㖨(백제의 지명)땅에 집결, 강적을 쏘아 죽이고 형제의 고통을 구원하라"

이것은 절규이다. 68세의 늙은 여왕의 비장한 백제구원군 파견 교지이다.

이 시기의 백제상황은 앞에 나온바와 같이 왕과 태자가 이미 당군의 포로가 되고 왕성이 당군에 합락된, 거의 승산이 없는 전쟁을 다만 몇몇 충성된 장수들이 중요 거성에 웅거하여 저항하고 있을 뿐이었다. 이런 승산이 없는 싸움에 늦게 뛰어든다는 것은 패전을 각오한 참전이며, 단지 가까운 친린국 동맹관계만으로는 할 수 없는 일이다. 그것은 부모의 묘가 있는 나라, 형제의 나라가 망하는 것을 앉아서 바라만 볼 수 없다는 심정에서 참전한 비장한 각오였다. 제명여왕은 이 조서를 내리고 그 해 12월의 추운 겨울, 반대를 무릅쓰고 무기를 쯔꾸시(북구주)에 비축시키고 스루가국駿河國에 군선을 준비하도록 명한 후, 반대세력의 태업을 억누르며 대군을 서쪽으로 출동시켰다. 그리고 자신은 쯔꾸시의 행궁에 머물다가 그해 7월 그곳에서 죽는다. 백제구원군은 그 아들 덴찌天智(다음 천황)에 의해 계속 수행된다.

사이메이의 죽음을 구실삼아 백제구원군 출동을 중지할 수도 있었으나 덴찌는 그렇게 하지 않았다. 그러나 이를 무릅쓰고 출동한 구원군 27,000명은 백강 전투에서 당의 수군과 한 두 차례의 대전에서 무참히 괴멸되어 패전했다. 일본서기에 기재된 백제 패망과 덴찌 구원군의 패전의 마지막 상황을 그대로 옮긴다.

「天智 2년 6월, 上毛野君稚子들이 신라의 沙鼻와 岐奴江 두 성을 빼앗았다.」

풍장왕이 복신이 모반할 뜻이 있다고 의심하고 그를 포박했다. 죽일 것인가를 혼자 결정하기 어려워 제신에게 물었다. 이때에 달솔 德執得이 惡逆人을 방면할 수 없다고 주장하였다. 복신이 집득에게 침을 뱉고 썩은 미친놈이라고 말하자 풍장은 복신을 목 베게 하였다. 동년 8월 13일, 신라는 백제왕이 良將을 목 벤 것을 듣고 바로 州柔(州留)城으로 쳐들어가려했다. 백제는 이를 알고 풍장이 제 장군에게 말하기를 "일본의 구원군 1만이 바다를 건너오고 있다. 장군들은 이에 대비하라. 나는 스스로 白江에서 기다리다가 접대하리라."하였다. 8월 17일에 적장이 주유성에 와서 왕성을 포위하였다.

(백촌강의 패전) 한편 大唐의 장군이 전선 170척을 이끌고 백촌강에 진을 쳤다. 27일 일본수군 중 처음 온 자가 대당의 수군과 교전이 있었다. 일본군이 져서 물러났다. 당군은 진을 굳게 하고 지켰다. 28일 일본의 제장과 백제왕이 기상도 보지 않고 "우리가 선수를 쳐서 싸우면 저쪽은 스스로 물러날 것이다."라고 말했다. 그리고 일본군은 대오가 난잡한 중군의 병졸을 이끌고 진을 굳건히 한 당군을 나아가 쳤다. 당군이 좌우에서 군을 내어 협격했다. 눈 깜짝할 사이에 일본군은 패했다. 익사한 자가 많았다. 뱃머리를 돌릴 수가 없었다. 田來津이 하늘을 우러러 맹세하고 이를 갈며 수십인을 죽인 후 전사했다.

이때 백제왕 풍장은 몇 사람과 배를 타고 고구려로 도망했다. 동년 9월 7일, 백제의 州留城은 마침내 당에 항복하였다.

3) 백제의 이름이 오늘로서 끝나는구나, 이제 조상의 성묘를 어찌 갈꼬?

덴찌의 원정군이 백촌강(금강 입구)해전에서 패하고, 백제부흥군의 거점 주류성이 적에 함락되어 백제가 드디어 망했다는 소식이 전해지자, 아스까 주민들이 절망하고 망연자실하는 모습은 위의 사이메이기에도 나왔지만, 덴찌기에도 다음과 같이 기록되어있다. 주80)

「百濟州柔城, 始降於唐. 是時, 國人相謂之曰, 州柔降矣. 事无奈何.
百濟之名, 絶于今日. 丘墓之所, 豈能復往」

풀이해 보면 다음과 같다.

"주류성(州柔城, 周留城)이 마침내 당군에 함락되었다는구나. 이제 어쩌하면 좋으냐. 백제라는 나라가 오늘로서 없어지는구나. 이제 조상의 성묘를 어찌 갈 수 있단 말이냐?"

이것은 통곡소리다. 만리 이역에 와서 조국본국이 잘 될 것만을 기원하며 좋은 기회에 조상성묘를 가는 날을 큰 희망으로 간직하고 살던 가와찌와 아스까의 백제인들에게, 조국의 패망은 청천벽력 같은 소식이었다. 「是時, 國人相謂之曰」이란 말은 "그 때에 나라안 사람들, 즉 가와찌·아즈까 사람들이 군데군데 모여서 서로 말을 주고받으며 한탄하는 모습"을 기록한 것이다. 아마도 주민들은 군데군데 모여서 정보를 서로 주고받으며 울분을 쏟고 땅을 치며 통곡했을 것이다. 이 기사는 그 모습을 선명히 떠올릴 수 있게 하는 기사이다.

4) 신라침입에 대비하여 성을 쌓고, 백제 피난민을 우대하는 덴찌왕

금강입구 전투에서 일본 구원군이 대패하여 백제가 완전히 망한 후, 덴찌왕은 신라군의 침입에 대비하여 성을 각지에 쌓고, 망명해 오는 백제 고위 관리와 피난민들에게 본국 백제에서와 똑같은 대우를 해 주었다고 일본서기는 쓰고 있다. 그 주요한 것만을 추려보자.

- 칭제稱制4년2월과 5년10월조에 백제 남녀 400인을 오미近江국 간다고고리神田郡에, 2.000인을 야마도(奈良)에 거주케 하고 식량과 의복을 관급했다.

- 동6년11월에는 신라군의 침입에 대비하여 대마도에 '金田城, 一岐島와 筑紫에 水城, 讚吉에 屋島城, 河內 生駒山에 高安城'을 백제인 장수로 하여금 백제식 산성을 쌓게 하였다.

- 동10년1월에는 백제 망명고관 '余自信'외 12인을 대금하 소금하 대산하 소산상의 관직을 각각 주고, 달솔직에 있던 50여인을 소산하로 임명하였다. 이것은 이들이 백제본국에서 받았던 직위와 같은 것이라 했다. 덴찌의 백제유신에 대한 이러한 처우는 외국인에 대한 처사가 아니라 외국에 나가 있다가 환난을 만나 귀국한 동포 형제들에 대한 처우와 같은 것이었다.

5) 짐(推古)은 '소가家' 출신

소가씨 시대의 천황과 황족들은 자신들을 소가씨로 생각했다. 소가 가와 천황가가 혈연적으로 일가화 되었다는 것은 그 계보로서 증거 되었지만 일본서기의 기록에는 그것을 다음과 같이 천황과 황자의 입으로 직접 말하고 있다. 이미 앞에서 언급된바 있지만, 일본서기

스이고32연10월조에 우마꼬대신이 '阿曇連과 阿倍臣摩呂' 두 중신을 시켜 천황에게 "가쯔라기현을 영구히 자기의 봉현으로 해 주도록" 주청하였다. 그러나 스이고천황은 이를 거절하면서 말하기를 "···짐은 소가가문에서 나왔다. 대신(馬子)은 짐의 숙부이다. 「於時, 天皇詔曰, 今朕則自蘇我出之, 大臣亦爲朕舅也.」 그럼으로 대신이 말하는 것은 밤에 말하면 밤에 새기고, 낮에 말하면 해가 지기 전에 들어주었다. 그러나 이 봉현은 후세에 내가 어리석다는 비난을 받을 것임으로 그럴 수 없다."라고 거절하였다고 했다. 또 서명천황기 서두에도, 유력한 후보인 황자, 핫세중왕泊瀨仲王이 스이고가 죽어, 그 후계자를 의론하는 마당에서 "우리 부자는 소가가 출생이다. 그것은 천하가 다 아는 사실이다. 때문에 그(에미시, 대신)를 산처럼 의지하고 산다. 가볍게 후계에 대해 말하지 말라."라고 말하고 있다. 주81)

[旣而泊瀨仲王, 謂之曰, 我等父子, 自蘇我出之, 天下所知, 是以, 如
高山持之, 願嗣位勿輕言]

일본서기의 이 대목들은 천황가와 소가가가 일가가 되었고, 천황과 황자들이 스스로를 소가가문이라고 의식하고 있었음을 보여주고 있는 기사이다.

6) 아스까왕조 '朝官'의 관복은 백제복

아스까의 첫 번째 사찰 법흥사는 아스까사의 본래 이름이다. 소가씨 시대에 지은 최대의 사찰이다. 일본서기에는, 推古4연11월조에, 「法興寺造竟, 則以大臣男善德臣拜寺司.」라는 기록이 있다. 법흥사의 조영이 끝나고, 우마꼬 대신의 아들 선덕신을 그 사사寺司(주지)로 임명했다는 기록이다. 이미 서두에 인용된 같은 기사가 「扶桑略記」

성덕태자
지폐와 교과서에 실렸던 성
덕태자와 동자(백제 복장)

에도 있는데 거기서 다음과 같이 대신과 백
제인 조관들이 백제복을 입고 참석했다고 쓰
여있다. 주82)

「建法興寺 立刹柱
日 大臣并百濟人 皆
着百濟服 觀者悉悅」,
풀이하면 "법흥사의 기
둥을 세우는 날에 대
신(馬子)과 조관들(백
제인)은 모두 백제의 복장을 하고 있었다. 보
는 사람들이 모두 즐거워하였다."라는 것이다.
'아스까 왕조'에서 대신이하 모든 관리들이 정
장은 백제복이었다는 것을 보여준 기록이다.

백제사 3층탑
※ 9층탑이 있던 아스까에 있으
나 옛 9층탑의 잔재는 아니다.

7) 백제강·백제대궁·백제대사·백제 大殯

일본서기상 30대 천황인 비다쯔敏達는 백제왕으로도 불렸다는데,
그는 '백제대궁'을 지었다.

그는 백제7촌의 한 가운데에 궁전을 크게 짖게 하고 그 궁호를
'백제대정궁'이라고 하였다. 일본서기에는 「是月, 宮于百濟大井. 百
濟大井宮」이라고 기록했다. 직역하면 "(敏達)이 이달에 백제대정에
궁을 지었는데 '백제대정궁'이라고 이름 붙였다"는 것이다. '백제대
궁' 옆에는 '백제강이 흐르고 그 강 건너편에는 백제대사가 있었다.'
신찬성씨록에는 죠메이舒明천황의 조부인 '敏達'이 백제왕이라고 불
렸다고 기록되어 있다.

'舒明'천황은 아스까의 이 백제강가 서쪽에 '敏達'왕이 완성하지 못한 '백제대궁'을 마저 짓고, 그 건너편 동쪽에 '백제대사'를 지었다. 백제강가에는 아름다운 9층탑을 세웠다. 지금은 3층탑이 남아 있다. 일본서기 舒明紀11年 [秋七月, 詔曰, 造作大宮及大寺. 則以百濟川側爲宮. … 是月, 於百濟川側, 建九重塔]. 주83) 舒明紀 13연10월조에는 [天皇崩于百濟宮.]「丙午, 殯於宮北, 是謂百濟大殯.」라는 기사도 있다. 풀이하면 "舒明천황이 백제궁에서 돌아가셔서 궁의 북쪽에 빈소를 마련하였는데 그것을 '백제대빈'이라고 하였다"라는 것이다. 34대 '舒明'은 소가노우마꼬의 딸 '法提郎媛'을 빈으로 맞았고, 그의 왕후 '皇極'은 '舒明'이 죽자 35대 천황이 되었다. 그러나 고교꾸皇極는 중대형왕자의 쿠테타「乙巳의 変, 入鹿의 死」후 그 충격으로 고도꾸孝德에 양위하였다. '孝德'이 죽자 '皇極'이 다시 37대 사이메이齊明천황으로 재 등극하지만 그는 皇極시절에 '舒明'이 짓다만 백제 대사를 완성한다. 백제궁이 있던 곳은 백제강가이고 백제대사가 있던 백제 七촌의 한가운데였다. 민달천황이 백제왕으로 불린 유래이다.

백제대사의 조영은 3대(敏達·舒明·皇極)에 걸쳐서 완성된다.

고교꾸천황이 우마꼬대신을 불러 "짐은 백제대사를 완공하려고 한다. 오미近江와 고시越州의 장정들을 동원하라"라고 하명했다. 우마꼬대신은 즉시 동북에서 '에조'를 수천명 동원하고 각국에서 재목을 모았다. 백제대사는 '皇極'의 남편 '舒明'왕이 완성하지 못한 백제대사를 완성하는 공사였다. 백제대사는 아스까의 백제강 동쪽에 있었다. 백제강은 지금의 아스까강飛鳥川(혹 曾我川)이다.

8) ‘近江朝’ 정부군 사령관은 백제인 이끼사壹伎史

오미조近江朝는 ‘天智’(38대)가 죽은 후, 그 왕자 오도모大友의 정부이다. ‘天武’의 ‘쿠테타’인 「임신의 난」은 ‘天武’가 그 조카왕 오도모정부를 타도하는 정변이다. 주84)

일본서기 天武원년7월조에 「近江朝의 정부군과 ‘天武’의 반정군이 오즈大津(京都)의 단비丹比라는 곳에서 대진하게 되었다. 오즈와 단비의 두 방향에서 많은 군대가 몰려오는 것이 보였다. 오미군의 깃발이 분명히 보이자, 주민들이 웅성거렸다. 오미의 장군 이끼사의 한국(백제인?)부대이다’라고 떠들었다.」 이 구절 원문 「近江將壹伎史韓國之師也」의 해석에 대해 두 가지의 논쟁이 있다. ㉠은 “근강군의 장수 ‘이끼사한국’壹伎史韓國의 군사다”라고 해석하는 것이고 이는 일본사학자들의 통설적 해석이다. 그러나 ㉡그것은 아무리 보아도 一伎史韓國을 모두 이름으로 볼 수 없고 ‘近江군의 장수’ ‘壹伎史의 한국인부대(師)이다’라고 읽는 것이 자연스러운 해석이라는 한국학자의 주장이다. 이 두 가지 해석의 초점은 ㉠이 이끼사한국壹伎史韓國을 모두 이름으로 보는 것이고 ㉡은 ‘近江軍장수 壹伎史의 韓國(인)부대이다’라고 ‘韓國之師’를 떼어서 부대명으로 본다는 점이다. 이 문장만으로 볼 때에는 ㉡이 아주 자연스러운 해석이다. 그런데 문제는 뒤에 따르는 문장에서 ‘韓國’이 세 번 더 나오는데 그 ‘한국’을 어떻게 보는가에 따라서 일학자측 ㉠과 같이 해석될 수 있다는데 있다. 뒤 문장에 ‘韓國’이 나오는 구절은 「… 以集軍衆. ①爰‘韓國’到之, 密聞其謀, 而將殺鹽籠. …. ②到當麻蠑, 與一伎史韓國軍, 戰葦池側. …. ③於時, 韓國離軍獨逃也.」이다. ①은 앞의 구절을 받아 군병을 모으고 있었는데 거기에 ‘韓國’이 와서 그

모의(군병모집)를 엿듣고 장차 염농鹽籠을 죽이려고 했다는 해석으로, 韓國을 一伎史로 보는 일학자들의 해석이다. 그러나 한국학자들은 장수가 적군측에 가서 엿들을 수 없으며 그것은 [한국(군)측이 이를 들고]로 해석하는 것이 맞다고 본다. ②는 타이마當麻라는 마을에 이르러 一伎史한국부대와 (與一伎史韓國軍) 갈대밭 연못가에서 싸웠다. 는 것이 일학자의 해석인데, 한국학자들은 일기사의 한국부대와 싸웠다라고 읽는 것이 더 자연스러운 독법으로 본다. ③이 좀 문제인데 그 앞에 오미近江군이 모두 도망했다는 구절이 있고, 그때 韓國이 군대를 떠나 혼자 도망했다 라고 읽는 것이 일학자들, 그러나 한국학자들은 [한국부대가 흩어져서 각각 혼자서 도망쳤다]라고 해석해야 한다고 본다. 어느 쪽이 꼭 맞고 틀리다고 단정할 수 없다는데 문제가 잇다. 이 한문문장이 세련된 문장이라고 볼 수 없는데다가, 처음 구절에서 보는 것처럼 一伎史韓國을 모두 이름으로 보는 것은 부자연스럽다는 것이다. 따라서 의역을 할 수밖에 없는데, 그렇다면 한국학자들의 해석이 원의에 더 가깝다고 볼 수 있다. 그리고 일기사한국一伎史韓國을 모두 이름으로 본다고 해도, 그 이름은 분명히 백제인 이름이고 그가 지휘하는 부대도 백제인부대로 보이는 것은 사실이다.

「임신의 난」에서 두 진영의 결정적 대결을 한 전장 마당에는 소가씨가의 중흥을 노리던 야심가 소가노가가안蘇我果安에 의해 편성된 수만의 오미조 지원군이 있었다. 이 부대는 요충지 후와不破에서 天武의 군사와 대결했지만 가안은 패전하여 자결했다. 일본서기의 후반에 나오는 '韓國'이라는 호칭은 거의 백제, 백제인, 백제측을 가르치고 있다.

9) 이루까入鹿를 죽인 '중대형왕자'는 '韓人'인가?

일본서기 皇極4년에 중대형(뒤의 天智)왕자가 그의 장인 蘇我倉山田麻呂 및 中臣鎌足 등과 모의, 당시의 권신인 소가노이루까를 참살(乙巳の変)하는 쿠테타를 일으킬 때의 일이다.

일본서기의 쿠테타 장면 기록 중 목격자 '古人大兄王子'가 말했다는 다음 구절이 사학자들 사이에 항상 문제가 되고 있다. …「韓人殺鞍作臣, 註)謂因韓政而誅, 吾心痛矣」… 직역하면 "韓人들이 구라쯔꾸리신鞍作臣(이루까)을 죽였다. 내 마음도 아프다." 주기註)謂因韓政而誅의 뜻은 "한인(백제인)들의 정치횡포(韓政)가 심해서 죽였다고 이른다."라고 해석된다. 주85)

여기서 우리가 주목하려는 것은 이 광경을 현장에서 목격했던 후루비도古人大兄왕자가 자기 사저로 달려가 문을 모두 걸어 잠그게 한 후 측근들에게 "가라비도韓人가 구라쯔꾸리신을 죽였다. 내 마음도 아프다." 중 '가라비도'라는 대목이다.

후루비도왕자가 왜 이루까를 죽인 중대형왕자를 '가라비도(韓人)'라고 불렀는가 하는 것이다. '가라비도'란 직역으로는 백제인의 뜻이겠지만 여기서는 '소가씨정권(백제인정권)에 속한 사람들'을 가르친다고 보아야 한다. 天武에 의한 임신란과 함께 이 정변(乙巳の変)도 당시 세력이 막 발흥되고 있던 신라 지지세력이 작용했다고 보는 시각이 있다. 이 쿠테타의 행동인들로 소가노이루까를 죽인 현장의 일당은 [中大兄왕자·倉山田麻呂·中臣鎌足·佐伯連子麻呂·稚犬養連網田]들이며 그 주모자는 물론 중대형왕자이다. 그런데 왜 이들을 韓人이라고 불렀는가?

중대형왕자는 가라비도(韓人,백제인)인가? 일본 역사서에서는 오래 전부터 이것이 문제가 되어왔다.

이와 함께 문제되는 것은 謂因韓政而誅라는 주註에 대한 해석이다. 이를 직역하면 "한정 때문에 죽였다고 한다"인데 여기서 '韓政' 한정은 백제인 정권의 의미이지만 그 뉘앙스를 무엇으로 해석하느냐의 문제이다. 이루까를 죽일 이유라면, 일본서기가 소가씨 정권이 횡포해서 그 응징을 받았다고 하고 있으니 '횡포한 백제인정권'정도의 뜻으로 해석하면 될 것이다. 당시 아스까 주민은 일반적으로 아스까 왕조의 사람들을 모두 백제인(韓人, 가라비도)이라고 보는 인식이 있었다고 보는데, 그런 의미에서 후루비도황자는 중대형도 당연히 가라비도(韓人, 백제인 일당)라고 본 것이 아니겠는가! 라고 본다.

일본서기에 「謂因韓政而誅」라는 주註를 기록한 일본서기의 찬자도 제3자적 관찰자의 입장을 취하면서 소가씨정권을 한정韓政(백제인정권)이라고 한 것이다. 후루비도왕자도 그런 관점에서 중대형왕자를 가라비도(백제인 일당)라고 한 것이다. 이것은 후루비도왕자가 중대형왕자도 소가정권의 일부로 보았다는 뜻이다. 중대형왕자가 쿠테타에 가담한 소가씨 구라야마다마로의 사위임으로 그렇게 볼 수 있는 소지는 충분하다. 주83)

그리고 한 가지 알아야 할 것은 소가정권 말기에는 에미시와 이루까의 무리한 행적이 민심을 잃어가고 있었기 때문에 그 일당에 속하는 것을 기피하는 분위기가 있었던 것 아닌가 생각된다는 것이다. 백제인 소가씨정권의 말기현상으로 '나는 망해가는 그 일당에 들지 않는다'라는 기피심리가 있었지 않는가 하는 생각이다. 이것은 한편으로는 새로이 발흥하는 세력에 끼어들려는 얄팍한 세태와 맞물려 후루끼들이 이에 가세하면서 이마끼들을 가라비도라고 편가르기를 한 면도 있었던 것으로 생각된다.

10) 덴무天武와 간무桓武

덴무(40대, 673-686)는 백제 패망후의 왕으로 친 신라계라는 평을 듣는 왕이다.

위에 나온 백제계 왕들과는 성격을 달리하는 사람이다. 덴무는 임신의난을 꾸밀 때 이미 언급된 미노美濃와 오하리尾張의 신라계 주민 중에서 쿠테타 병력을 모병했고, 그 후부터 신라인들이 빈번히 내왕한 것을 들어 사학자들이 그를 친신라계라고 보게 된 것이다.

간무(50대, 781-806)는 천무에서 10대 후의 왕으로 100년 후대 사람이다. 따라서 그는 친 백제라던가 친 신라 등의 의식은 이미 사라진 시기가 아니었을까 생각되는 시기의 사람이다. 그런데도 일본서기에는 다음에 보는 것 같은 기사들이 상당한 분량으로 그를 친 백제계로 보는 기록이 있다. 백제가 일본사에 드리운 그림자가 얼마나 깊고 긴 것인가를 보여준다.

부왕이 죽은 후 간무는 「아이고 아이고」하며 백제식 호곡을 하였다고 한다.

평안조(京都)시대의 간무조(50대, 781-806)의 일이니까 백제를 잊었을만한 시기인데도 그때까지도 일본궁중에 백제식 유습이 남아있었다는 것은 놀라운 일이다.

속일본기 천응天應원년12월조, 간무의 부왕, 태상황 '光仁'이 죽자, 간무가 "아이고 아이고"하며 곡을 올렸다는 기록을 일본 사가들이 문제 삼는 경우가 더러 있는 것은 호곡號哭이 '백제식 상주의 상례풍습'이기 때문이란 것이다. 백제에서는 부모가 돌아가시면 그 자녀들은 거칠은 삼베옷을 입으며, 문상을 받으면 '아이고 아이고'하고 소리를 크게 내어 계속 우는데 이것을 '호곡'이라고 한다는 것이다. 문제는 평안조 시대까지도 일본의 궁중에 이 백제 풍습이 살아 있었다고 하는 점이다. 간무의 어머니는 유명한 다까노노니이가사미야高野新笠宮이다. 그녀는 백제왕실 근친 백제 '야마도씨和氏'였다.

11) 또 하나의 백제인들의 세상, 平安京(京都)

간무는 민심의 일신을 도모하려는 목적으로, 왕도를 平城京(奈良)에서 長岡京(現京都府 長岡市)로 옮기려 했으나 실패했다. 그리고 13년 후에 평안경(現京都)으로 왕도를 옮겼다. 간무는 백제계로 일러진다. 신라계라고 불리던 덴무의 핏줄이 아니라 백제계였던 '덴찌'의 증손이고, 백제 무령왕의 외손이라고 한다. 그의 부왕 光仁의 왕후는 백제 야마도和씨, 다까노노니이가사미야이고 환무는 그녀의 아들이다. 분명한 백제왕실의 외손이니까 확실한 백제계였던 것이다. 그래서 부왕 '光仁'이 죽자 '아이고 아이고'하고 백제식 '호곡'을 한 것이다. 평안경은 그의 증조부 덴찌가 천도했던 오미近江의 오오쯔大津 근처에 왕궁을 옮겨지었다. 오오쯔경大津京은 임신난 때 天武에 의해 무참하게 불태워 졌는데, 그곳은 백제촌이었다. 간무조의 평안경 천도는 오오쯔경을 복원한 것과 마찬가지였다. 친백제파 '天智朝'의 재현이라고도 일컬어지는 이유가 거기에 있다. 그 남북에는 고구려인촌과 가야인촌이 둘러 있는 곳이기도 하다. 덴무는 백제인촌인 오즈경을 불태워버린 후 아스까의 藤原京(淨御原)으로 옮겨갔는데 그로부터 꼭 100년 후 다시 백제인촌 평안경(경도)로 되돌아온 것이다. 후지하라경에도 백제인출이 있었다는 연구가 계속 나온다.

평안조 조정에는 요직에 많은 백제인들이 사사하고 있었다고 한다. 사람들은 오미조의 옛 날로 돌아갔다고 이야기하고, 사가들은 또 하나의 백제인 천하가 열렸다고 썼다.

실제로 간무조에서는 이곳에 와 있는 백제왕손들에게 모두 왕의 작호를 봉작 하였고 백제인들이 고위관직에 많이 등용되었다. 백제 왕족 16명이 왕의 작위와 함께 종3위에서 종5위의 높은 품계를 받았고 그에 상응하는 녹봉을 받았다. 그리고 백제본국에서 고위 관직을 가졌던 백제인 후손들에게는 모두 그 조상이 백제에서 복무했을 때와 같은 직위를 주었다. 백제가 망했을 때 덴찌조가 했던 백제인 우대상황과 똑 같다. 그리고 특히 지적하고 싶은 점은 일본서기를 있는 정사 '續日本紀'에 백제인 여성들이 후궁으로 많이 들어갔다고 하는 기록과 말직 관리에 수많은 백제인들이 봉직했다는 대목이다. 天智朝의 왕족과 고관에 대한 대우와 함께 이 기록은 간무조를 백제인 정부라고 부르는 이유이다. 가장 대우를 잘 받은 성씨는 '和史氏'야마도노후비도씨였다고 하는데 백제 야마도和씨(高野新笠宮의 一族)의 후예이다. 다음은 이 시대의 일본이 얼마나 백제에 의존하고 있었는가를 드려다 볼 수 있는 이야기들이다.

12) 일본의 독립을 위해 백제 古문서를 모두 불태우다

앞 장에서 본 것처럼 백제인 어머니(高野新笠宮)를 가진 간무는 스스로 친백제를 공언하고 과감한 친백제정책을 써 왔지만, 그도 시대의 대세에는 어쩔 수 없었던 것 같다. 13C에 쓰여진 기다바다께 지까후사北畠親房의 「神皇正統紀」라는 책에는 간무가 그의 말기에 내렸다는 다음과 같은 칙유 내용을 전하고 있다.

「異朝의 一書에는, … 옛날 日本은 三韓과 同宗이라고 하는 대목이 있는바, 이 書는 桓武 御代에 모두 소각을 명한바 있다. 이

서를 아직 간직한 자는 모두 관에 제출할 것이며 이를 어기는 자는 중벌을 받을 것이다」 이것은 아스까와 나라시대에 백제를 사모하여, 모든 세속적인 것과 함께 학문과 진리의 근원을 모두 백제에서 구한 결과, 그 학문과 함께 백제사람들까지 숭앙하게 되어 어떻게 해서라도 자신들의 근원이 백제와 연이 닿도록 노력하던 것이 당시 일본 조야의 풍조였다. 이를 경계하여 내린 칙어이다. 시대가 흐르면서 백제인들이 세력을 잃게 되고, 반대로 인구 다수를 점하는 '후루끼'들과 야요이인들의 사회진출이 늘어나 이들의 세월이 되면서 관이 나서서 백제사상을 강제로 지우고 있음을 알 수 있다. 그리고 이 신세력 속의 지식인들이 점차 일본인이라는 정체성과 자존의식을 자각하게 되면서 그간의 「지나쳤던 백제의존의식」에서 벗어나려는 몸부림 같은 것이었다고 생각된다.

다음은 이 주제와 관련하여 어느 심포지엄에서 교환된 의미심장한 질의응답이다.

A. 조선(백제)관계의 문서를 모두 불태워버렸다는 것이 「神皇正統紀」에 쓰여있습니다만, 韓(가라)을 幸(가라)로 바꿔 쓴다던가 하는 것과 관계가 있는 것인가요?

B. 그런 것을 모두 불태워 버림으로서, 비로소 일본이 독립한다는 이야기겠지요.

심리적으로도, 의식적으로도, 현실적으로도 그런 것이 아니었을 가요? 그 당시에는 백제에 의존된 것이 무지 많았을 것으로 생각됩니다만. 점차 말살되고, 그렇게 해서 '일본국'이라는 것이 탄생한 것이 아닌가요? 주86)

13) 백제출신을 자랑으로 삼는 자들

또 다른 이야기 하나, 백제출신을 자랑으로 삼는 자들에 대해 경계하는, 위의 이야기와 비슷한 이야기가 '日本後記' 대동4년 기사에도 나온다.

이 이야기는 간무 다음 대인 '平城왕'이 죽은 해의 이야기이다. 평성왕은 죽기 2개월 전에 「백제 출신을 자랑으로 삼는 자들에 대하여」라는 제목으로 다음과 같은 칙유를 내리고 있다. "「倭漢(韓)總歷帝議圖」라는 書中에 삼한의 왕과 일본인들은 다 같이 '天御中主神'의 자손이라고 하였는바, 이는 황통을 어지럽힐 우려가 있다. 이 서를 가진 자는 모두 관에 가져다 받이라. 만약 은닉하는 자는 중벌을 받을 것이다."

이 칙어는 앞의 '北畠親房'의 '神皇正統紀'에서 언급한 간무조의 '백제고문서 소각령'에 이어 그 다음 천황도 똑 같은 종류의 칙서를 내리고 있다는 것에 주목 할만 하다.

이 칙령의 이면에 감추어진 사정은 전조에서 그렇게 엄한 칙령을 내렸는데도 당시의 일본 사회가 표면에서는 백제문화를 배척하는 듯한 몸짓을 하면서도 그 뒤에서는 여전히 백제문화를 버리지 못한 채 동경과 선호를 계속하는 그런 의식구조가 남아있다는 것을 보여주는 것이다.

14) 천황궁에 모셔진 '韓神殿'과 가야신 '皇靈殿'

지금의 도쿄 일왕의 궁성 내에는 아직도 奈良·平安京이래 쭉 모셔오는 삼좌의 신전이 있다고 한다. 백제신 韓神殿·신라신 園神殿·가야신 皇靈殿이다. 이 삼신은 일본서기에 나오는 천황가의 유래를 그대로 말해주는 것이어서 참으로 흥미진진한 바가 있다. 皇靈殿의 제신 다까미무스비신高皇産靈神은 천손 니니기노미꼬도瓊瓊杵尊의 외조부이고 천황가의 고향인 가야의 神이다. 소노가미園神는 신라신으로 천황족이 나라에 진입할 때 선주족 신라신 大物主神을 모시는 조건으로 들어왔는데 미와산三輪山의 오미와신사大三輪神社에 모셨던 신이다. 천황족은 뒤에 가와찌왕조에 통합되는데 가와찌왕조는 백제계이고 가라가미韓神는 백제신이다. 천황가는 이 세 신을 모두 모시고 다니는 것이다. 「建武年中行事」라는 고서에는 제96대 後醍醐천황대(1318～1339)까지도 韓神祭를 지냈다는 기록이 있고, 일본어 사전 「廣辭苑」에는 'からのかみ韓神' 항목에서 韓神을 한국에서 건너온 신으로 풀이하고 있다. 주87) 일본 황조신을 모신 伊勢神宮의 제례절차에는 백제식(祝詞 歌舞 服裝 등에)이 주로 남아있다고 한다.

15) 八十嶋祭, 천황의 정통성은 가와찌왕조에서

일본의 천황 즉위식에는 야소지마마쯔리八十嶋祭라는 행사순서가 있다고 한다.

그 행사는 새로이 즉위하는 천황은 가와찌에서 맞이한다는 의식절차라는 것이다.

八十島(ヤソジマ)란 옛 나니와難波(지금의 大阪市 東成區)에 있었던 호수와 갈대 습지대의 많은 섬들을 메워 조성한 거주지역(땅)이며, 뒤에 가와찌왕조 인덕의 왕궁이 들어섰다는데, 八十嶋祭는 새 천황은 이 궁으로부터 맞이한다는 뜻이 담긴 행사라는 것이다. 새 천황 즉위식 순서의 하나로서 八十島祭가 함축하는 의미는 大和王朝가 가와찌왕조에서 시작되었다는 것을 상징하는 의미를 가진다는 것이다.

16) 천황가의 곰 신앙과 히노구마檜隈의 수수께끼

일본고대사를 처음 공부하는 이들에게 '히노구마檜隈'는 그 개념 파악에 매우 혼란을 느끼게 될 것 같다. 일본사는 황실과 관련된 이 부분의 언급을 삼가 해왔고 신비화된 記·紀의 표현에 거의 손을 대지 않음으로서 터부시 되어 용어가 여러 개로 쓰이는 혼란이 있으며 뜻도 여러 갈래로 보기도 하기 때문이다.

그러나 조금만 더 들어가 보면 거기에는 일본사 특유의 神代이야기와 그에 얽힌 애착이 서린 정서에서 비롯된 일본식 漢字 유희임을 알 수 있다. 순수 일본어로서의 히노구마「ひのくま」는 즉 '해의 신'이라는 뜻이다. くま熊는 곰이지만 동시에 かみ神, 즉 신이다. 한국의 단군신화에서 곰은 신인 것과 같다. 또 '日の熊'는 태양신의 뜻이고 일본서기 신대기의 아마데라스대신'天照大神'을 가르친다. '天照大神'은 일본 황실의 '皇祖神'이라고 하며, 지금도 '伊勢神宮'에 모셔져 황실에 의해 제사지내진다. 천황족의 조상은 '곰'인 셈이다. 이세신궁은 그 어마어마한 규모와 고대로부터 지켜져 내려온 이색적 제례절차(백제식), 큰 구리거울(銅鏡)로 상징된 아마데라스대신의 신체, 일본인들이 황실에 대해 가지고 있는 독특한 '尊崇'의 정서 등이 뒤엉켜, 비록 사학자라 해도 이에 이르면 거의 비판을 못하는 터부를 이루어 이 '히노구마'라는 낱말을 더욱 신비롭게 만들고 있다. 대마도對馬島에 이 대신의 원형으로 생각되는 해신「阿麻低留神社」가 있어 해양족의 海神이라는 또한 갈래의 모습도 있지만 그 신체가 '銅거울'인데 그 본 명칭은 '日像鏡(ひすがたのかみ)'이며 태양을 상징한다고 한다. 신라신인 '天日矛'와 나란히 배좌되는 경우가 많다. '히노구마'는 'くま(kuma, 熊)'라는 한국어 '곰'에 연관되는 북방족 사상이고, 곰이 가미(神)로 되어 神으로 되는 정서

는 옛 한국의 신화에서 유래된 것으로 본다.

‘히노구마’는 「檜隈 檜前 日前 肥前」 등이 경우에 따라 번갈아 쓰인다. 훈음은 모두 ‘히노구마’이다.

조선의 곰=神 신앙과 고구려의 태양숭배사상이 혼합된 모습을 응축한 말로 보이지만, ‘前’을 ‘구마’라고 읽는 것은 또 어떤 연유인가?

그런데 이 태양신 사상이 일본 황실에 얽힌 것은 위에서 이해할 수 있다고 치더라도 다음에서 보는 서북구주(肥前)와 나라 아스까 히노구마檜隈와 천황가와는 무슨 얽힘이 있는 것인지 알 수 없다. 아스까 히노구마는 東(倭)漢씨의 근거지로 이마끼아야노고호리今來漢郡 (후에다께찌군高市郡으로 개칭)로 동한씨들이 들어온 후에 지명들이 만들어진 것인데, 아스까 시대의 천황과 황족들의 능이 이곳에 쓰인 현상은 무엇을 말하는 것일까? 천황과 황족의 무덤은 본관지에 묻힌 다는 것이 ‘오구쯔기奧津城의 원칙’이라는데 여기 묻힌 천황과 황족 은 누구인가? 지금 아스까 히노구마檜隈에는 欽明 天智 持統 天武 천황과 皇極과 孝德천황의 어머니 吉備媛의 능묘들이 모여 있다.

또 히노구마肥前풍토기에는 繼体와 宣化를 히노구마檜前천황이라 하고, 和歌山현의 紀伊반도에는 히노구마신궁日前神宮이 있고 거기 에는 히스가다노가가미日像鏡와 히보꼬日矛가 모셔져 있다. 기이반 도는 가야인들이 奈良분지로 들어간 또 한 갈래의 접근로인데, 가야 계 유물이 많이 나온 이와센즈까岩橋千塚(5C-6C에 조성 525기 이 상, 馬面冑 마구 무구와 3,000기의 가야토기, 옛 大邱式 도질토기 출토) 부근에는 히노구마檜隈란 지명이 있다. 이 거대 고분군은 紀 國(木國)의 것으로 木滿致가 한반도→북구주→紀伊반도→奈良아스 까로 이동하는 과정에서 목만치의 一族이 세운 나라라는 또 하나의 설이 있다.

熊野란 지명과 熊野신사도 '히노구마檜隈'와 밀접한 관련이 있다. 일본열도 곳곳에 熊野신사(전국 3,000사)가 있는데, 특히 紀伊반도 남부의 熊野三社와 出雲지방의 熊野大社가 유명하다. 기이반도 남단에 있는 熊野三社가 본산이라고 한다. 여기서 熊野의 野는 邪와 같은 것이며 나라(國)를 뜻한다고 한다. 따라서 熊野는 '곰의 나라' 곧 神國의 뜻이고, 이는 '日の熊'사상이 내려오면서 '神國사상'으로 발전된 면이 있는 것을 보여주는 것이다.

또 히노구마檜隈라는 지명에 얽힌 유래에 대한 다음과 같은 이설도 있다. 「日本の中の朝鮮文化」를 쓴 김달수씨는 그 한글판에서 일본 奈良국립문화재연구소 아스까자료관이 개최한 「아스까 源流展」발행의 도록 중 「公州와 아스까」 항목의 기재내용을 다음과 같이 소개하고 있다. "아스까로 건너온 최초의 도래인은 雄略2년(475) 牟佐村主靑과 '檜隈'民使博德이다. '檜隈'라는 지명이 이 사람의 이름에 기원한다고 볼 수 있다"는 것이다. 이는 목만치가 紀伊반도와 紀伊강을 거슬러 올라왔다는 설을 뒷받침하는 설이다.

그런데 이 도록에서 또 하나 우리가 주목하고 싶은 것은 '아스까 원류전'을 개최한 나라국립문화재연구소가 이 내용의 항목 명을 「公州と飛鳥」로 하였다는 점이다. 이것은 이 연구소가 '아스까飛鳥에 건너온 최초의 사람들'이 公州에서 건너온 사람들이란 인식을 가지고 있다는 것을 의미하는 것이다.

일본 三重현에 있는 伊勢神宮은 일본 황실에 의해 제사가 받들어지는 황조신궁이다. 그 경내의 主山은 유명한 다까꾸라산高倉山인데 그 꼭대기에 거대한 횡혈식석실분 무덤이 하나 있다. 이 무덤은 8·15전까지만 해도 초중교교과서에서 아메노이와도天岩戶라고 가르치고, 명치초년까지 신앙 대상이었다는데, '아메노이와도'란 (앞장 Ⅰ의3, 이즈모국에 소개된) '세오리쯔히메'에 나오는 天照大神이 숨어들어 해가 없어지고 세상이 캄캄해졌다는 그 암굴岩窟로 일러졌다. 그러나 이 암굴은 7C에 만들어진 백제식횡혈식석실 무덤임이 2차대전 후 밝혀졌다. 이것은 무엇을 말하는가? 일본신사의 전형으로 보아야 할 이 신궁의 원형은 이 무덤에 제사 지내는 사당이었다는 것을 의미하는 것이다.

그런 형의 또 한 예는 나라 田原本町의 '多神社'이다. 이 신사도 延喜式 神名帳에 있는 明神大社로 초기의 신사이며 신사의 원형급이라고 할만하다. '多'는 오로로 읽고 神武(천황)族의 본성이다. 多神社에는 神武의 장자 神八井耳命가 제신이다. 이 신사의 경내에는 圓丘(圓形 돌무덤)가 있었고 원래는 여기에 제사를 지냈으나, 뒤에 신사가 지어지고 신사에서 제례를 행하게 된 신사이다.

일본서기에 신라왕자 아메노히보꼬天日矛가 가져왔다는 7개의 神宝에는 '곰의 히모로기熊の神籬'와 日鏡이라는 것이 있는데 熊の神籬는 일본 신사의 원형이고 히노가가미日の鏡는 天照大神의 神体인 銅鏡의 원형이라고 한다. 이 '히모로기'를 '히모로기이와사까' 「神籬磐境」로 쓰는 경우가 있는데, 이 '이와사까磐境'란 돌무덤을 말한다. 일본의 신사란 결국 무덤 앞에 지은 祀堂이 원형이었다는 이야기이다. 일본의 古신사 경내에는 대개 고분이 있었지만 불교영향으로 차차 은휘隱諱된 것이다. 불교가 성행하면서 화장으로 변하고 뒤에 무덤이 없어지는 것이다. 말썽 많은 야스구니靖國신사에는 수십만의 전몰자 위패만 가득할 뿐 아무것도 없다.

'前'을 구마(곰)로 읽는 것은 「熊の神籬」를 '神前'으로 표현한데서 온 것으로, 후대로 내려오면서 神이 빠지고 前만으로 '구마'를 일컫게 된 것이라고 본다.

[참고서지]

주79) 일본서기 齊明紀5년 夏5월, 同년 冬10월

주80) 일본서기 天智기2년9월(백촌강 패배와 주유성 함락)

주81) 일본서기推古32년9월(朕은 蘇我家출신), 舒明紀 序頭(泊瀨仲王, 我
等父子 蘇我家出生)

주82) 扶桑略記, 1094-1107년간에 승려 皇圓이 불교의 입장에서 편찬한
일본 고대사 通史

주83) 일본서기 舒明紀11년 추7월(百濟大宮), 同월 「於百濟川側, 建9重
塔」

주84) 일본서기 天武(上) 稱制期 元年7월(壬申の亂), 近江軍장수(司令官)
一伎史

주85) 일본서기 皇極4년6월, 乙巳の変(蘇我入鹿 참살), 註記 '謂因韓政
而誅'에 대해 일본사학은 '三韓共調'가 원인이라는 해석을 한다. 그
러나 이 해석은 일본사학의 고대한일관계사 왜곡해석의 표본이다.
상한공조란 한삼국의 일본에 바치는 공조가 원인이 되었다는 이야기
인데, 본문 문장 어디에도 그런 해석이 가능한 문자는 전혀 없다.

주86) 「神皇正統紀」, 北畠親房가 南朝(南北朝로 갈려 싸운 시기의 吉野
朝, 後醍醐천황쪽)의 정통성을 옹호하기 위해 쓴(1339) 尊皇論이다.
그 뒤의 천황 '神皇觀'의 正典이 되었다.

주87) 전게서 「廣辭苑」509쪽 'からかみ韓神'

Ⅲ. 일본어의 기원과 백제어

언어학에 언어계통론이란 것이 있다.

어떤 언어가 언어의 음운(말소리) 언어의 문법구조 용어의 동의어(어휘) 등에서 어떤 어계에 속하는가를 연구하는 일종의 언어의 뿌리 추적연구라고 할 수 있다. 지금 지구상의 언어는 대개 8개의 어족군(인도 − 유럽어족·햄 − 셈어족·우랄어족·알타이족·드라비다어족·인도차이나어족·남아시아어족·남도어족)이 있는 것으로 파악되어있다.

한국어와 일본어는 이 중 '알타이어족'에 속한다. 알타이 어족군에는 터키제어(26개 방언)·몽골제어(12개 방언)·퉁그스제어(10개 방언) 등 3개어군이 포함된다. 퉁그스어군에는 라므드어 에벵키어 소롱어 네기탈어 우데헤어 오로치어 코르지어 오르챠어 오록고어 만주어 등이 들어있다. 한국어와 일본어는 퉁그스어군에 분류되지만 아직 정설은 아니다.

그 이유는 다음 장의 이기문과 무라야마시찌로의 도표의 뒤에 나오는 핀랜드 언어학자 람스텟과 스웨덴 언어학자 J. 스트리트의 연구<도표>에서 잘 나타나 있다.

일본어는 지금까지 연구에서 남방어(기층어, 죠몽어)+북방어(부여어, 고구려어)의 복합어라는 쪽으로 가닥이 잡혀가고 있다. 일본어는 기본구조에 있어 알타이어인 한국어와 거의 일치하고 음운에 있어서도 8C까지는 완전히 두 언어가 같았다는 연구결과여서 그 조어는 부여어라는 결론이 나와 있다. 다만 기층어에서 남도어 어휘가 압도적으로 많은 반면 북방어(부여어계)의 동의어 어휘가 부족하다는 지적이 있다.

7장. 일본어의 祖語는 부여어

일본의 근대적 언어학의 연구역사는 지금에는 이미 120년이 넘었는데 그 연구의 시작은 명치유신 후 일본에 초빙되어왔던 서양인 학자들에 의한 것이었다. 그들은 전혀 이색적인 일본문화 풍물에 매료되어 의학 과학 등 가르쳐야 하는 그들의 본무를 제쳐둔 채 각지를 돌아다니며 일본의 언어와 풍습을 조사하고 연구하는데 더 열심이었다고 한다. 그중 일부가 일본어의 기원을 연구하고 일본어가 북방어로 알타이어에 속한다는 연구보고를 썼고 이것이 상당한 수준이어서 그 후의 일본어연구의 흐름의 첫 줄을 그었다. 그 연구의 일부는 그 뒤에 남방어혼합어 쪽으로 바꾼 사람도 있다. 이에 자극 받은 일본인들의 연구가 그 뒤를 이었다. 후지오까쇼지藤岡勝二는 독일에 유학한 북방어학자 중 한 사람이다. 그는 일본어가 북방어에 속한다는 14개조에 이르는 일본어의 '알타이어 공동특징'이라는 것을 「日本語の位置」(1908년)라는 제목으로 발표하였다. 이것이 일본인에 의한 일본어 '북방어론'의 효시이다. 주88) 이 연구를 일본어의 '계통연구'로서는 그리 깊은 연구가 아니라는 평가(독일학자 연구의 지적)도 있었지만, 일본어를 인도－겔만어계통 등으로 보려는 엉뚱한 연구방향이 상당하던 당시에 일본어를 알타이어에 대조시켜 축조적인 분석을 하고, 일본어가 알타이어에 가장 가까운 언어라는 특징 14개 조항을 찾아내고, 그 음운연구에 있어서도 모음조화가 결여되어있다는 것까지 지적한, 거의 현대적 연구에 가까운 결론을 얻고 있다.

그 후 일본어 계통론은 일부의 '혼합어설'을 제외하고 일본어가 알타이제어에 속하며 퉁구스어계통이라는 전제하의 연구가 주류를 이루게 된다. 일본어 연구방향이 이렇게 되자 자연이 한국어와의 비교연구를 많이 하게 되는 것은 필연적인 것이었다.

한편 서울대의 이기문 교수는 한국어와 알타이제어의 공통특징을 다음과 같이 제시하고, 일본어도 거의 동일하다는 결론을 내리고 있다. 주89)

① 모음조화가 있다.
② 어두의 자음조직에 제약이 있다.
③ 교착성이 있다.
④ 모음교체와 자음교체가 없다.
⑤ 관계대명사와 접속사가 없다.
⑥ 부동사가 없다.

그리고 그는 일본어를 비교연구하고, 나라시대奈良時代, 8C초, 까지 한·일 양국어는 알타이어와의 공통특징에 있어서 그대로 위의 특징과 일치한다는 것을 확인했다. 그러나 그 후 일본어는 모음조화를 잃어갔으며 현대의 일본어에는 모음조화 현상이 거의 사라진 것을 지적하고 있다. 이교수의 「국어사개설」에 나오는 「한국어와 일본어의 비교」를 간략히 인용한다. 주90)

"…, 한국어의 계통에 관해 제기된 유력한 가설 중에 한국어와 일본어가 같은 계통이라는 설이 있다. 이 가설은 주로 일본학자들의 일본어 계통연구의 결론에서 얻어진 것이다.

일본어 계통논은 북방계설과 남방계설이 대립되어 있는데, 일본어가 한국어와 같은 계통어라는 가설은 일본어 북방어설의 대표설이다. 한국어와 일본어는 언어구조에 있어서 자못 유사한 언어이다. 위에 열거된 '알타이어제어와 한국어의 6개조 특징은 그대로 일본어에도 적용된다. 다만 모음조화에 있어 확실하지 않다. 고대일본어에 있어서 모음연결에 어떤 제약규칙이 있었지 않은가 하는 것은 알려진 일이다. 그러나 그것이 알타이제어와 한국어 사이에서 보이는 것과 같은 모음조화 현상의 잔영殘影인지는 확실하게 단언 지을 수는 없다. 그리고 일본어에는 특이한 구조적 특징으로서 '개음절성開音節性'이 있다. 일본어의 음절은, 고대에서부터 모음으로 끝나는 것이 특징이다. 그러나 일본어도 본래는 폐음절閉音節을 가지고 있었다는 것도 여러 가지 연구에서 낳다나 있다. …. 그것은 알타이어계의 언어가 일본에 들어가기 전에 일본에는 개음절을 특징으로 하는 언어를 사용하는 사람들이 있었다는 것을 의미한다. 그 개음절을 가진 언어를 사용하던 기층 사람들의 영향으로 인해 위에서와 같은 언어의 변화가 생긴 것이라고 생각된다. 모음조화 현상과 폐음절의 상실 같은 것이 그것이다" … "또 일본어에는 알타이 제어 가운데 특히 퉁구스어에 가까운 일면을 가지고 있다는 것도 들어 나고 있다. … 요컨대 일본어는 일반적 구조에서나 구체적인 자재면資財面에 있어서, 한 쪽으로는 한국어와 다른 한 쪽에서는 퉁구스어군과 놀랄만한 일치를 보이고 있다는 것이 명백해 졌다고 하겠다. 이것은 일본어의 복합적 구성을 말해주고 있는 것이다."

다음 <도표>는 일본 중견 언어학자 오에다까오大江孝男가 인용한 이기문교수와 村山亡郎의 원시왜어 계통가설이다. 오에다까오는 그 책에서 무라야마'村山七郎'의 가설을 먼저 인용하면서 "이기문에 자극받은 무라야마가 독자적 입장의 논고를 발표했다고 말했으나, 그 계통론이라는 가설은 용어를 바꾼 것일 뿐으로 그 내용은 이기문 가설을 그대로 옮긴 것이다. 표에서 보는 것처럼 무라야마村山는 알타이공통어에서 서부알타이어와 동부알타이어가 분리되고, 동부 알타이어에서 원시한계어와 왜·고구려공통어·先퉁구스어의 셋으로 갈려나가고, 거기서 원시한계어는 신라어→고려어로, 왜·고구려어공통어는 고구려어와 원시일본어로 각각 갈려나간 것으로 되어있다. 주91) 이기문과 무라야마 두 가설의 중요한 차이점은 무라야마가 원시 부여어를 표시어에서 뺐다는 점인데, 무라야마의 「왜·고구려공통어」라는 표시어를 「원시부여어」로 대치해 보면 거기서 원시왜어와 고구려어가 분리됨으로 이기문 가설과 똑 같다는 결론을 얻게 된다. 무라야마는 뒤에 혼합어설로 바뀌지만, 여기서 이기문 무라야마 두 학자의 한어·일어 계통론은 사실상 일치를 본 것으로, 주제의 진실에 근접하였던 것으로 본다.

<표> 이기문의 원시왜어계통 가설

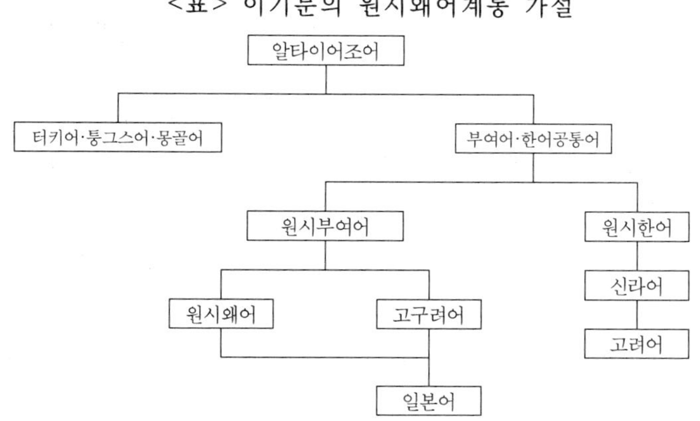

<표> 村山七郎의 원시왜어 가설

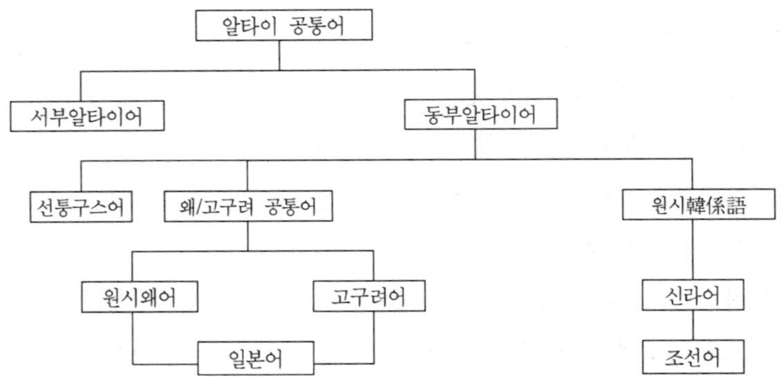

한편 이기문 교수는 삼국사기 지리지 등에서 많은 고구려어를 찾아내고 있다. 이 교수는 또 앞의 「국어사개설」에서 고구려어는 현재 남아있는 자료 중 부여어계의 자료를 온존하는 유일한 언어라고 지척하고, 고구려어와 중세 조선語가 그 어휘에 있어 현저한 일치를 보이고 있고, 일본어에서도 많은 고구려어 공통어휘가 발견되고 있는데 이는 놀랄만한 현상이라고 말하고 있다. 결국 이기문과 무라야마의 가설은 일본어의 조어가 부여어라는 결론에 도달한 것이라고 본다. 부여어·한어고통어는 원시왜어와 고구려(백제)어로 이어지고, 다른 한편으로 한어는 원시한어→신라어→고려어로 이어진다. 고대 일본어는 죠몽어가 혼합된 야요이인의 부여어에 백제인의 고구려어가 고분시대에 근기지방에서 말해진 것이 덧씌워진 것이다. 결국 일본어는 죠몽어(+남방어) +야요이어(부여어) +백제어(고구려어)로 복합된 언어였다고 볼 수 있다. 고급 일본어에는 백제어(고구려어)가 많이 남아있는데 다음 표에서 보는 것처럼 유독 수사數詞와 사회제도어에 많다. 주92) 일본어 속의 고구려어는 백제어에서 받은 것으로 주로 시문학 사회 국가제도어에 많이 남아있다.

<표> 일본어에 남아있는 고구려어

낱말	일본어	고구려어	借字音
물水	midu	meid	買
깊다深	puka	puksie	伏斯
골자기谷	tani	tanə	旦
열十	Tȯwo	tək	德
납鉛	namari	namuər	乃勿
흙土壤	na	na	奴
입口	kuti	koći	忽次
새告鳥	kuge / kuqupi	korei	古兮
일곱七	nana	nanən	難隱
다섯五	itu	noći	干次

- 大野晋, 日本語의 世界 99쪽

8장. 백제語는 아스까와 나라시대의 문화어

백제어는 아스까·나라시대의 문화어·국가와 사회제도어였다

Ⅱ 5장에서 이미 본바와 같이 일본의 고대국가시대가 시작되는 6－7세기의 주역은 백제인 이었고, 그 역사무대였던 야마도 아스까의 주류주민은 백제인과 백제계 가야인 이었다. 그 사람들이 일본의 고대국가를 경영하고 국가와 사회의 여러 제도를 만들었다. 따라서 이러한 새로운 시대의 지배언어가 백제어가 되는 것은 필연적이고 자연스러운 것이다. 위의 표에 제시한 예는 지금까지 의도적으로 지워지고 불에 소각된 가운데 살아 남아있는 극히 일부분의 백제어 자료이다. 아주 중요한 것은 일본서기와 망요슈萬葉集 등에 쓰여진 백제식 이투문이다. 이른바 만요가나萬葉假名는 이에 기초한 것이라고 한다. 이 가나는 당시 백제본국에서 쓰이던 백제식(혹, 신라식) '이투'라고 한다. 이 '망요슈'는 당시 일본의 상류사회 사람들이 쓴

문학작품 향가집이다. 여기 쓰여진 가나假名가 뒤에 지금의 일본어 '50음 가나(50音假名)'로 발전하게 되는 것이다. 주93)

<표> 만요가나萬葉假名: 正倉院 文書, 萬葉假名文 假名字母表

ワ	ラ	ヤ	マ	ハ	ナ	タ	サ	カ	ア
和	良	夜	末 万	波	奈	太 多 田	佐	加 可	阿
	リ	イ	ミ	ヒ	ニ	チ	シ	キ	イ
	利		美	比	ネ	知	之	支	伊
ウ	ル	ユ	ム	フ	ヌ	ツ	ス	ク	ウ
	流	由	牟	布	奴	都	須	久	宇
エ	レ	エ	メ	ヘ	ネ	テ	セ	ケ	エ
惠	禮		米		ネ	天		氣	
ヲ	ロ	ヨ	モ	ホ	ノ	ト	ソ	コ	オ
乎	呂	与	毛	保	乃	止	蘇	古	於

春日政治, 假名發達史研究 64-65쪽. 春日政治著作集 1卷, 勉誠社, 日本.

9장. 오노신大野晋의 일본어 중층重層구조론

일본의 언어사학자 오노신大野晋은 일본어가 다음의 3단계를 거치면서 '남방어(기층어)+부여어(야요이어)+백제어(문화어 사회제도어)'로 중층적 복합언어구조를 형성하게 되었다고 설명한다. 즉, "일본에는 '들 감자やまいも' 재배기에 간단한 자음조직과 모음으로 끝나는 음운체계(개음절)를 가진 말(남방어)을 쓰는 사람들이 살고 있었는데, 이 언어가 일본의 기층민언어로 제1차 언어라고 한다. 여기에 제2차언어인 原타밀어(남방어)를 사용하는 사람들이 더 흘러 들어와 함께 섞여 살게 되었다고 오노는 주장한다. 타밀어 사용인들이 곡물

재배 산감자 재배와 간단한 베짜기 등을 일본에 가져왔다는 것이다. 오늘 날 일본어가 가진 가장 기초적인 많은 낱말들(남방어)과 문법 조직은 이 시기의 것이었다고 大野晋은 주장한다. 그러나 남방어는 죠몽인과 동시대에 속하는 'やまぃも족'의 것이고 일본어의 문법구조는 부여어에서 온 것이다. 오노는 이 시기가 끝나갈 무렵에 벼농사를 가지고 들어와 본격적 벼농사 시대를 연 사람들이 들어왔다고 했다. 이들은 한반도에서 건너온 사람들로 국가체제를 만들어 가게 되는데, 이 시대가 야요이시대이며 이들은 한반도를 거쳐 들어온 알타이어(부여어, 모음조화와 폐음절사용어)를 사용하는 사람들이었다는 것이다. 이 알타이어를 사용하는 사람들의 언어가 들어와 일본어의 제3차언어를 형성하게 된다는 것이다. 이 언어는 일본의 상류사회에 모음조화를 이루는 일본어를 형성시켰으나, 일본어의 이 모음조화 현상은 8세기까지 계속되었지만, 본래 모음조화를 가지지 않았던 제2차언어를 사용하는 사람들이 인구수가 많았기 때문에 9세기경부터 일본어의 모음조화 현상은 점차 사라진다는 것이다. 그러나 이 제3차 언어(부여어)는 고도의 문화어였기 때문에 法制 農具 武具 工藝 服飾 등의 용어를 풍부하게 일본어에 남겼다는 것이다. 문자 이전의 고대 일본어는 이 1차 2차 3차 언어들이 복합된 중층적 언어구조로 형성 되었는데 여기에 제4차어로 중국의 문자어가 복합된다." 라는 것이 오노신의 가설이다. 주94)

<표> 奈良시대의 법제어

	백제어	한자	일본어		백제어	한자	일본어
법제어	kokoi	族	kara	무구	kopot	甲	kabudo
	koir	郡	kopori		kalh	劍	kari
	mail	村	mura		kirema	鞍	kura
	ulh	氏	udi		pei	舟	pe舳
	pat	徵稅	pataru		sal	失	satu
	pal		piro	공예	kama	薰	kama
	mal	升	masu		kiwa	瓦	kawara
	kal	柯	kasu		mamul	鉛	namari
농구	nat	鎌	nata鉈	복식	pakoni	筐	pako
	homei	鋤	kupa		poitil	機	pata
	stapo	相	sape鉏		panel	針	pari
	sadul	小綱	sade		kas	笠	kasa
	stok		sitoki		kusil	珠	kusiro釧
	tak	楮	taku		os	衣服	osupi
	poryo		pera				
	ko	杆	ki				
	koc	串	kusi				

- 大野晋, 日本語의 世界 109쪽

이 오노신의 가설은 일본어 '남방어＋북방어'의 혼합적 성격을 잘 설명하고 있다.

그러나 1, 2차 언어는 죠몽어＋남방어이기는 하나 타밀어인은 없었다고 본다. 그리고 그가 말하는 벼농사문화를 가져온 사람들은 알타이어를 사용하는 사람들(부여어사용인)이지만 일본에 법제어 사회제도어 문화어 등을 가져온 사람들은 아니다. 그런 고급문화를 일본에 가져온 사람들은 고분기의 백제인으로 보아야 한다.

아이누와 타밀인

　일본학자들은 '아이누족'을 백인으로 생각하고 인도 남부와 스리랑카 섬 북쪽에 사는 타밀인(아리안족으로 본다)들이 흘러 들어왔다고 주장한다. 그러나 그들이 일본열도로 유입되었다는 증거는 없다. 그리고 '아이누인'은 몽골로이도이고, 타밀인은 코가소이도(백인종)이지만 백인이 아닌 赤黑人이다. 오노의 주장에는 일본인의 조상이 아리안족(백인)이기를 바라는 동기가 숨어있는 것으로 보인다.

　일본에 문자어와 사회 국가제도어를 도입한 사람들은 야요이인이 아니라 5C~7C의 백제인들이다. 이들이 들어와 나라도 세우고 상류사회를 형성하고 문화어 사회제도어를 남겼다. 야요이인은 BC 3C~AD 2C에 북구주에 건너온 역사시대 이전 사람들이다.

오노의 한일어 계통도

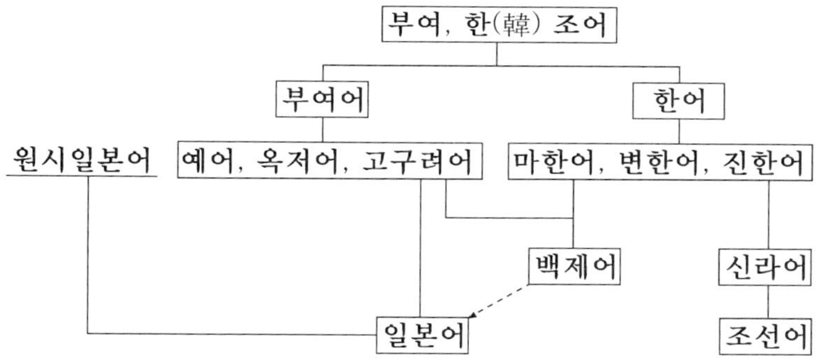

* '일본어'는 필자 기입

　상당히 단순화된 계통도이다. 부여어를 조기에 한어와 분리시켜 고구려어와 '한국어'를 소원한 관계로 보고 있다.

나라奈良시대에는 망요가나가 상류사회에서 널리 쓰였고, 주로 시가 등 문학생활에서 많이 쓰였다. 일한어동계론(1910)을 주장했던 가나자와쇼사부로金澤庄三郞는 일본의 유명한 국어학자이지만 韓민족에 대해 아주 천박한 국수주의적 우월감을 가진 사람이다. 그는 일정초기에 서울의 '京城大學'에 와서 유명한 강연을 하면서 연설문 원고를 남겼다. 그는 거기서 "일본의 '가나'는 그 옛 날 조선(백제)의 이두吏讀에서 배워온 것"이라고 솔직히 인정한바 있다. 주95) 일본의 문자문화의 시작은 백제인들의 본격적 활동시기부터이며 본격적 문자문화는 이투식 문자가 들어온 이후부터이다.

알타이어족의 고향

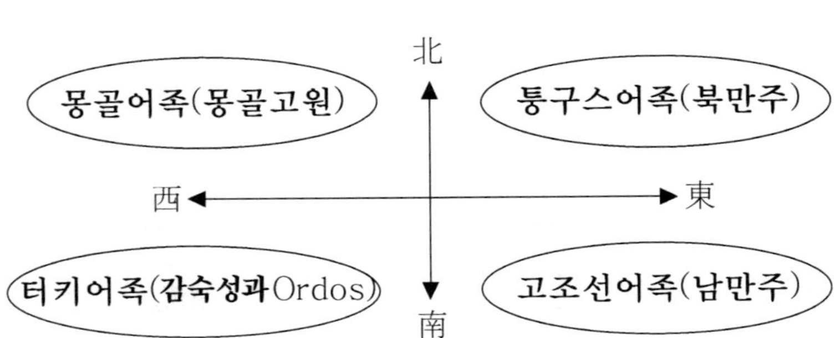

岩波講座 明, 日本語の系統と歷史 55쪽
2 あるたい語の系統論 池上二郎

위의 그림은 람스텟Ramstedt(외교관 학자, 헬싱키대학 교수, 우랄-알타이어 전공·조선어문법저술 1936년 헬싱키대학에 한국학강좌 개설)의 알타이어제족의 지리적 위치를 표시한 것이다. 이들 4종족은 BC 2천년 에 만주의 남서부 흥안령을 기점으로 동북 만주에 퉁그스어족, 동남부의 열하熱河에서 요서 요동에 고조선어족이 살고, 서북

몽골평원에는 몽골어족, 서남의 오르도스지방에서 감숙성 신강성 일대에는 터키어족이 살았다는 것이다. 이 어족들은 「알타이祖語」에서 갈려나온 언어를 사용하는 알타이어족군임을 나타내는 것이기도 하다. 고조선어족은 퉁그스어군에 속하지 않는다고 보고 있다. 주96)

  이와는 좀 다르게 J.스트리트(스웨덴인, 스톡크호름대학 교수, 언어학자 외교관)는 고조선어는 일본어·아이누어와 함께 공통어를 사용하였으나 일직이 「원시북아시아어」에서 알타이어와 분리되었다고 파악하고 있다. 그 후 고조선어는 다시 아이누어와 분리되고 일본어는 다시 고조선어와 나뉘었다고 보았다. 고조선어군이 퉁그스어군에 속하지 않는다고 보는 것은 람스텟과 같으나, 다만 「고조선어·일본어·アイヌ어 공통어」가 일직이 「원시북아시아어」로부터 알타이어와 분리되었다고 보는 점이 다르다. '스트리트 설'의 더 큰 문제점은 「고조선어·일어 공통어」가 「원시북아시아어」에서 원시알타이어와 조기에 분리된 것으로 파악하고 있다는 점이다. 따라서 한·일어가 알타이어와 소원하게 된다는 점이다. 지금까지의 연구방향에서는 한·일어가 알타이어군에 속한다고 보는 것이 통설이다. 주97)

J.스트리트 원시한·일어의 분리

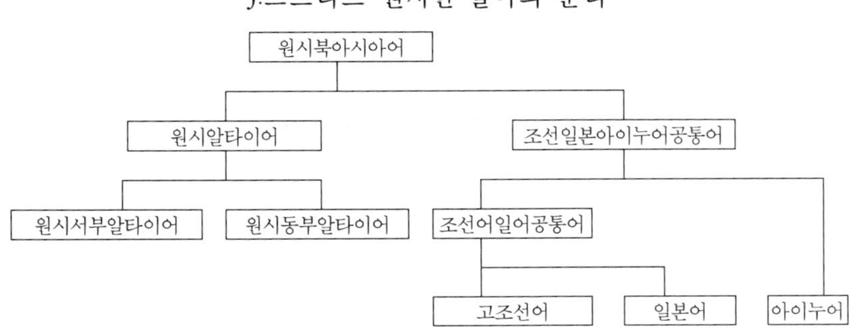

- 村山七郎, 講座 國語史-國語史總說 60쪽
  J.스트리트는 조선어와 일본어가 상당히 늦은 시기까지 같은 공통어를 사용한 것으로 보고 있어, 한·일어의 친밀성을 말하고 있다.

10장. 일본어와 고대일본인 3종족의 인구구성

일본인이 전체적으로는 몽골로이드라는 것은 자연인류학연구로 이미 증명된 일이다.

그러나 복합민족으로서의 일본인의 구성과 기원은 시대순으로 죠몽인(＋남양계)＋야요이인＋고분인의 3종족으로 형성되어있다. '죠몽인'은 북방인이지만 가장 먼저 BC6천년 전쯤부터 일본열도로 들어온 신석기인이다. 이 사람들은 혼슈本州의 중부 이남과 남구주지방에 주로 살았는데 시대를 내려가면서 점점 동북쪽으로 몰려났다. 여기에는 같은 시대 사람으로 남양에서 올라온 남방계사람들이 거의 같은 비율로 섞여 살았는데, 그 남방계는 큐슈와 혼슈 중남부에서만 살다가 중간에 대폭 감소되고 죠몽인에 흡수된 것으로 추정된다. 구마모도대학의 '甲元眞之' 교수의 연구에 따르면 "서기전2500년에서 서기전2000년 사이에 九州의 가고시마 앞 바다 유황도 화산이 폭발해 '아까로야'라는 화산재가 크게 분출하여 전 구주를 약 1.5m~1m 두께로 덮어버려 구주섬 전체의 생물이 전멸에 가까운 타격을 받은 바 있다고 한다" 이로부터 구주에 植生이 다시 살아나는 것은 BC 2.000~BC 1.000년 이후부터라는 것이다. 주98) 이 때문에 남방인은 그전에 '죠몽인'과 혼합되어버렸거나, 중부 본주까지 올라갔던 사람들을 제외한다면 거의 전멸된 것으로 보고 남방인으로 따로 분류되지 않는 상태이다. 그러나 일본사에는 해인족(남방족)에 대한 기록이 많고, 문화인류학 쪽에서도 일본가옥 형태의 남도형 급경사가 진 갈대를 얹은 두꺼운 지붕, 높은 마루高床가옥, 그리고 남중국과 인도네시아 등지의 풍습에 가까운 긴 대나무젓가락과 차완 같은 적은 그릇에 쌀밥을 담아 입에 대고 먹는 식습관등과 일본어 속에 담겨있는 남방계 생활용어와 모음조화가 없는 개음절성의 언어특성들을 남겼다고 본다. 그들이 죠몽인 야요이인들에 많이 섞였다는 것을 추정할 수 있는 근거이다.

한편 '야요이인'들은 한반도 남부에서 서기전 3C~서기2C 사이에 건너간 先가야인들이다.

이 선가야인들은 3장 ⑤에서 상세히 나온 바 있지만, 북구주 '사가현·후꾸오까현·구마모도현'에서 발굴된 수많은 '야요이 유적'에서 나온 유물들, 무문토기(독널과 대마도 나바다께莱畑·이다쯔끼板付 등에서 나온 질그릇들)·세형동검·세형동과와 동모·다뉴기하문동경·인골 등은 이들이 고조선계의 북방문화에 연원을 가진 사람들임을 말해준다. 주99)

고조선인들이 가야지방으로 내려와 살다가 그 1부가 다시 북구주로 건너간 것이다. 이 유물 중 '세형동검'이란 요녕청동기문화인 '비파형청동단검'의 발전형이며, 둔중한 제기적 모습이던 '비파형'이 한반도로 내려오면서 칼 몸이 점차 실전적 슬림형으로 가늘어진 것이고 동과 동모들도 같다. 이 칼은 청동다뉴기하문경 및 무문토기와 함께 동반출토 되는 요녕청동기문화 유물의 대표적 특징이다. 이 사람들을 편이상 이 책에서는 先가야인이라고 부르고 있다. 가야와 북구주에서 발굴된 형질인류학상 같은 사람으로 분류되는 인골과 유물들은 북구주에 열린 '야요이 시대'가 이 선가야인들의 문화라는 것을 보여주고 있다.(Ⅰ-3-⑤의 <표5>참조, 75페이지) 가야지역과 북구주는 BC3C이래 근 7, 8백년 동안을 한 지방처럼 왕래가 끊이지 않고 살았던 동일문화권이었다. 그 시대의 가야와 북구주 양안의 인류가 동종인류였다는 것은 위에 예거된 야요이 유적 유물들 '吉野が里·金隈·三津永田·山口縣'의 '土井ゲ浜'에서 출토된 인골과 한반도인의 그 시대 사람들과 동일하다는 것 말고도 아직도 남은 풍습

과 언어 속에서도 증명되고 있다. 주100)

　야요이인은 그 후 인구적·문화적으로 일본인의 주류를 이루게 되지만, 여기에 4C에서 7C 사이에 백제인이 주축인 고분인(한삼국인)들이 건너가 합류하며 일본어와 일본고대문화에 영향을 준다.

　이러한 인구구성이 현 일본어의 '혼합어적' 모습의 본질이라고 생각한다. 오노신(大野晋)이 말한 일본어 중층구조론은 이와 같은 일본인의 복합적 구성과정을 잘 표현하고 있다. 기층언어에는 남방어가 많이 남아있고, 그 후에 들어온 고급 북방어가 남방어와 한 600년간 섞여 쓰여 혼합어로서 기층어가 형성되지만 언어의 기본구조는 고급 언어인 부여어 구조를 이룬 가운데, 4세기부터 백제인들이 들어와 고대국가를 세우고 고급문화가 형성되면서 일본상류사회 문화에 백제어(고구려어)가 사회제도어 문화어로서 덧씌워진 것이다. 그러나 문화어를 가져온 백제어를 쓰는 사람들은 소수였고 기층어(죠몽어＋야요이어)가 다수였기 때문에 일본어의 생활어와 개음절 모음조화의 상실현상 등이 강하게 남고, 고급문화어 사회제도어 등에 백제어가 상층부에 강하게 남은 것이 일본어의 오늘의 모습이라고 생각한다.

　다음 표는 고야마슈조'小山修三'의 「日本人考古人口研究」에서 축출한 일본고대인의 종족별 인구구성비율 추정이다. 고야마는 그의 연구에서 고분인은 수자가 적어 제외했다고 했으나 이미 I의 3장에서 충분히 검토된 바와 같이 자연인류학적 방법의 연구(埴原和郎·中橋孝博)에서 근기지방의 고분인 인구가 위의 두 종족보다 우세했다는 결론이었으며 문헌사의 기록에서도 근기지방의 4C에서 7C 사이의 한삼국인의 도래는 대단한 것이었다. 근기지방의 인구구조로 볼 때 추정이지만 고분인 비율을 일본 전인구의 10% 이상으로 볼 수 있다고 생각한다.

<표> 小山修三「古代の各文化期の人口推定」

年代	繩文期	彌生期	古墳期
C7,000年	20,000		
C4,500年	100,000		
C3,000年	260,000		
C2,000年	160,000		
C1,000年	73,00		
		600,000	
AD100年			
AD750年			5,400,000

죠몽인　244,8만인 (45.3%)

야요이인 259,2만인 (54.7%＋고분인)

＋고분인　(54만?)　(10%추정)

____

총인구　540만　　(100%)

<표> 일본고대인구 종족구성비

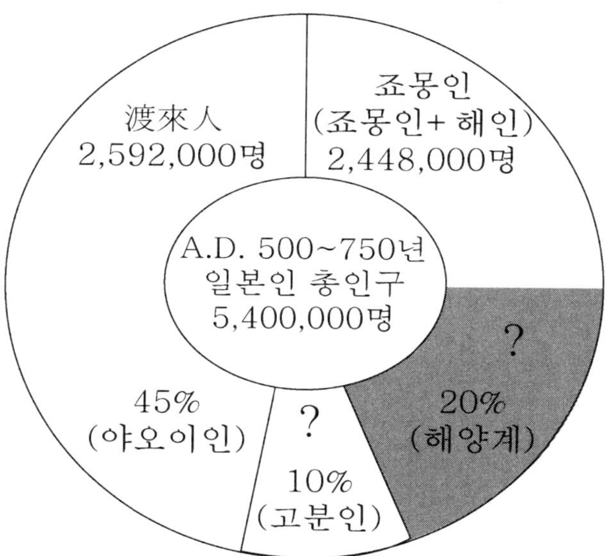

[참고서지]

주88) 藤岡勝二「日本語の位置」, 岩波講座 12-7章 313-314쪽 『日本語의 系統論史』佐佐木 隆, 岩波書店

주89) 이기문 「국어사개설」 13쪽, 탑 출판사.

주90) 이기문 상게서 24-26쪽

주91) 상게서 岩波講座 12, 大江孝男『日本語の系統と歷史』4 (159쪽) 朝鮮語と日本語

주92) 大野 晋『日本語の世界1』99쪽, 中央公論社·大野 晋『岩波講座 日本語1』日本語と國語學 158-159쪽, 朝鮮語と日本語, 岩波書店

주93) 萬葉假名, 春日政治著作集 1卷 64-65쪽「假名發達史の研究」, 勉誠社·馬淵和夫 「表記の變遷」, 『新日本語講座 4·日本語の歷史』9章203~213쪽, 汐文社

주94) 大野 晋 전게서 「日本語の成立」, 『日本語の世界1』67-110쪽, 中央公論社

주95) 金澤庄三郎「朝鮮語に關する講演(筆記帳)」, 朝鮮總督府內務部學務局(所藏), 현재 국립중앙도서관소장

주96) 岩波講座12『日本語の系統と歷史 55頃』3 「アルタイ語の系統論」池上二郎, 岩波書店. Ramstedt(1873-1950), 헬싱키대학 '우랄-알타이어 교수

주97) 講座國語史1, 馬淵和夫·村山七郎·金田一春彦·板倉篤義 『國語史總論』第1章 60쪽「日本語の成立」村山七郎

주98) 「古代 日本文化와 한반도」 甲元眞之, 전게서 『일본인의 기원』119-120쪽

주99) 본저 I의 3장 <표5> 및 본문 참조

주100) 小田富士雄「古墳文化期における日韓交渉」, 小田富士雄·西谷正 等 8人 共編『伽倻と古代東アジア』71-113쪽, 新人物往來社

IV. 맺음말

일본서기의 백제의 두 얼굴

일본서기에서 백제관계 기사를 읽으면서 당황하는 것은 상반되는 백제의 두 얼굴이다.

하나는 본편이 다루는 일본의 북구주와 근기지방의 가와찌와 나라분지에서 신천지를 여는 백제인들이 활약 모습이고, 다른 하나는 일본서기에 비친 야마도왕조와의 관계에서 보는 백제의 위상이다. 전자는 본론에서 본바와 같이 서북구주에서 肥國을 세우고, 가와찌에서의 신왕국의 건설과 나라분지로 들어가서는 백제본국의 폭넓은 지원 아래 아스까왕조를 경영하고 일본 고유문화의 원형을 만들어가는 모습이다. '宣化'이후 '皇極'까지 백제인 소가씨4대는 본국을 별로 의식하지 않은채 일본의 고대국가의 확립작업과 불교문화의 건설에 헌신한다. 후자는 神功紀에서 天智紀까지의 일본서기에 일본의 백제왕실에 대한 대우와 외교사례에 비친 백제본국의 위상이다. 거기서 일본사와는 별로 관계도 없는 백제왕의 죽음을 매번 끌어다 부치면서 薨(일본의 왕족이나 대신급 중신의 죽음에 쓰는 호칭)으로 쓰고, 내조한 사신들을 모두 조공사라고 했다. 심지어는 문책사를 보내 왕을 바꾸기도 하고, 후계 왕을 지명했다는 기사도 있으며, 끊임없이 야마도왕조에 구원병을 요청하는 모습으로 기록되어있다.

본편(Ⅱ편)에서 충분히 이해되었다고 보지만 가와찌의 신왕국은 사실상 백제인들이 합심해서 세운 나라이다. 그 뒤를 있는 아스까왕조도 백제인 '木滿致'의 후손들인 '蘇我氏4代'가 실권자였다. 사실상 백제인의 왕조였던 가와찌와 아스까왕조에서 백제를 후국 취급한 일본서기의 문투를 어떻게 해석해야 하는가?

나니와만(大阪灣) 평야에 가와찌 신왕국을 세우고, 나라분지에 들어가서는 미와왕조를 통합하여 아스까왕조를 경영한 백제인들은 사실상 조국 백제를 버리고 떠난 사람들이었다. 그들은 거기서 역시 난리를 피하여 조국을 등지고 건너온 다수의 백제인, 백제계 가야인 피난민들을 모아 본국과 공식 관계없이 새 천하를 건설하였다. 그럼으로 이들이 세운 나라와 본국과의 관계는 서먹할 수밖에 없는 관계였을 것이다. 이런 정황은 백제본국이 전략상 가와찌왕조를 후국으로 대우하고 신왕국 건설에 필요한 지원을 아끼지 않지만, 이들 백제인들의 백제본국에 대한 자세가 어떠한 것이었는지는 일본서기만으로는 알 수 없다.

이 문제에서 상기시키고 싶은 것은 일본서기가 구주왜를 崇神이래의 영역이었던 것으로 쓰고 있지만, 구주가 야마도왕조의 영역이 되는 것은 繼体이후부터라는 사실이다. 그럼으로 繼体이전의 肥國은 야마도왕조와는 상관이 없다는 것과 삼국사기와 일본서기에 나오는 왜에는 다음과 같은 세 가닥의 왜가 있었다는 사실이다.

세 가닥의 倭

삼국사기에서 신라를 빈번히 침노하는 왜는 한반도 남부의 거제도 등 섬에 살던 왜와 일부 구주왜였다. 이 왜들은 하대로 내려오면서 대부분 북구주로 건너가고 남은 왜인들은 신라와 백제에 흡수된다. 근초고왕대에 백제가 상대한 왜는 가야지방 남부에 있던 왜와 구주왜 일부가 혼동되어있고, 광개토왕비문의 왜는 구주왜이다. 곰나루로 남천한 후 백제가 상대하는 왜는 가와찌왕조와 아스까왕조이다. 백제가 야마도왕조와 정식 국가간의 외교관계가 되는 시기는 백제의 성명왕과 일본의 欽明왕 때부터이다. 6C전반까지의 구주왜는 야마도왕조와 관계없는 왜이다. 8C에 일본서기를 만들면서 구주왜를 崇神이래 영유한 것으로 소급하여 '大和王朝史'에 편입함으로써 혼란을 가져오게 하는 것이 일본서기이다.

일본서기에서 보는 야마도왕조와의 관계에 낳다난 백제의 위상은 '일본서기 백제출기사(부기2)'에서 보는 바와 같이 후기의 백제는 일본에 후국 취급을 당한 모습이고, 백제는 왜왕조를 '天朝' 또는 '可畏天皇' 등의 표현을 써가며 구원병 파견을 청원한 것으로 낳다난다. 많은 곳에 '百濟三書'가 인용되어있는데, 그 인용문이 원문대로라고 믿기는 어렵지만, 그 인용문에도 백제는 '事天皇·待天皇' 등의 표현을 쓴 것으로 되어있다.

일본서기의 이런 표현은 과연 어디까지가 진실이고 어디까지가 허구인가?

생각건대 후기의 백제는 고구려 대군의 연속적 공격으로 「영남공략」이 실패한 후 한성도 잃고 고구려와 신라의 중간에서 협격을 받아 위기의 상황에서 이제 믿을 곳이라고는 통일을 이룬 야마도왕조로부터 지원 병력을 왕창 끌어내는 길밖에 생존의 길이 없다고 생각한 것 같다. 이런 절체절명의 위기에서 백제는 온갖 지혜를 짜내어 일본을 신라와의 전쟁에 끌어드리려 했다. 왕자와 사신을 연속하여 야마도왕조에 보내어 구원병을 요청하면서 일본을 추켜올리고 있었다고 보인다. 백제는 여기서 일본을 끌어들이는 유인책으로 다음의 두 가지 정책방침을 세운 것 같다.

하나는 일본의 자존심을 한껏 추켜세워 일본을 우쭐하게 만드는 것이다. 일본을 중국식 황제 같은 존재로 대우하면서 일본천황이 천하를 평화롭게 할 책임이 있는 존재인 듯이 추켜올려 과대망상에 빠지게 하는 것이다. 그 과정에서 백제는 일본왕에 대해 극존칭(天朝可畏天皇 등)을 사용하였을지도 모른다. 백제가 그런 문서를 보냈다면 그것은 어디까지나 외교사령에 지나지 않는 것이다. 그런 것을 일본서기가 역사로 끌어올려 기록한 것으로 본다.

두 번째는 일본으로 하여금 이미 신라영토가 된 가야지방에 영토적 이해관계가 있는 것으로 생각하게 하여 신라전 개입의 명분을 가지게 하는 것이다. 이 과정에서도 백제는 온갖 근거를 만들어 왕실령 미야께屯倉와 任那日本府' 같은 것이 가야지방에 실제 있었던 것처럼 꾸몄던 것으로 본다. 이러한 백제의 책략이 기록된 외교문서들이 일본전통사학이 주장하는 '任那경영론'의 근거가 된 것으로 본다.

물론 이런 것들은 일본을 어떻게든 신라공격에 개입시키려는 백제정부의 고등책략에 지나지 않았으며 사실이 아니다. 그것은 일본서기 외에는 아무데서도 그런 기록이 있는 사료근거가 발견되지 않는데서 알 수 있다. 야마도왕조는 일본서기 편찬 후 백제삼서를 모두 소각해 버린 것으로 보는데 그것은 인용문이 조작을 은폐하기 위한 것이었을 것이다.

그것은 공주 남천 후에도 백제가 야마도왕조에 만만히 보이지 않았던 사실로도 알 수 있다. '敏達紀'와 '推古紀'에는 그런 기사들이 보인다. 이 기사들은 야마도왕조가 백제가 서북구주에 '肥國'을 재건하려는 기도를 가졌다고 겁내고 있는 일단을 보여주고 있다. 이미 본론에 나온 것이지만 '敏達紀'에서 日羅는 "백제가 거기 나라를 세우려 한다면 대마도와 一岐島에 요새를 쌓아 강고히 방비하고 많은 복병을 대기하였다가 이를 막아야 하며, 백제의 배들(3백척)이 당도하면 이를 모조리 격파하여 전멸시켜야 한다고" '敏達왕'에게 헌책하고 있다.

또 '推古紀'17년4월 기사에는 백제의 승려 도흔과 혜미 등 10여인이 민간인 75명을 동반하고 '肥後國(옛 肥國)'의 '葦北津'(肥國의 왕도였고 船山고분유적이 있는 곳)에 표착하였는데, '筑紫 大宰'가 놀라서 왕조에 장계를 올려 보고하고, 일본왕조는 '難波吉士德麻呂와 船史龍' 등 사신을 황급히 보내 어떤 사유로 왔는가를 따지고, 이들을 '德麻呂' 등을 붙여 백제 본국으로 즉시 송환하는 예민한 대응을 하고 있다. 이들은 단순한 표류객에 지나지 않았으나 인원이 좀 많고 도착한 곳이 옛 肥國의 왕도였던 곳임으로 건국공작원으로 의심하고 예민하게 대응한 것이 역력한 것이다. 백제는 일본을 정말로 최고라고 생각한 것이 아니라, 다만 구원병을 얻으려 추켜올렸을 뿐이며, 뒤으로는 북구주에 '肥國'을 다시 복원하려는 기도를 가지고 있었던 것이다.

백제의 서북구주경영은 '宋書'의 왜5왕 표문에서도 일부 낳다나 있다. 왜5왕은 여러 차례 남송황제에 표문을 올렸는데 그중 武는 송황제에게 올리는 표문 가운데서 "백제가 배를 만들어 자기 나라를 침략해 올 준비를 하고 있어 우려 된다"고 쓰고 있다. 이것은 敏達紀 보다 1세기쯤 전의 일이지만 백제가 서북구주의 경영을 시작하는 일단을 짐작할 수 있는 역사의 실마리를 볼 수 있으며, 백제가 서북구주에 肥國을 건설하려던 초기의 상황으로 볼 수 있다. 송서의 왜5왕의 정체가 아직 명백히 밝혀진 것은 아니지만 송서(宋, 420-479)의 왜5왕은 당시 구주 왜 중의 반백제세력이 올린 표문으로 보는 것이 가장 가까운 해석이라고 본다. 그시기에 백제의 북구주 진출을 겁내는 세력은 구주세력일 것이기 때문이다. 일본사학자들은 倭五王이 야마도왕조의 천황들이며 그중 '武'를 일본서기상 21대인 雄略(456-479)으로 주장하지만 인정될 수 없는 것이다. 그 때는 소위 근기지방조차 아직 통일되지 않았고, 가와찌왕조와 三輪왕조(일본서기가 야마도왕조로 소급 조작하는 왕조) 및 야마시로왕국 등으로 분립되어있던 시기였다.

일본서기의 백제를 후국시 한 문장은 백제의 추켜올리는 '책략적 외교문서'의 과장된 표현을 일본서기 편찬자들이 그대로 역사로 옮긴 것이다. 백제의 책략에 교만해진 야마도왕조 자신도 대국으로 착각한 과대망상이 뒤섞인 문투에 지나지 않는 것이다.

결국 백제사의 연장선에서 본 일본서기의 백제관계 기사는 백제인들이 일본 고대국가 건설과 일본 고유문화 창제에 주역을 한 백제인들의 활동과, 고구려와 신라의 협격을 받은 곤핍한 후기의 본국백제가 마지막에 일본의 병력을 끌어들여 퇴세를 만회해 보려다가 실패한 '백제의 場外史'라고 할 수 있다. 일본사학이 일본의 고대사를 아직도 정립하지 못하고 논란을 거듭하고 있는 주원인은 일본 전통사학이 이러한 백제인들의 역사적 역할을 정면으로 보지 않고 폄하하고 왜곡해석 하려는 데서 오는 혼란인 것이다.

백제인의 왜열도 진출은 백제인들의 활기찬 생명력의 불씨를 있는 것이었다. 삼국사기 백제본기는 백제전사이면서도 이런 해외활동사를 누락시키고 있지만, 이런 기록들에서 보이는 백제인들의 활동은 모험적이고 영웅적인 것이다. 그들의 해외에서의 뛰어난 활약은 현

지주민을 압도하고, 선택한 신천지를 딴 세상으로 바꾸어 놓는 것이었지만, 그들은 책임 있는 백제국 상층부 엘리트들 이었음에도 본국의 위기 고비에서 조국을 등진 사람들이었기 때문에 김부식이 이를 다루지 않은 것이라고 볼 수 있다.

일본서기의 재해석과 중요한 금석문들, 최근의 고고학의 성과와 자연인류학의 방법 등을 바탕으로 백제통사에 없는 '백제의 場外史'로서 일본의 고대국가형성 무대에서 활약한 주역들과 그 무대 뒤에 남긴 이야기들을 담으려고 노력하였으나 미진한 것이 너무 많다. 추가적 지명고증과 고신사의 기록물, 고분사전(大塚初重·小林三郎, 1982년판)이후의 발굴 고분 등의 자료가 더 보완된 본격적 연구서가 나오기를 기대한다. (大尾)

※일본서기에 '百濟三書云'으로 明示된 百濟三書 인용

백제기: 神功紀47년4월, 동62년. 應伸紀8년3월, 동25년·雄略紀20년, 21년

백제신찬: 雄略紀2년7월, 동5년4월·武烈紀4년

백제본기: 繼体紀7년6월, 동9년2월, 동25년2월·欽明紀5년2월, 동년3월, 동5년10월, 동6년, 동7년, 동11년2월, 동년3월, 동년4월, 동17년정월

이상은 일본서기에서 '百濟三書云'으로 이를 인용한 구절이 명시된 것만 제시한 것이다. 일본서기의 무수한 백제관계기사는 거의 모두 백제삼서에 의한 것이라는 것은 일본서기를 연구한 사학자들 모두가 인정하는 것이다.

<부기 1>

<표> 백제전 출 고전

부여	고구려	가야	백제	신라	왜	출전 사서	편찬연대	비 고
○	○	韓			○	후한서	445년이전	후한정사
○	○	예 韓 진한 변진	○		○	삼국지	297년이전	중국正史,蜀魏吳
○	○	마한 진한	○		○	晋書	644-646년	東晋왕조 정사
	○		○		○	송서	488년	남송정사
	○	가라국	○			남제서	6C전기	남제정사
	○		○	○	○	양서	636년	南朝梁正史
	○		○			위서		北魏 正史
	○		○			주서		北周正史
	○		○	○	○	수서	656년	魏徵편 隋正史
	○		○	○	○	南史	659년	南朝,宋齊梁陳史
	○		○	○	○	北史	659년	北魏北齊北周隋史
	○	韓, 가라	○	○	일본	당서	舊945, 新1060	唐正史
	○	가야	○	○	왜	삼국사기	1145년	한국정사
	○	가락국	○	○	왜	삼국유사	1281년	
	○	韓, 가라	○	○		日本書紀	720	日本正史

<부기 2>

【日本書紀의 百濟 및 蘇我氏관계 出 기사】

神功紀, 201~270

　9년10월 (신라정토) 和珥津을 출발하자 풍신이 바람을 일으키고, 해신이 파도를 일으켰으며 바다 속의 물고기들이 떠올라 도왔다. 순풍까지 불어 노를 저을 것도 없이 순식간에 신라 해안에 닿았다. 신라왕은 바닷물이 나라 안까지 차 올라오자 전율하였다. "동쪽에 天皇이 다스리는 일본이란(謂日本) 신국이 있다더니 이 나라의 신병일 것이다."하고 백기를 들고 항복했다. 그리고 "금후는 乾坤과 같이 (長與乾坤) 養馬의 일을 하겠습니다."하고 금은과 비단 등을 80척의 배에 실어 조공을 바쳤다. 고구려왕과 백제왕이 이 소식을 듣고 지도와 호적을 거두어 일본국에 항복하였다. 이리하여 內官家屯倉을 정하였다. 이것이 소위 삼한이다.「故因以, 定內官家屯倉. 是所謂之三韓也」

　46년3월, 백제가 久低 彌州流 莫古 세 사람을 탁순국(대구)에 보내 "동방에 일본이라는 귀국이 있다고 들었다. 일본과의 통교안내를 희망한다."고 부탁했다.

　47년4월, 백제, 막고 미주류 구저 등으로 일본에 조공.

　49년3월, 왜장 荒田別 鹿我別들이 백제의 구저 등과 같이 탁순국에 가서 신라를 치려고 하였다. 군사가 더 증강되어야 한다는 참모들의 건의에 따라 백제장군 木羅斤資의 군대가 합세하여 신라를 격파했다. 이어서 比自烋(창녕) 남가라(김해) 㖨국(경산) 안라(함안) 다라(합천) 탁순(대구) 가라(고령) 등 가야 7국을 평정하였다. 군사는 다시 서남으로 돌아 古奚津(강진)과 南蠻의 枕弥多禮(제주도)를 무

찔러 백제에 주었다. 이에 초고왕과 왕자 귀수가 또한 군사를 이끌고 와서 모였다.

같은 달에 比利(완산) 辟中(김제) 布弥支(신풍) 半古(반남) 등 4읍이 항복하였다. 백제왕 부자 아라다와께 목라근자들이 같이 의류촌(주류성 추정)에서 만났다. 서로 기뻐하였다. 예를 후하게 하여 보냈다. 다만 千熊長彦과 백제왕은 백제국에 이르러 벽지산에 올라 "천추만세에 서로 변하지 말자고" 맹서하였다. 千熊長彦을 데리고 都下에 이르러 후히 대접하여 구저들을 딸려 보냈다.

50년5월, 千熊長彦과 구저 등이 백제로부터 돌아왔다. 神功王后는 좋아서 구저에게 "바다 서쪽의 諸韓을 모두 그대의 나라에 주었는데, 지금 무슨 일이 있어서 다시 왔는가?"라고 물었다.

51년3월, 백제가 구저들을 보내 조공했다. 神功이 짐이 친교하는 백제는 하늘이 주신 것이다. 라고 했다. 이해에 千熊長彦을 구저들에 딸려 백제에 보내면서 "해서를 평정하여 백제에 주었다."고 했다.

52년9월, 구저들이 千熊長彦을 따라와 七枝刀와 七字鏡 등 보물을 바쳤다.

55년, 백제의 肖古왕(근초고왕)이 죽었다.

56년, 백제의 왕자 貴須가 왕이 되었다.

62년, 가라국왕 己本旱岐와 아들 百久至 阿首至 國沙利 伊羅麻酒 爾汶至들이 그 인민을 거느리고 백제로 항복해 왔다. 가라국왕의 누이 旣殿至가 大倭로 가서 "천황이 沙至比跪를 보내 신라를 치게 하였습니다. 그런데 사찌히꾸는 신라로부터 미인을 받고 도리혀 우리나라를 쳐 멸망시켰습니다."고 했다. 天皇이 노하여 木羅斤資로 하여금 군사를 거느려 회복시켰다.

64년, 백제의 귀수왕이 죽었다.

65년 백제의 침류왕이 죽었다. 그러나 아화왕자가 나이 어려 숙부 辰斯에게 왕위를 뺏겼다.

15대 應神紀, 270~310

3년, 진사왕이 서면서 귀국의 천황에 실례하였다. 「百濟辰斯王立之失禮於貴國天皇」. 그래서 紀角宿弥 羽田矢代宿弥 石川宿弥 木菟宿弥 등을 보내 그 무례함을 책하였다. 백제국은 진사왕을 죽여 사죄하였다. 紀角宿弥 등은 아화를 왕으로 세우고 돌아왔다. (石川宿弥는 武內宿弥의 아들이라고 함)

7년9월, 고구려인 백제인 임나인 신라인 등이 내조하였다. 武內宿弥는 諸 韓人들을 거느리고 연못을 만들게 하였는데 이 연못을 '韓人池'라 한다고 했다.

8년3월, 백제인이 내조하였다. 백제기에 말하기를 아화가 왕이 되어 귀국에 무례하였다. 때문에 우리의 枕弥多禮와 峴南 支侵 谷那, 東韓의 땅을 빼앗겼다. 그래서 직지왕자가 天朝에 가서 우호를 도모했다.

14년2월, 백제왕이 옷 만드는 재봉공을 보내왔다.

동년에 弓月君이 백제로부터 귀화했다. 120현민을 거느렸으나 신라가 방해하여 가라국에 머물러 있다고 했다. 가쯔라기소쯔히꼬를 보내 이들을 가라로부터 불렀으나 3년이 되어도 돌아오지 않았다.

15년8월, 백제왕이 阿直吉師를 보내 말 2필을 바쳤다. 아지기는 말 사육을 맡았으나 경서 또한 능히 해설하였다. 그래서 태자의 스승을 삼았다.

16년2월, 王仁이 왔다. 태자의 스승으로 하였다. 왕인은 王仁系 씨족의 선조로 후미노오비도書首의 조상이다.

동년에 백제 아화왕이 죽고 직지가 돌아가 왕위에 올랐다.

20년9월, 倭漢直의 선조 阿知使主가 17현민을 거느리고 귀화했다.

25년, 백제의 직지왕이 죽었다. 久爾辛이 왕위를 이었다.

왕이 나이 어려 木滿致(木刕滿致)가 국정을 다스렸다. 왕모와 간음하는 등 무례가 많아 응신왕이 왜로 소환했다. 목만치는 목라근자가 신라를 칠 때에 그 나라의 부인을 얻어 낳은 자이다. 그 아버지의 공이 있어 임나일을 맡아 보았는데 왜와 백제를 왕래하였다.

37년2월, 阿知使主가 그 아들 都加使主와 고구려의 안내로 吳로 건너가 봉제공 兄媛 弟媛 吳織 穴織 4여공을 데려왔다. 이들이 구레하오리와 아나오리의 선조이다.

39년2월, 백제 직지왕이 그 누이 新齊都媛을 왜로 보냈는데 부녀 7인을 데리고 와 귀화했다.

16대 仁德紀, 313～399

41년3월, 紀角宿弥를 백제에 보내 처음으로 國郡의 境界를 상세히 하고 所出을 기록하였다.

17대 履中紀, 400～405

2년1월, 이와레磐余에 도읍하였는데, 이때에 平群木菟宿弥 '蘇賀滿智宿弥' 物部伊呂弗大連 豆夫羅大使主 등이 같이 국사를 집행하였다.

21대 雄略紀, 456～479

2년7월, 백제의 池津媛은 장차 천황이 부르려고 했는데 石川楯과 통했다. 웅략이 노하여 두 남녀를 불에 태워 죽였다. [百濟新撰에 말하되, 己巳년에 개로왕이 즉위했다. 웅략이 阿禮奴跪를 보내 미녀를 청했다. 백제는 慕尼부인의 딸을 보냈다고 했다]

5년4월, (武寧王 탄생) 백제 加須利君(개로왕)이 軍君(昆支)을 大倭로 보내 천황을 섬기라고 했다. 百濟新撰에 [辛丑年 蓋鹵王遣弟

昆支君 向大倭, 事天王. 以攸兄王之好也]로 나온다. 軍君이 대동한 부인은 개로왕의 후궁으로 만삭이었다. 왕이 당부하기를 "부인이 출산하게 되면 그곳이 어디였든지 즉시 돌려보내"라고 했다. 부인이 북구주 해안의 한 섬 '各羅島'에서 출산하여 아이와 부인은 즉시 귀국시켰다. 이 아이가 뒤의 무령왕이며, 백제인들이 그 섬을 임금님의 섬(主島)라 했다고 하였다.

7년, 雄略이 吉備의 上道臣田狹을 任那國司로 보냈다. -아름다운 그의 처를 빼앗기 위해서 였다고 했다. 따로히 田狹의 아들에게 "가서 신라를 치라. 그리고 백제에서 기술자(才技)들을 데려오라고 했다.

8년2월, 신라가 조공을 바치지 않았다. 후환이 두려워 고구려와 수호했다. 고구려왕(장수왕)은 정병 100인을 보내 신라를 수호하게 했다. 고구려 군사 1명이 잠깐 본국으로 귀국하게 되어 신라인 마부를 썼다. 귀국길에서 신라인 마부에게 "너의 나라가 우리나라에 먹힐 날이 멀지 않았다"라고 말했다. 신라인 마부는 이 말을 듣고 병을 칭탁하고 길에 처졌다가 본국으로 달아가 이 말을 고했다. 신라왕이 의심하여 고구려인들을 죽이자, 고구려왕이 노하여 즉시 군사를 일으켜 筑足流城(달구성, 대구)에 주둔했다. 신라왕이 일본부日本府에 도움을 청하고, 고구려군과 일본군이 크게 싸워 일본군이 크게 이겼다. 신라는 고구려에 나라를 잃을번 하였다가 일본군이 도와 살아났다고 하고, 신라와 고구려는 이로 인해 원수지간이 되었다.

9년3월, 웅략이 신라를 치기로 하고, 紀小弓宿弥와 蘇我韓子 등을 장군으로 하였다,

20년 겨울, 고구려왕이 크게 군사를 일으켜 백제를 쳐 멸망시켰다.

21년3월, 웅략은 백제가 고구려에 의해 파멸하였다고 듣고 久麻

那利(공주)를 문주왕에게 주고, 그 나라를 다시 일으켰다.

23년3월, 백제의 문근왕이 죽었다. 천왕이 곤지왕의 5자 末多를 그 나라의 왕으로 하였다. 무기를 주고 아울러 筑紫國의 군사 500인으로 호송케 했다. 이가 동성왕이다. 이해에 백제의 조공이 어느 해보다 많았다.

23대 顯宗紀, 485~487

3년4월, 紀生磐宿弥가 任那에 있다가 양쪽에 걸쳐 고구려와도 통교하였다. 3韓의 왕이 되려고 관부를 정비하고 스스로 자신을 '神聖'이라 일컬었다. 임나의 佐魯, 那奇他甲背들이 계략을 써서 백제의 適莫爾解를 爾林에서 죽였다. 帶山城(泰仁)을 쌓고 東道를 지켰다. 그러나 양도가 끊겨 군사가 기아에 빠졌다. 동성왕이 크게 노하여 領軍 古爾解, 內頭 莫古解를 보내 대산성을 쳤다. 이에 生磐宿弥는 요격하여 모두를 깨쳤다. 그러나 군사는 다하고 힘이 빠졌다. 일이 안될 것을 알고 임나로 돌아갔다. 백제는 임나의 佐魯, 那奇他甲背 등 300여인을 쳐 죽였다.

25대 武烈紀, 498~506

仁賢11년8월, 仁賢이 죽자 대신 平群眞鳥가 국정을 전단하여 일본의 왕이 되려고 하였다. 大伴金村連이 황태자(武烈)와 군사를 일으켜 平群眞鳥를 토멸했다.

4년4월, 백제의 동성왕이 무도하여 국인이 이를 제거하고 무령왕을 세웠다. 무령왕은 곤지왕자의 아들(실은 개로왕의 아들)이고, 말다왕의 이모형이다. 무령왕이 탄생한 筑紫의 各羅島는 이로 인해 백제인들에 의해 '主島'라 이름했다.

6년10월, 백제국이 麻那君을 보내 조공하였다.

7년4월, 백제왕이 斯我君을 보내 조공했다. 斯我君은 뒤에 法師

君이며 야마도노기미倭君의 선조이다.

　26대 繼体紀, 507~531

　2년12월, 枕羅(제주도)가 처음으로 백제국과 통교했다.

　6년12월, 백제가 조를 올렸다. 따로 표를 올려 임나국의 上哆利 下哆利 娑陀 牟婁의 4현을 요구했다. 제신이 반대가 많았으나 백제에 주었다.

　7년6월, 백제는 姐彌 文貴장군 州利卽爾장군 등과 오경박사를 보냈다. 그리고 伴跛국이 己汶의 땅을 빼앗았으니 돌려줄 것을 요청하였다.

　7년8월, 백제 태자 淳陀가 죽었다.

　7년11월, 己汶과 滯沙를 백제에 주었다.

　10년5월, 백제가 前部 木刕不麻甲背 등을 보내 己汶에 있는 物部連들을 위문케 했다.

　21년6월, 筑紫의 이와이磐井가 모반하였다. 이와이가 肥國 豊國을 압박하여 직무를 집행치 못하게 하고, 밖으로 해로를 차단하여 고구려 백제 신라 임나 등이 조공길을 막았다.

　23년3월, 백제왕이 가라의 多沙津을 요구하였다. 物部伊勢連父根이 다사진을 백제에 주었다.

　이달에 近江毛野臣을 안라에 사신으로 보냈다. 신라에 권하여 남가라 喙己呑을 다시 세웠다.

　백제는 장군 尹貴 麻那甲背 麻鹵 등을 안라로 보내 조칙을 듣게 했다.

　28대 宣化紀, 535~539

　원년정월, 大伴金村과 物部오鹿火를 大連으로, 蘇我稲目宿弥를 대신으로 하였다.

2년10월, 신라가 임나에 침공하였슴으로 大伴金村大連과 그 아들 磐과 狹手彦을 보내 任那를 도와주게 하였다. 이때에 磐은 筑紫에 머물러서 그 나라를 다스려 三韓에 대비하였다. 狹手彦은 가서 任那를 진압하고 또 百濟를 구원하였다.

29대 欽明紀, 539~571

冬 12월, 大伴金村 物部오鹿火 蘇我稻目을 각각 大連과 大臣으로 하는 등 옛 대로 하였다.

원년8월, 고구려 백제 신라 임나가 사신을 보내 공물을 보내왔다. 國과 郡에 호적을 편성하였다. 秦人의 호수가 7,053호였다.

동년9월, 天皇이 "얼마의 군사가 있으면 신라를 칠 수 있는가"하고 물었다. 物部大連尾輿가 "적은 군사로는 칠 수가 없습니다. 繼体天皇6년에 백제가 사신을 보내 임나의 上哆利 下哆利 久陀 牟羅의 4현을 달라고 요청하였는데 大伴大連金村이 쉽게 내 주었습니다. 그래서 신라의 원망이 다년간 깊었습니다. 가볍게 칠 수 없습니다."라고 말했다.

2년4월, 安羅의 次旱岐 이탄해, 대불손, 구취유리 등과 加羅의 上首位 고전해, 卒麻의 한기, 산반해 한기의 아들, 多羅의 下旱岐 이타, 사이기 한기의 아들, 자타의 한기들이 임나의 일본부 吉備臣과, 백제에 가서 칙서를 들었다.

백제의 성왕이 임나의 旱岐(가야소국왕)들에게 "천황이 관심두는 것은 오직 임나를 재건하는 것이다. 지금 어떤 계책으로 임나를 재건할 것인가를 논의하여야 할 것이다"라고 했다. 임나의 한기 등은 "먼저 신라와 의논하였으나 회답이 없다. 임나를 재건하는 것은 오직 대왕(성왕)의 마음에 달렸습니다."라고 했다. 성명왕이 "옛 적에 초고왕 근구수왕 치세에 안라 가라 탁순의 한기들이 처음 사신을 보내온 후 상통하여 친교를 맺었다. 자제의 나라가 되어 더불어 융성하기를 바랐다. 그런데 지금은 신라에 속아서 신라의 땅이 되었다. …… 옛적에 신라가 고구려에 구원을 청하여 임나와 백제를 쳤으나 그래도 이기지는 못하였다. 어찌 신라가 혼자서 임나를 멸망시킬 수 있었겠는가? 마찬가지로 지금 과인은 그대들과 힘을 합하고 마음을 같이 한다면 임나는 반듯이 일어날 것으로 믿는다." 말을 끝낸 후 선물을 주었는데 다 기뻐서 돌아갔다. -성명왕의 계책은 장장 4페이지가 넘는다. 성명왕이 일본에 보낸 계책의 요지는 다음 세 가지다.

欽明5년10월조에 있는 대로다. 먼저 신라와 안라의 접경에 있는 큰 강이 중요한 땅인데 여기에 연하여 6성을 쌓고 성마다 500명을 두어 신라와 고구려가 획책하는 것을 막아야 한다. 이를 위해 일본 천황에 3천 병력의 지원을 요청한다. 두 번째는 남한의 郡과 城에 백제인 군령과 성주를 임명하여 신라가 주민을 회유하는 것을 막고 강적의 침투를 방어해야 한다는 것이다. 마지막으로 임나에 와 있는 吉備臣, 河內直, 移那斯, 麻都 등은 본국으로 소환되어야 한다는 것이다. 이들을 그냥 두고는 계책을 수행할 수가 없다고 했다.

6년9월, 백제가 丈六의 불상을 만들어 보냈다.

6년, 고구려에 대란이 일어나 많은 사람들이 죽었다. -백제본기에 말하기를 12월 甲午에 고구려국의 細群과 추群으로 갈려 궁문에서 싸웠다. 세군이 져서 포위를 풀지 않은 채 3일이 되었는데 세군의 자손을 모두 다 잡아 죽였다. 戊戌에는 香岡上王이 죽었다.

7년 정월, 백제의 사신들이 일을 마치고 돌아갔다. 이들에 양마 70필 배 10척을 주었다.

7년6월, 백제가 중부 나솔 掠葉禮들을 보내 조공하였다.

8년4월, 백제가 전부 덕솔 진모선문, 奈率 기마 등을 보내 구원군을 요청하였다.

9년정월, 백제사신 진모선문 등이 돌아가기를 청하였다. 천황이 "청한바 구원군은 반듯이 보낼 것이니 돌아가 왕에게 고하라."라고 말하였다.

9년4월, 천황이 "가지고 온 주문을 보고 걱정되는 것이 있다. 일본부와 안라가 이웃 재난을 구하지 않은 것은 짐이 상심하는 바이다. 또 고구려에 밀사를 보냈다는 것은 믿을 수 없는 일이다. …" (이것은 일본부의 吉備臣 河內直 등이 고구려와 내통한다는데 대한 답변이다.)

9년7월, 백제 사신 掠葉禮들이 일을 마치고 돌아갔다.

동년10월, 370인을 백제에 보내어 得爾辛(지명, 恩津?)에 성을 쌓는 것을 도와주게 했다.

11년4월, 백제에 와 있던 일본의 王人이 돌아가려고 했다. 성명왕이 왕인에게 말하기를 "임나의 일은 칙언을 듣고 굳게 지키겠다. 延那斯와 麻都의 일은 물으나 마나이다. 칙언대로 하겠다."라고 했다. 왕인에게 奴 一口를 주었다.

12년3월, 보리종자 1천석을 백제왕에게 주었다. 같은 해에 성명왕이 친히 자국의 군대와 신라와 임나 2국의 병사를 거느리고 고구려를 쳐, 한성을 회복하였다.

13년5월, 백제 가라 안라가 중부 덕솔 木羅今敦과 河內部阿斯比多들을 보내 주상하기를 "고구려와 신라가 연합하여 세력을 합쳐 신의 나라와 임나를 멸하려 듭니다. 삼가 구원병을 요청하여 먼저 불의에 기습을 하려합니다."라고 했다.

13년10월, 성명왕이 석가불 금동상 1구, 幡蓋 약간, 경론 약간권을 보냈다.

이 해에 백제가 한성과 평양을 버렸다. 이로 인해 신라가 한성에 들어갔다.

14년정월, 백제가 상부 덕솔 科野次酒, 간솔 禮塞敦들을 보내 군사를 청하였다. 한편 백제의 사신 중부 간솔 木刕今敦 河內部阿斯比多 등이 일을 마치고 돌아갔다.

14년8월, 백제가 상부 나솔 科野新羅, 하부 고덕 汝休帶山들을 보내 표를 올려 "지난 해 신들은 합의하여 내신 덕솔 차주와 임나의 대부들을 보내 해외의 모든 관가의 일을 말씀드렸습니다. 고마운 말씀을 기다림이 봄풀이 단비를 기다림과 같습니다. 금년에 홀연히 들은 바로는 "신라와 고구려가 공모하여, 백제와 임나는 자주 일본에 드나든다. 생각건대 이는 군사를 청하여 우리나라를 치려고 하는 것일 것이다. 사실이라면 머지않아서 나라가 망할 것이다. 일본의 군사가 떠나기 전에 안라를 쳐서 일본의 길을 끊어야 한다."라고 말하고 있습니다. 저들의 계략이 이와 같습니다. 신 등이 이를 듣고 두려움을 느꼈습니다." …… 이하 생략.

동년10월, 백제 왕자 여창이 나라안의 군사를 모두 일으켜 고구려에 가서 百合野(황주)에 요새를 쌓고 병사들과 침식을 함께 하였다. 저녁에 멀리 바라보니 넓고 평평한 언덕에 인적이 끊어졌다. 그런데 홀연히 극히 짧은 사이에 북과 피리 소리가 들려왔다. 여창은 크게 놀라 북을 치며 대응하였다. 밤새 굳게 지켰다. 날이 밝은 후에 보니 대군이 푸른 산을 덮은 듯 깃발이 가득하였다. 양군의 장수가 나와 대결하고 격렬한 싸움이 버러진 후 고구려군은 東城山으로 물러갔다.

15년정월, 백제는 중부 목라시덕 문차와 전부시덕 日佐分屋들을 筑紫에 보내, 내신 佐伯連 등에게, 덕솔 次酒, 간솔 塞敦들이 지난 해에 왔을 때, '신 등은 내년 정월에 올 것이다.'라고 말했다. "그러면 오는가? 안 오는가? 군사수는 얼마나 되는가? 개략을 듣고서 미리 진영을 마련하려고 한다.”라고 했다. … 또 “이번 싸움은 전보다 위험하니 군사의 파견을 1월달에 해 달라.” 라고 말했다. 이에 內臣이 칙을 받들어 회답하기를 “구원군 수는 1,000명, 말 100필, 배 40척을 보낸다.”라고 말했다.

동년2월, 백제가 하부 간솔 장군 三貴, 상부 나솔 物部烏들을 보내 구원병을 청하였다. 덕솔 東城子 莫古를 보내고, 전 번의 나솔 東城子言과 바꾸었다. 오경박사 王柳貴를 固德 馬丁安과 바꾸었다. 僧 曇慧 등 9인을 승 도심 등 7인과 바꾸었다. 易博士 曆박사 醫박사 採藥師 樂人 4명 등을 보냈다. 다 요청에 의한 것이라고 했다.

동년5월, 內臣이 수군을 거느리고 백제로 갔다.

동년12월, 백제가 하부간솔 汶斯干奴를 보내 “신라와 고구려가 합심하여 해북의 관가를 멸하려고 한다. 그래서 백제가 有至臣 등을 보내 군사를 청하여 신라를 공격하려고 한다”고 했다.

6월에 유지신 등이 군사를 거느리고 왔고, 12월9일에 신라를 공격하기 시작하였다고 했다.

문사간노는 또 신라만이라면 유지신이 거느리고 온 군사만으로도 충분하지만, 고구려와 신라가 동심협력하고 있어 그것만으로는 성공하기 어려울 것이다. 속히 구주에 있는 군사를 더 증파해야 할 것이라고 했다. 이와는 별도로 백제는 군사 1만명으로 任那를 도울 것이다. 지금은 일이 아주 급하다고 했다. 이어서 백제는 좋은 비단 두필 담료 1領 도기 300口 포로5인을 보냈다.

(백제 성왕의 전사), 년월 기재가 없다. 餘昌王子가 신라국에 들어가 久陀牟羅에 요새를 쌓았다. 부왕 성왕이 이를 염려하여 격려차 방문하였다. 이 정보가 신라에 알려지자, 신라는 나라안의 모든

군사를 모아 포위하여 공격, 성명왕은 여기서 전사했다. ―삼국사기에는 이때 성명왕이 거느린 군사가 50인이었다고 했다.

16년2월, 여창이 惠王子[혜는 위덕왕의 동생]를 보내 성명왕의 전사를 고했다. 許勢臣을 혜왕자가 머무는 難波에 보내 위문하였다. 고세신이 물었다. "이곳에 머물 것인가 돌아갈 것인가?" 혜왕자가 답하였다. "천황의 덕에 의하여 부왕의 원수를 갚으려고 한다. 만일 많은 병기를 주면 설치 복수하는 것이 나의 소원이다. 머무는 것은 오직 명에 좇을 뿐이다."

16년7월, 蘇我稻目 大臣이 穗積磐弓臣 등을 보내 吉備의 5郡을 확보 白猪屯倉을 설치했다.

17년1월, 백제의 惠王子가 돌아가기를 청했다. 무기와 말을 주고 阿倍臣 佐伯連 播麻直들을 보내 筑紫국의 수군을 거느려 호송하게 했다. -백제본기에 말하기를, 이와는 별도로 筑紫火(肥)君이 용사 1천명을 거느리고 항로의 요로를 지키게 하였다고 했다.

17년7월, 蘇我大臣稻目宿弥 등을 備前의 兒島郡에 보내 屯倉을 두게 했다.

18년3월, 백제의 왕자 餘昌이 왕위를 이었다. 위덕왕이라 한다.

23년1월, 신라가 임나의 관가를 쳐서 없앴다. 一書에 말하기를 임나는 21년에 망했는데 가라 안라 사이기 다라 졸마 고차 자타 산반하 걸식 염례 등 10국이다.

23년7월, (임나를 수복키 위해)대장군 紀男麻呂宿弥로 군사를 이끌고 哆利로 출발하고, 임나로 가서 薦集部首登弭를 백제에 보내 싸울 계획을 세우게 하였다. 부장 河辺臣이 혼자서 전진하여 잘 싸웠다. 향하는 곳마다 빼앗았다. 신라는 백기를 들고 무기를 버리고 항복하였다. 그러나 河辺臣은 원래 병법을 모르고서 같이 백기를 들고 혼자 들어갔다. 河辺臣의 무지로 신라의 요격을 받아 河辺臣과 동행 부녀들과 같이 포로가 되어 대패하였다.

동년8월, 대장군 大伴連狹手彦으로 군사 수만명을 거느리고 고구려를 쳤다. 狹手彦은 백제의 계략을 써서 고구려를 쳐 부셨다. 그 왕이 담장을 넘어 도망갔다. 많은 진보 7織帳 鐵屋 등을 얻어 돌아왔다.

26년5월, 고구려인 頭霧唎野陛 등이 投化했다. 山城國에 살게 했다. 지금의 畝原 奈羅 山村의 선조들이다.

31년3월, 蘇我稻目 대신이 죽었다.

30대 敏達紀, 572~585

원년4월, 백제의 大井에 궁을 지었다. 蘇我馬子宿弥를 大臣으로 하였다.

3년10월, 蘇我馬子 大臣을 吉備國에 보내 白猪屯倉과 田部를 증가시켰다.

6년11월, 백제국왕이 還使 大別王들에 딸려서 經論 若干卷 律師 禪師 比丘尼 呪禁師 造佛工 造寺工 등을 보냈다. 이들은 難波의 大別王의 절(攝津 사천왕사 동쪽 百濟大寺)에 안치했다.

12년7월, (達率日羅), 任那를 부흥시키기 위하여 백제에 있는 肥國의 葦北國造 阿利斯登의 아들 達率 日羅를 불렀다. 그는 용기 있고 현명한 사람이라고 했다. 그래서 紀國造押勝과 吉備海部直羽島 등을 백제에 보내 불러오게 했다.

동년10월, 紀國들이 돌아와 백제가 일라를 아껴 보내지 않는다고 보고했다.

이해에 羽島 등을 다시 보내 계교를 써서 백제 몰래 일라를 데려왔다. 阿斗桑市에 館을 지어 머물게 했다. 일라는 "宣化천황의 세에 우리 주인 大伴金村大連이 천황을 위하여 백제에 보내졌던 葦

北國造 阿利斯等의 아들 신 달솔 일라가 부르심을 받고 내조하였습니다."라고 고했다. 천황이 阿倍目臣 物部贄子連과 大伴糠手子連 등을 보내 임나부흥책을 물었다. 일라가 다음과 같이 답변했다.

"먼저 국력을 길러야 합니다. 어찌 갑자기 군사를 일으켜 국력을 상실케 할 것입니까? 위에서부터 아래 백성에 이르기까지 부유하고 부족함이 없도록 養民을 해야 합니다. 이렇게 3년을 하면 식량과 병력이 충족되게 한 후 백성을 즐거움으로 부리십시오. 백성이 물불을 가리지 않고 국난을 걱정할 것입니다. 이렇게 한 후 배를 많이 만들고 항구마다 이어두어 이웃 나라(백제) 사신에게 보여주어 두렵게 해야 합니다. 그런 후 유능한 사신을 백제에 보내 국왕을 부르도록 하십시오. 만일 안 오면 태좌평이나 왕자 등을 부르십시오. 그러면 자연히 삼가고 복종할 것입니다. 그 후에 (임나부흥에 협조를 않는) 죄를 물으십시오."라고 했다. 그리고 또 말하기를 "백제인은 모략으로서 배 300척의 사람으로 축자에 살고자 합니다라고 말합니다. 만일 사실이 그렇다면 허가하는 척 하십시오. 백제가 거기에 나라를 세우려고 한다면 반듯이 여자와 아이들을 배에 태워 올 것입니다. 국가로서는 이에 대하여 一岐섬과 대마도에 많은 복병을 두었다가 배가 오는 것을 기다려 모두 죽이십시오. 속지 마십시오. 모든 중요한 곳에는 굳게 성채를 만들어 굳게 지키십시오."라고 하였다. 백제의 사신들은 이를 듣고, 종 德爾와 余奴를 시켜 일라를 죽여 버렸다. 남은 일라의 처자들은 石川의 백제촌에 살게 하였다고 한다.

14년2월, 蘇我馬子 대신은 大野丘의 북쪽에 탑을 세우고 법회를 열었다.

31대 用明紀, 585~587

用明은 蘇我稻目의 딸, 欽明의 妃 堅塩媛의 子이다.

聖德太子는 用明의 제1왕자이다. 法王 또는 上宮이라 불렀으며, 推古의 世에 東宮(황태자)의 자리에 있었다. 萬機를 總攝하여 天皇의 일을 도왔다.

그러나 이면에서는 用明의 다음대로 穴穗部왕자를 세우려는 物部守屋大連과 泊瀨部왕자(崇峻)를 추대하려는 蘇我馬子大臣 사이에 음모와 유혈대결의 험악한 분위기가 있었다. 한편으로는 用明이 두창이 중하여지면서 불교에 귀의할 것을 선언하자, 불교를 반대하는 物部守屋은 즉시 물러나 자신의 별장이 있는 阿都로 가서 군사를 모았다. 中臣勝海連도 가병을 모아 합세했다. 천황이 대전에서 죽었다.

32대 崇峻紀, 589~592

(즉위전기)

동7월, (불교전쟁)用明이 죽자 物部守屋은 穴穗部왕자를 천황으로 하려하였다. 蘇我馬子는 신속히 움직여 군사를 보내 穴穗部왕자와 이에 동조하는 宅部왕자를 주살하였다. 그리고 泊瀨部(崇峻)왕자 등 4왕자와 紀男麻呂宿弥 등 중신을 모아놓고 物部守屋을 칠 합의를 이루어내고, 군사를 이끌고 物部守屋을 쳤다. 성덕태자도 가세하였다. 그는 束髮(15, 6세 兒의 古俗)하고 군사들의 뒤를 따랐다. 그는 속으로 "잘못하면 질지도 모른다. 부처님에 빌지 않으면 안된다."고 생각하여 白膠木을 잘라 급히 사천왕상을 만들어 頂髮 위에 놓고 "지금 내게 적을 이기게 하여주시면 반듯이 護世四王을 위하여 사탑을 세우겠습니다."하고 발원했다. 蘇我馬子도 같이 발원하여 "모든 諸天王 大神王이 나를 도와 이기게 하여주시면 제천왕 대신왕을 위하여 사탑을 세워 불법을 크게 펴겠습니다."라고 했다. 마침내 蘇我馬子들은 토신숭배를 고집하는 物部守屋 부자와 中臣勝海

등 일당을 토멸하고 반불세력을 제거하였다.

원년3월, 백제국이 승 혜총 영근 등을 보내 불사리를 헌상했다. 또 은솔 首信 덕솔 蓋文 那率 福富味身 등을 보내 조를 올리고 불사리를 전했다. 8월에야 崇峻은 즉위한다.

3년3월, 學問尼 善信들이 백제로부터 돌아왔다.

5년11월, 馬子는 崇峻이 "언젠가는 그를 멧되지의 목을 자르듯 하겠다."고 했다는 것을 듣고 崇峻이 자기를 죽일 의사를 가진 것을 알고, 선수를 써 東漢直駒를 시켜 그를 죽여 버렸다.

33대 推古紀, 592~628

推古(여왕, 用明의 同母弟)는 蘇我稻目의 딸 堅塩媛의 二女이고, 대신 馬子의 누이이다.

원년정월, 聖德太子를 황태자로 했다. 그리고 그를 섭정으로 하여 만기를 모두 맡겼다.

2년5월, 백제의 慧聰이 왔다. 고구려의 승 慧慈도 왔다.

4년11월, 法興寺가 준공되고, 馬子의 아들 善德臣이 寺司로 임명되었다.

5년4월, 백제왕이 왕자 阿佐를 보냈다.

10년6월, (백제에 가 있던)大伴連囓과 坂本臣糠手가 백제로부터 돌아왔다.

동년10월, 백제 승 觀勒이 왔다. 曆書 천문지리 책 둔갑방술 책과 서생 3, 4명이 같이 왔다. 관륵이 학습시켰다.

12년4월, 불교를 국교로 하여 佛法僧 三寶를 공경하고 임금(君)에 충성하라는 17조 헌법을 만들어 반포했다.

17년4월, 筑紫大宰가 "백제의 승 道欣 慧彌를 비롯한 10인과 俗人 75인이 肥後國(옛 구마소국)의 葦北津(船山유적이 있고, 日羅

의 아버지 阿利斯登이 國造였던 곳)에 머물고 있습니다. 라고 보고
했다. 조정이 難波吉士德麻呂와 船史龍 등을 보내 어째서 왔는
가?"하고 묻게 했다. 그들은 "왕의 명령에 따라 吳國으로 가게 되었
는데, 본국에 난리가 나서 돌아가지 못하다가 다시 귀국 길에 풍랑
을 만나 해류에 밀려 표착하였다."고 했다.

동년5월, 德麻呂와 船史龍의 보고를 듣고, 두 사람을 백제인들에
붙여 본국으로 돌려보냈다.

18년3월, 고구려가 승 曇徵과 法定을 보내왔다.

29년2월, 聖德太子가 죽었다.

31년, 이해에 신라가 任那를 쳤다. 임나가 신라에 복종하였다.

中臣連國이 신라를 치고 任那를 빼앗아 백제에 속하게 하소서
하고 상주했다. 田中臣이 반대했다. 백제는 반복이 심한 나라입니다.
속임수를 씁니다. 믿어서는 안됩니다라고 했다.

32년4월, 백제 승 觀勒이 표를 올려 "불법은 서국에서 와 漢에서
300세를 지나 백제국에 와서 100년이 되었다. 우리 임금이 일본천황
이 현철함을 들으시고 불상과 경론을 헌상해 아직 100세가 되지 않
았다. 승니들이 아직 법을 배우지 못해 어찌 할바를 몰라 나쁜 짓을
쉽게 범합니다. 나쁜 짓을 한자를 빼놓고 그 외의 승니들을 다 용서
해 주시기를 앙원합니다. 이는 큰 공덕이 될 것입니다" 라고 했다.
천황이 "도인이 오히려 법을 범하는 수가 있다. 무엇으로 속인을 교
회할 것인가. 금후 僧正과 僧都를 두어 감독케 하라"하고 관륵을
승정으로 임명하였다.

32년9월, 馬子가 阿曇連과 阿倍臣麻呂 등을 시켜 "葛城縣을 영
구 封縣으로 해줄 것을 요청했다. 그러나 推古는 「今朕則自蘇我出
之. 大臣(馬子)亦爲朕舅也」, 풀이하면 "지금의 나는 소가가에서 나

왔다. 대신은 나의 숙부다."고 했다. 그리고 그의 말은 밤낮을 가리지 않고 다 들어주었으나, 이 일은 후세가 비난할 것임으로 그럴 수 없다라고 거절했다.

33년5월, 馬子대신이 죽었다. 이례적으로 서기에 다음 같은 馬子에 대한 인물평이 실려 있다.

「性有武略, 亦有辨才. 以恭敬三寶, 家於飛鳥河之傍. 乃庭中開小池 乃興小嶋於池中. 故時人曰嶋大臣」. '성격에 무략과 판단력이 있고 불3보를 공경했다. 정원에 적은 연못을 만들고 그 가운데 적은 섬이 있었는데 사람들이 그를 섬 대신이라 불렀다"

34대 舒明紀, 629~641

원년9월, 蘇我蝦夷臣이 大臣이 되었다.

3년3월, 백제 의자왕의 왕자 豊章을 보내 인질로 하였다.

5년6월, 백제가 달솔 柔를 보내 조공했다.

10년, 이해에 백제 신라 임나가 같이 조공했다.

11년7월, 舒明이 百濟大宮과 百濟大寺를 짖겠다고 말했다. 百濟川 곁에 궁터를 잡았다.

11년12월, 百濟川 곁에 구층탑을 세웠다.

12년10월, 百濟宮으로 옮겼다.

13년10월, 천황이 百濟宮에서 죽었다. 궁 북쪽에 빈소를 마련하고 百濟大殯이라 했다.

35대 皇極紀, 642~645(舒明의 황후로 舒明의 뒤를 이었다)

원년정월, 蘇我臣蝦夷를 대신으로 하였다.

동년8월, 百濟大寺의 南庭에 불보살상과 사천왕상을 장식하고 大雲經을 읽게 하였다.

동년9월, 천황이 대신에게 "짐은 백제대사를 세우려고 한다. 대신은 近江과 고시越의 장정을 동원하라고 명했다."(舒明이 시작한 사업의 계속이다.)

2년10월, 蘇我蝦夷 大臣이 병이 나서 조정에 나오지 못하고, 아들 入鹿에게 紫冠(대신의 관복)을 주어 대신의 일을 처리케 했다.

3년정월, (蘇我氏 全權시대의 종말) 中臣鎌子와 輕王子(中大兄, 뒤의 天智)가 倉山田麻呂臣 등을 끌어드려 '乙巳의 變'을 모의했다.

4년6월, 中臣鎌子(足)와 中大兄왕자들이 倉山田麻呂臣(蘇我蝦夷大臣의 동생이고 중대형왕자의 장인) 등과 大極殿에서 蘇我入鹿을 장창으로 찔러 죽였다. 집에서 와병 중이던 大臣 蘇我蝦夷는 이 소식을 듣고 자살했다.

36대 孝德紀, 645~654 皇極이 충격으로 孝德에 讓位하였다.

中大兄왕자를 황태자로, 阿倍內麻呂臣을 佐대신, 蘇我倉山田麻呂를 右大臣으로 하였다.

2년정월, (大化)改新의 詔를 선포하였다.

4년6월, 백제와 신라가 조공하였다.

37대 齊明紀, 655~661 皇極이 다시 登極하였다.

원년, 이해에 고구려 백제 신라가 사신을 보내 조공했다.

4년11월, (백제의 멸망) 백제가 사신을 보내 "당과 신라가 우리를 쳤습니다. 이미 의자왕 왕후 태자가 포로로 잡혀갔습니다."라고 했다.

5년5월, 나라 안 모든 백성들이 까닭 없이 무기를 가지고 도로를 왔다 갔다 왕래하였다. -古老들이 말하기를 "백제가 설 곳을 잃을 징조로구나"라고 했다.

6년10월, (백제구원 결의) 백제의 좌평 귀실복신이 좌평 귀지들을 보내 당의 포로 100인을 바쳤다. 또 군사를 청하여 구원을 요청했다. 아울러 "왕자 余豊璋을 귀국시켜 줄 것을 요청하며 삼가 왕자 풍장을 맞이하여 국왕으로 삼으려 합니다.”라고 했다. 齊明은 다음 같은 참전조서를 내렸다. “군사를 빌고 구원을 청하는 것은 고금에 있었다. 위태로움을 돕고 끊어진 것을 있는 것은 당연한 일이다. 백제국이 궁하여 나에게 온 것은 본국이 망하여 의지할 곳이 없고 호소할 곳도 없기 때문이다. 창을 베개로 하고 쓸개를 핥으며. 꼭 구원해 줄 것을 멀리 와서 원한다. 그 뜻을 빼앗기 어렵다. 여러 장군에게 명하노니 길을 열어 구름처럼 만나고 번개처럼 움직여 다 같이 沙喙 땅에 모여 원수를 참하고 긴박한 고통을 덜어주어라.” 그리고 풍왕자 및 그 처자를 그 숙부 忠勝과 같이 귀국케 했다.

6년12월, 齊明은 福信의 원에 따라 筑紫에 가서 구원군을 보내려고 무기를 비축시켰다.

7년5월, 齊明은 1월에 서쪽(伊豫)의 磐瀨行宮으로 갔다가 다시 5월에 북구주의 행궁 朝倉宮으로 거처를 옮겼다, 7월에 거기서 죽었다.

38대 天智紀, 661~671(칭제 7년) ‘乙巳의 變(蘇我入鹿 慘殺)’을 주도한 中大兄왕자이다.(稱制, 卽位하지 않은 채, 天皇職務 집행)

稱制원년8월, 前軍 장군 大花下 阿曇比羅夫連 小花下 河辺百枝臣과 後軍 장군 大花下 阿倍引田比羅夫臣 大山上 物部連熊 大山上 守君大石들을 보내 백제를 구원하게 했다. 무기와 식량도 보냈다.

동년9월, 天智가 長津(伊豫)으로 가서 지원군 출정을 지휘했다. 백제의 왕자 풍장에게 織冠을 주었다. 大山下 狹井連檳榔과 小山下 秦造田來津으로 군사 5,000명을 거느리고 풍장을 호송하게 했다. 풍장왕자가 귀국하자, 福信이 마중 나와 절하고 국정을 모두 맡기어 위임했다.

동 원년정월, 백제 좌평 귀실복신에 화살 10만개, 실 5백근, 솜 1천근, 피륙1천단, 가죽 1천장, 종자벼 3,000석을 주었다. 동년3월에는 백제왕에게 피륙 300단을 주었다.

동 원년5월, 대장군 大錦中 阿曇比羅夫連이 수군 170척을 거느려 풍장을 백제로 호송했다.

동 원년12월, 풍장왕과 복신과 狹井連과 田來津 등이 의논하여 "주류성은 전지가 멀고 토지가 척박하다. 여기에 오래 있으면 백성이 굶주릴 것이다. 避城(김제?)으로 옮기자. 피성은 풍요하고 방어하기에도 좋다고 했다. 그러나 田來津은 적과 너무 가깝고 불의의 습격을 받을 수 있는 위험이 있습니다"하고 홀로 반대했다. 그러나 간언은 받아드려지지 않고 피성으로 도읍을 옮겼다.

2년2월, 신라가 백제 남부의 4주를 불태우고 安德 등 요지를 빼앗았다. 피성이 적에게 너무 가까워 졌다. 지키기 어려워 졌음으로 주류성으로 다시 돌아왔다.

동년3월, (구원군 출동)전군장군 上毛野君稚子와 間人連大蓋, 중군 장군 巨勢神前臣譯語 三輪君根麻呂, 후군 장군 阿倍引田臣比羅夫 大宅臣鎌柄 등으로 27,000병을 거느리고 신라를 치게 했다.

원년6월, 上毛野君稚子들이 신라의 沙鼻와 岐奴江 두 성을 빼앗았다.

풍장왕이 복신이 모반할 뜻이 있다고 의심하고 그를 포박했다. 죽일 것인가를 혼자 결정하기 어려워 제신에게 물었다. 이때에 달솔 德執得이 惡逆人을 방면할 수 없다고 주장하자 복신이 집득에게 침을 뱉고 썩은 미친놈이라고 말하자 풍장은 복신을 목 베게 하였다.

동년7월, 신라는 백제왕이 良將을 목 벤 것을 듣고 곳 바로 주유성으로 처 들어가려했다. 백제는 이를 알고 풍장이 제 장군에게 말하기를 "일본의 구원군 1만여가 바다를 건너오고 있다. 장군들은 이에 대비하라 나는 스스로 白江에 가서 기다리다가 접대하리라."하였다. 8월17일에 적장이 주유성에 와서 왕성을 포위하였다.

(백촌강의 패전) 한편 大唐의 장군이 전선 170척을 이끌고 백촌강에 진을 쳤다. 27일 일본 수군 중 처음 온 자가 대당의 수군과 교전이 있었다. 일본군이 져서 물러났다. 당군은 진을 굳게 하고 지켰다. 28일 일본의 제장과 백제왕이 기상도 보지 않고 "우리가 선수를 쳐서 싸우면 저쪽은 스스로 물러날 것이다."라고 말했다. 그리고 다시 일본군은 대오가 난잡한 중군의 병졸을 이끌고 진을 굳건히 한 당군을 나아가 쳤다. 당군이 좌우에서 군을 내어 협격했다. 눈 깜짝할 사이에 일본군은 패했다. 익사한 자가 많았다. 뱃머리를 돌릴 수가 없었다. 田來津이 하늘을 우러러 맹서하고 이를 갈며 수십인을 죽인 후 전사했다. 백제왕 풍장은 배를 타고 고구려로 도망했다.

동년9월, (州留城 함락과 왕도 아스까의 표정), 주유성이 마침내 당에 함락되었다.

이때에 국인이 서로 주고받기를 "주유성이 항복하였다는구나. 이를 어찌하면 좋으냐? 백제의 이름은 오늘로서 끊어졌구나. 조상의 분묘를 어찌 또 갈 수 있겠는가? 다만 己禮城(전남 화순 추정)에 가서 일본의 장군들과 사건의 기밀한 바를 의논하자."라고 말하였다. 드디어 전부터 枕服岐城에 있는 처자들에게 나라를 떠나갈 것을 가르쳐 알렸다. 11일 牟릉을 출발 13일에 己禮에 이르렀다. 24일 일본의 수군과 백제의 좌평 余自信 달솔 木素貴子 谷那晋首 憶禮福留 등과 국민들이 기례성에 들어왔다. 이튿날 배가 떠나 처음으로 일본을 향했다.

4년2월, 백제국의 관위를 검토하였다. 좌평 복신의 공적에 의하여,

鬼室集斯(복신의 아들)에 小錦下를 주었다. 백제의 남녀 400인을 近江国의 神前郡에 살게 했다. 이들에게 田地를 주었다. 동년8월, 달솔 答㶱春初를 보내 長門國(下關)에 성을 쌓게 하였다. 또 달솔 憶禮福留 四比福夫를 筑紫국에 보내 大野城과 椽城을 쌓게 하였다.

5년12월, 백제 남녀2,000명을 東國에 살게 하였다.

6년11월, 倭國(河內)의 高安城, 讚吉국山田郡(四國 香川縣)에 屋島城과 對馬島에 金田城을 쌓았다.

7년4월, 백제가 末都師父들을 보내 조공했다.

8년12월, 좌평 여자신 좌평 귀실집사 등 남녀 700여명을 近江国 蒲生郡에 옮겨 살게 했다.

19년정월, 蘇我赤兄가 佐大臣, 蘇我果安이 御史大夫가 되었다.

10년정월, (백제인 우대) 좌평 여자신과 沙宅紹明에 대금하를, 귀실집사에 소금하를 주었다. 달솔 곡나진수 목소귀자 억례복류 답발춘초 㶱日比子 귀실집신 등에 대산하를 주었다. 달솔 덕정상 길대상 허설모 각복모에 소산하를 주었다. 나머지 달솔 50여인에게도 소산하를 주었다.

39대 天武紀, 673~686

-天武는 書紀상으로는 天智의 아우인 大海人왕자이다. 머리를 깍고 중이 되어 吉野山 산속 절에 가 있다가 천지가 죽은 후 그 왕자 大友의 近江朝를 무장반란으로 문어트리고 천황이 되었다. 그 반란이 「壬申の亂」이다.

원년6월26일, 大海人은 신라인이 많은 美濃와 尾張에서 군사 3,000명을 일으켜 不破道로 나갔다.

7월2일, 近江朝에서는 山部王(왕자)이 蘇我臣果安과 巨勢臣比等과 군사 수만명을 이끌고 不破를 습격하려고 犬上川에 군사를 모았다. 그러나 山部王은 불화를 일으켜 蘇我와 巨勢 등에 의해 죽임을 당한다. 近江軍은 이 내분 때문에 진군할 수 없었고, 사세가 불리함을 판단한 蘇我果安은 목을 찔러 자살했다. 군사는 지리멸렬되어 흩어졌다. 近江軍의 장군 羽田公矢國과 그 아들 大人들은 일족을 이끌고 항복했다.

7월13일, 高安城에 있던 近江軍의 장군 一伎史의 韓國부대는 성을 내려와 大海人軍과 丹比 道에서 싸워 이겼으나, 부하 장수 鹽籠이 배반할 뜻을 가졌다가 들켜 자살하고, 葦池 싸움에서 패하여 흩어졌다.

[참고서지]

1. 한국고대사, 삼국사기(김종권, 명문당)·삼국유사(이동환, 장락)

2. 李基白, 韓國史新論 新修版, 一潮閣

3. 李基白, 韓國古代史論, 探究堂

4. 한국사특강, 한영우·노태돈외 16인 공저, 서울대학교출판부

5. 신채호, 조선 상고사(상·중·하)·朝鮮上古文化史 이만열 주석, 丹齊申采浩先生紀念事業會

6. 윤내현, 한국고대사, 三光出版社

7. 강경구, 古代의 三朝鮮과 樂浪, 기린원

8. 송호정, 한국고대사 속의 고조선사, 푸른역사

9. 아방강역고, 정약용 지음·이민수 옮김, 범우사

10. 李龍範, 古代의 滿洲關係, 春秋文庫 韓國日報社

11. 金聖昊, 沸流百濟와 日本의 國家起源, 知文社

12. 李寧熙, 노래하는 역사, 조선일보사

13. 金元龍, 韓國考古學概說, 一志社

14. 尹武炳, 韓國靑銅器文化硏究, 藝耕産業社

15. 林炳泰, 韓國 靑銅器文化의 硏究, 學硏文化社

16. 姜仁求, 考古學으로 본 韓國古代史, 學硏文化社

17. 중국 고대사

史記 朝鮮傳, 漢書 朝鮮傳·地理志, 後漢書 東夷傳 序文·郡國志·夫餘國·句麗·濊·고구려, 三國志 序文·夫餘·高句麗·濊·韓·辰韓·弁韓·辰弁·倭人, 晋書 四夷傳地理志·高句麗·馬韓·辰韓·倭人, 宋書 高句麗·百濟·倭國, 南齊書 百濟·加羅國·倭國, 梁書 序文·百濟·新羅·倭國, 魏書 高句麗·百濟, 周書 百濟, 隋書 百濟·新羅·倭國, 南史 高句麗·百濟·新羅·倭國, 北史 高句麗·百濟·新羅·倭國, 唐書 高麗·百濟·新羅·日本, 十八史略(上中下)

18. 李春植, 中國古代史의 展開, 도서출판 新書院

19. 김영진, 중국오천년사(상 중 하), 대광서림

20. 中國古代社會-文字學과 考古學的 解釋에 立脚하여, 許進雄 著·嶺南大 中國文學研究室 옮김, (주)知識産業社

21. 東北民族源流, 孫進己 지음 임동진 옮김, 東文選

22. 鄭漢德, 中國 考古學 研究, 學研文化社

23. V. I. Molodin 저 강인욱·이헌종 옮김, 고대 알타이의 비밀-우코크 고원, 학연문화사

24. Vradimir Dmitrivievich Kubarev 저 이헌종·강인욱 옮김, 알타이의 제사 유적, 학연문화사

25. 이희수, 터키사, 대한교과서 주식회사

26. 조선통사(상 하), 북한 사회과학원 역사연구소, 도서출판 새날

27. 조선고고학개요, 북한 사회과학원 역사연구소, 도서출판 새날

28. 井上秀雄, 實證 古代朝鮮, 日本放送出版協會, 동경 일본·

29. 西谷 正 編, 古代朝鮮と日本, 名著出版, 동경 일본

30. 金達壽, 日本の中の朝鮮文化(山城 攝津 和泉 河內), 講談社學術文庫, 동경 일본

31. 日本の朝鮮文化, (座談會)司馬遼太郎 上田正昭 金達壽 編, 中公文庫1998, 동경 일본

32. 「古代日本と朝鮮」(座談會)司馬遼太郎 上田正昭 金達壽 編, 中公文庫1995년 동경 일본

33. 「日本の渡來文化」(座談會)司馬遼太郎 上田正昭 金達壽 編, 中公文庫2000년8版 동경 일본

34. 李亨求 著 申鉉東 龜田 博 共譯, 朝鮮古代文化の起源, (株)雄山閣出版, 東京 日本

35. 이종옥 지음, 한국고대사의 새로운 체계, 소나무

36. 坂田 隆, 古代の韓と日本, 新泉社, 동경 일본

37. 森 浩一 監修 東 潮·田中俊明 共著「高句麗の歴史と遺跡」中央
公論社, 동경 일본

38. 金泰植, 加耶聯盟史, 一潮閣

39. 千寬宇, 加耶史研究, 一潮閣

40. 伽倻と古代東アジア、小田富士雄 西谷 正 申敬澈 安在皓 宋桂
鉉 金斗喆 東 潮 武末純一
共著, 朝日新聞 協力, 新人物往來社 出版, 동경 일본

41. 澤田洋太郎, 伽倻は日本のルツ, 新泉社, 동경 일본

42. 森 浩一 編著, 韓國の前方後圓墳-松鶴洞一号墳問題について,
(株)社會思想社, 동경 일본

43. 岡内三眞 編, 韓國の前方後圓墳, 雄山閣出版, 동경 일본

44. 齊藤 忠, 日本考古學概論, 吉川弘文館, 동경 일본

45. 武末純一, 彌生土器と無文土器·三韓土器, 金元龍停年退任紀念論
叢842-856쪽, 一志社1987

46. 岡内三眞, 初期靑銅器, 金元龍退任 전계서90-108쪽, 一志社

47. 金廷鶴 編, 韓國の考古學, 河出書房新社, 동경 일본

48. 藤間生大, 埋もれた金印, 岩波書店, 동경 일본

49. 日根輝己, 奪われた神神-騎馬民族王朝と紀氏の謎, (株) アイベッ
ク、 동경 일본

50. 日本書紀, 田溶新역, 一志社

51. 宇治谷 孟, 續日本紀(上 中 下), 講談社學術文庫, 동경 일본

52. 古事記, 倉野憲司 校注, 岩波書店, 동경 일본

53.「日本歷史大系 1 원시·고대」井上光貞·水原慶一·兒玉幸多·大久保利
謙 編 山川出版社, 東京

54. 小林行雄, 古墳時代の研究, 靑木書店, 東京 日本

55. 直木孝太郎, 日本史(高校教科書), 實敎出版, 동경 일본

56. 日本書紀研究, 山田英雄 著·이근우 옮김, 民族文化社

57. 井上秀雄, 倭·倭人·倭國, 人文書院, 동경 일본

58. 埴原和郎 著 배기동 옮김, 日本는人의 起源, 학연문화사

59. 田中勝也, 新論 日本古代史, 大和書房, 동경 일본

60. 김석형, 고대한일관계사, 한마당

61. 한일관계의 재조명, 역사학연구회 편(편저자 山里澄江·역자 손승철), 이론과 실천

62. 韓日古代文化의 連繫, (財)韓日文化交流基金 編著, 도서출판 서울 프레스

63. 崔在錫, 日本古代史研究批判, 一志社

64. 최재석, 일본고대사의 진실, 일지사

65. 승천석 「고대동북아시아의 여명-古代 滿洲·韓半島·日本」, 백림출판사

66. E. O. 라이샤우어 著 鄭秉學 옮김, 日本史, 探究堂

67. 古事記·日本書紀の鍵, 歷史讀本 別册, 新人物往來社, 동경 일본

68. 三上次男, 古代東北アジア史研究, 吉川弘文館, 동경 일본

69. 三上次男, 滿鮮原始墳墓の研究, 吉川弘文館, 동경 일본

71. 日本古代史 「王權」の最前線, 歷史讀本 別册, 新人物往來社, 동경 일본

72. 諏訪春雄 編, 倭族と古代日本, 雄山閣, 동경 일본

73. 黛 弘道 編, 古代を考える-蘇我氏と古代國家, 吉川弘文館, 동경 일본

74. 蘇我三代, 奈良國立文化研究所(飛鳥資料館) 編, 京都 일본

75. 森 浩一·門脇禎二 「古代史を解く鍵」, 學生社, 동경 일본

76. 「藤ノ木古墳」, 奈良縣立 橿原考古學研究所, 附屬資料館, 奈良 일본

77. 小林惠子 著·한상구 옮김, 天武天皇の秘密, 고려원

78. 渡辺光敏 著 채희상 옮김, 日本天皇渡來史, 知文社

79. 澤田洋太郎, ヤマト國家成立の秘密, 新泉社, 동경 일본

80. 澤田洋太郎, ヤマト國家は渡來王朝, 新泉社, 동경 일본

81. 井上光貞, 日本國家の起源, 岩波新書, 동경 일본

82. 江上波夫, 騎馬民族國家, 中公新書, 동경 일본

83. 鳥越憲三郎, 弥生の王國, 中公新書, 동경 일본

84. 鳥越憲三郎, 神神と天皇の間, 朝日文庫, 동경 일본

85. 竹内理三「日本の歴史 6 武士の登場」, 中公文庫, 동경 일본

86. 古田武彦, 盗まれた神話-記·紀の秘密, 朝日文庫, 동경 일본

87. 上山春平, 神神の體系-深層文化の試掘, 中公新書, 동경 일본

88. 高取正男, 神道の成立, 平凡社, 동경 일본

89. 謎解き 祭りの古代史を歩く, Offside books 編輯部 編, (株)彩流社, 동경 일본

90. 森浩一 直木孝次郎 塚口義信 金關恕 門脇禎二 猪熊兼勝 共著, 大王陵と古代豪族の謎, 學生社, 일본

91. 高柳光壽·竹内理三 共編, 日本史 辭典, 角川書店, 동경 일본

92. 大塚初重·小林三郎 共編, 古墳辭典, 東京堂出版, 동경 일본

93. 各縣文化史, 各縣 都 府 敎育委員會 編, 동경 일본
福岡 佐賀 熊本 大分 鹿兒島 宮崎 山口 島根 鳥取 岡山 愛媛 香川 高知 德島 兵庫 京都府 大阪府 奈良 和歌山 滋賀 三重 福井 石川 富山 岐阜 愛知 靜岡 長野 群馬 埼玉 神奈川 東京都 千葉 新潟 栃木 茨城 福島 宮城

94. 李基文, 國語史槪說 改訂版, 塔出版社

95. 辛容泰, 原始 韓·日語의 硏究, 東國大學校出版部

96. 永留久惠, 古代日本と對馬, 大和書房, 동경 일본

97. 永留久惠, 古代史の鍵·對馬, 大和書房, 동경 일본

98. 松村 明, 日本語 國語史槪說, 秀英出版, 동경 일본

99. 岩波講座 12「日本語の系統論史」佐佐木 隆, 岩波書店, 동경 일본

100. 岩波講座 12「日本語の系統と歴史-アルタイ語系統論」池上二郎,

岩波書店, 동경 일본

101.　岩波講座　12　「日本語の系統と歷史-朝鮮語と日本語」大江孝男, 岩波書店, 동경 일본

102. 日本語の世界 I「日本語の成立」 大野 晋, 中央公論社, 동경 일본

103. 講座國語史 1「國語史總論」第1章　日本語の成立　村山七郎, 大修館書店, 동경 일본

104. 新日本語講座4　日本語の歷史　第九章「表記の變遷」馬淵和夫, 汐文社, 동경 일본

105.　新日本語講座4　第二章の2　「朝鮮語と日本語」村山七郎,　汐文社, 동경 일본

106. 春日政治著作集1卷, 假名發達史の研究, 勉誠社, 동경 일본

검은돌 승천석

- 몽골태생
- 서울대학교 경제학과 중퇴
- 서울대 행정대학원
- 미국 코네티캇주립대학 경영대학원
- 육군대령 예편
- 중앙공무원교육원 교수부장
- 정부종합민원실장
- 정부 소청심사위원회 위원
- 강남대학 교수

신백제전
백제의 「영남공략」 실패와 새로운 선택

지은이 승천석

인쇄일 초판1쇄 2007년 6월 20일 발행일 초판1쇄 2007년 6월 30일
발행처 **국학자료원** 등록일 2005. 3. 15 제17-423호

편 집 박지혜, 이초희, 김나경   영 업 정구형
총 무 한선희, 손화영, 박지연   물 류 박홍주, 김종효

서울시 강동구 암사동 463-25 2층
Tel 441-1762, 442-4623,4,6
Fax 442-4625
www.kookhak.co.kr / kookhak2001@hanmail.net

ISBN 978-89-92517-09-6 *93900
가 격 15,000원

저자와의 협의하에 인지는 생략합니다.